高等学校"十三五"规划教材
公共管理类专业实践教学系列
后小仙　总主编

公文写作实务实训教程

汪建昌　主编

西安电子科技大学出版社

内 容 简 介

　　本书属于公共管理专业系列实验实训教材，重点关注法定性公文和事务类公文写作问题。全书共分为三部分：第一部分是公文基础知识，为初学者后续公文写作打下良好基础；第二部分是法定性公文写作，这类公文在党政机关、企事业单位的工作中经常用到；第三部分是事务类公文写作。

　　本书与其他应用文写作类教材不同，旨在提升读者的写作实践能力。书中通过对 15 种法定性公文和 16 种事务类公文的介绍，提供机关例文、训练题目、写作指导、示范例文和课后练习，可强化读者对不同公文文种的理解，提高其公文写作的能力。

　　本书适用于行政管理专业、文秘专业本科教学，也适用于党政机关、企事业单位公文写作人员及其他公文爱好者阅读参考。

图书在版编目(CIP)数据

公文写作实务实训教程/汪建昌主编. —西安：西安电子科技大学出版社，2017.11
(2018.11 重印)

(高等学校"十三五"规划教材公共管理类专业实践教学系列)

ISBN 978 - 7 - 5606 - 4720 - 3

Ⅰ. ① 公… Ⅱ. ① 汪… Ⅲ. ① 公共—写作—教材 Ⅳ. H152.3

中国版本图书馆 CIP 数据核字(2017)第 243794 号

策　　划　高　樱
责任编辑　夏凌云　雷鸿俊
出版发行　西安电子科技大学出版社(西安市太白南路 2 号)
电　　话　(029)88242885　88201467　　　邮　　编　710071
网　　址　www.xduph.com　　　　　　电子邮箱　xdupfxb001@163.com
经　　销　新华书店
印刷单位　陕西天意印务有限责任公司
版　　次　2017 年 11 月第 1 版　2018 年 11 月第 2 次印刷
开　　本　787 毫米×1092 毫米　1/16　印张 15.5
字　　数　368 千字
印　　数　1001～4000 册
定　　价　35.00 元
ISBN 978 - 7 - 5606 - 4720 - 3/H
XDUP 5012001 - 2

前　言

　　大学生实践动手能力不足是普遍存在的现象，针对公文写作而言，很多已毕业的行政管理专业学生反馈，他们在工作过程中公文写作能力相对缺乏。针对这种状况，本书在编写中力图从教材的角度出发，致力于在一定程度上改变这一现状，以期提升公共管理专业尤其是行政管理专业学生公文写作的能力，使之更好适应未来进入党政机关、事业单位等公共部门的职业发展需要。

　　公文大致可分为三类：法定性公文、事务类公文和私务类公文。本书重点关注法定性公文和事务类公文。具体而言，本书的内容分为三个部分：第一部分是公文基础知识，包括公文格式、公文行文、公文办理、公文管理等，通过这一部分内容的介绍力求使初学者掌握一定的公文写作基础知识，为后续的公文写作实训打下良好基础。第二部分是15种法定性公文写作，包括命令、决议、决定、通知、意见等指挥部署性公文，公告、通告、公报、纪要等知照性公文，请示、报告、议案、批复等报批性公文以及通报等奖惩性公文和函等商洽性公文。这15种公文在党政机关工作过程中会经常使用，在很多企事业单位工作中也要经常使用，因此作为重点进行训练。第三部分是事务类公文写作，包括计划、实施方案、工作要点、总结、述职报告等计划总结类文书，调查报告、简报、会议记录、大事记等信息和记录类文书，讲话稿、开幕词、闭幕词、演讲稿、慰问信、感谢信、倡议书等讲话和书信类文书。这一部分涉及的16种公文尽管不是法定性公文，但是仍然有很高的使用频次，所以也作为本书写作训练的重点。

　　本书作为公共管理专业系列实验实训教材，强调写作实务，旨在提升学习者和训练者的公文写作能力。编者认为：公文写作一定离不开动手实践，光靠阅读，不动手写作是没有用的。因此，本书与其他应用文写作类教材不同之处在于针对每一种公文设计了提升动手写作能力的相关项目，如机关例文、训练题目、写作指导和示范例文。具体来说，首先通过机关例文让学习者和训练者初步了解公文的格式和写作重点，给其留下直观印象；其次在介绍公文相关知识（公文适用范围、特点和类型）之后，通过设计训练题目，让学习者和训练者进入写作情境，直接思考如何动手写作；然后在其写作之前，通过写作指导让其了解该类型公文的写作重点和要求；最后通过示范例文让学习者和训练者比较其个人写作和示范例文的差距，强化其对不同公文文种的理解，提高其公文写作的能力。

编　者

2017 年 7 月

目　录

第三篇 事务类公文写作

第一篇　公文基础知识

第一章 公文概述

第一节 公文知识

一、公文的含义

公文是处理日常事务最常用的文体，本书所指公文是指党政机关、企事业单位和群众团体使用的具有法定效力和规范体式的应用文书。本书着重介绍法定性公文和事务类公文，而不包括一般意义上的私务类文书。这两类公文是党政机关、企事业单位履行职能、实施领导、处理公务的重要文书。

一般可以从以下几个方面来理解公文的上述概念：

（1）规定了公文的使用范围。党政机关、企事业单位、群众团体都是公文的限定使用者。一般来说，公文活动是一种组织行为，而不是个人行为。如个人遇到困难时并不使用请示，个人征求意见或回复意见时也不使用函。

（2）规定了公文的性质和目的。公文的性质和目的就是"办理公务"，主要指五个方面：① 传达方针政策；② 公布法规和规章；③ 指导、布置和商洽工作；④ 请示和答复问题；⑤ 报告、通报和交流情况。

（3）具有特定效力和规范体式。公文除了具有法定效力之外，还具有严格的体式。法定性公文有严格的体式，另外，尽管事务类公文不像法定性公文那样具有极其严格的格式规范，但是也有其特定的文面格式和相关要求。

二、公文的特点

公文除了政治性、保密性之外，还具有以下特点：

1. 对象的法定性

公文的作者是法定能以自己的名义行使职权和承担义务的机关、团体、企事业单位。公文的读者同样具有特定性。

2. 作用的权威性

公文具有代行法定职权的功能，对受文机关或社会公众，在法定的时间和空间范围内具有较强的强制性和约束力。

3. 特定的时效性

公文具有一定的时效性，所有公文都有一定的时间要求，有些对时间要求较为严格，如批复类公文要求即时、明确。

4. 体式的规范性

公文的体式必须符合国家 2012 年制定发布的《党政机关公文处理工作条例》中所规定的体式，即规范体式。

5. 制作的程序性

公文从拟制、办理到管理都有严格的程序，公文处理流程也有程序要求，不能随意而为。

三、公文的文种

公文随着国家政治制度的发展而发展，公文的文种也随之不断发展变化。2012 年国家制定发布的《党政机关公文处理工作条例》中规定公文共有 15 种文种。

（1）决议。决议适用于会议讨论通过的重大决策事项。

（2）决定。决定适用于对重要事项作出决策和部署、奖惩有关单位和人员、变更或者撤销下级机关不适当的决定等事项。

（3）命令（令）。命令（令）适用于公布行政法规和规章、宣布施行重大强制性措施、批准授予和晋升衔级、嘉奖有关单位和人员等事项。

（4）公报。公报适用于公布重要决定或者重大事项。

（5）公告。公告适用于向国内外宣布重要事项或者法定事项。

（6）通告。通告适用于在一定范围内公布应当遵守或者周知的事项。

（7）意见。意见适用于对重要问题提出见解和处理方法。

（8）通知。通知适用于发布、传达要求下级机关执行和有关单位周知或者执行的事项、批转或转发公文。

（9）通报。通报适用于表彰先进、批评错误、传达重要精神和告知重要情况等事项。

（10）报告。报告适用于向上级机关汇报工作、反映情况和回复上级机关的询问等事项。

（11）请示。请示适用于向上级机关请求指示、批准。

（12）批复。批复适用于答复下级机关请示事项。

（13）议案。议案适用于各级人民政府按照法律程序向同级人民代表大会或者人民代表大会常务委员会提请审议事项。

（14）函。函适用于无隶属关系机关之间商洽工作、询问和答复问题、请求批准和答复审批等事项。

（15）纪要。纪要适用于记载会议主要情况和议定事项。

除了上述法定性公文之外，还有事务类公文，本书中也将介绍 16 种常用事务类文书的写作方法，包括计划、实施方案、工作要点、总结、述职报告、调查报告、简报、讲话稿、开幕词、闭幕词、演讲稿、会议记录、大事记、慰问信、感谢信和倡议书等。

四、公文的分类

按照不同的性质，公文有不同的分类方法。

（1）公文根据其行文关系来划分，可以分为上行文、下行文和平行文。

上行文是指下级机关或业务部门向其所属的上级领导机关或业务主管部门所发送的公文，主要有报告、请示和议案等。

下行文是指上级领导机关对所属的下级机关的一种行文，主要有决定、通知、批复等。

平行文是指同级机关之间或者没有领导与指导关系的机关之间的一种公文，主要有函等。

（2）公文根据其使用范围划分，可以分为通用公文和专用公文。

通用公文是指在全国各级党政机关、军队、人民团体、企事业单位普遍使用的公文，其具有在各机关、单位通用的特征。通用公文又可以进一步划分为规约性公文、指挥性公文、知照性公文、报批性公文、商洽性公文、记录性公文等。

专用公文是指在一定的工作部门和业务范围内，按特殊需要为一定专业服务的公文。专用公文又可以进一步划分为司法文书、经济文书、军事文书、外交文书、科技文书等。

（3）公文根据其机密程度划分，可以分为密件和普通件，其中密件又可进一步分为绝密件、机密件和秘密件三类。

（4）公文根据其送达和办理时限划分，可以分为急件和平件，其中急件又可以进一步分为特急件和加急件两类。如果是电报，则分为特提电报、特急电报、加急电报和平急电报四类。

（5）公文根据其内容的性质和作用来划分，有规约性公文、指挥性公文、部署性公文、知照性公文、报批性公文、奖惩和商谈性公文。其中：规约性公文包括办法、细则、章程等；指挥性公文包括命令、决议等；部署性公文包括决定、通知、意见等；知照性公文包括公告、通告、公报、纪要等；报批性公文包括请示、报告、议案、批复等；奖惩和商洽性公文包括通报、函等。

第二节　公　文　处　理

根据 2012 年《党政机关公文处理工作条例》的有关规定，党政机关公文处理工作流程是由公文拟制、办理、管理等一系列相互关联、衔接有序的工作组成的程序系统。其关键之处在于，加强对流程的优化设计和统筹协调，提高流程处理质量和效率。

一、公文拟制

（一）草拟公文要求

（1）符合国家法律法规和党的路线方针政策，完整准确体现发文机关意图，并同现行有关公文相衔接。

（2）从实际出发，分析问题实事求是，所提政策措施和办法切实可行。

（3）内容简洁，主题突出，观点鲜明，结构严谨，表述准确，文字精练。

（4）文种正确，格式规范。

（5）深入调查研究，充分进行论证，广泛听取意见。

（6）公文涉及其他地区或者部门职权范围内的事项，起草单位必须征求相关地区或者部门意见，力求达成一致。

（7）机关负责人应当主持、指导重要公文的起草工作。

（二）审核要求

（1）行文理由是否充分，行文依据是否准确。

（2）内容是否符合国家法律法规和党的路线方针政策；是否完整准确体现发文机关意图；是否同现行有关公文相衔接；所提政策措施和办法是否切实可行。

（3）涉及有关地区或者部门职权范围内的事项是否经过充分协商并达成一致意见。

（4）文种是否正确，格式是否规范；人名、地名、时间、数字、段落顺序、引文等是否准确；文字、数字、计量单位和标点符号等用法是否规范。

（5）其他内容是否符合公文起草的有关要求。

需要由发文机关审议的重要公文文稿，审议前应由发文机关办公厅（室）进行初核。经审核不宜发文的公文文稿，应当退回起草单位并说明理由；符合发文条件但内容需作进一步研究和修改的公文文稿，由起草单位修改后重新报送。

（三）签发人要求

公文应当经本机关负责人审批签发。重要公文和上行文应由机关主要负责人签发。党委、政府的办公厅（室）根据党委、政府授权制定发布的公文，由受权机关主要负责人签发或者按照有关规定签发。签发人签发公文，应当签署意见、姓名和完整日期；圈阅或者签名的，视为同意。联合发文时，应由所有联署机关的负责人会签。

二、公文办理

公文办理主要包括收文办理、发文办理和整理归档。

（一）收文办理主要程序

（1）签收。对收到的公文应当逐件清点，核对无误后签字或者盖章，并注明签收时间。

（2）登记。对公文的主要信息和办理情况应当详细记载。

（3）初审。对收到的公文应当进行初审。初审的重点是看公文是否应当由本机关办理；是否符合行文规则；文种、格式是否符合要求；涉及其他地区或者部门职权范围内的事项是否已经协商、会签；是否符合公文起草的其他要求。经初审不符合规定的公文，应当及时退回来文单位并说明理由。

（4）承办。阅知性公文应当根据公文内容、要求和工作需要确定范围后分送。批办性公文应当提出拟办意见报本机关负责人批示或者转有关部门办理；需要两个以上部门办理的，应当明确主办部门；紧急公文应当明确办理时限。承办部门对交办的公文应当及时办理，有明确办理时限要求的应当在规定时限内办理完毕。

（5）传阅。根据领导批示和工作需要将公文及时送交传阅对象阅知或者批示。办理公文传阅应当随时掌握公文去向，不得漏传、误传、延误。

（6）催办。及时了解掌握公文办理的进展情况，督促承办部门按期办结。紧急公文或者重要公文应当由专人负责催办。

（7）答复。公文的办理结果应当及时答复来文单位，并根据需要告知相关单位。

（二）发文办理主要程序

（1）复核。已由发文机关负责人签批的公文，印发前应当对公文的审批手续、内容、文种、格式等进行复核；需作实质性修改的，应当报原签批人复审。

（2）登记。对复核后的公文，应当确定发文字号、分送范围和印制份数并详细记载。

（3）印制。公文印制必须确保质量和时效。涉密公文应当在符合保密要求的场所印制。

（4）核发。公文印制完毕，应当对公文的文字、格式和印刷质量进行检查后分发。

涉密公文应当通过机要交通、邮政机要通信、城市机要文件交换站或者收发件机关的机要收发人员进行传递，通过密码电报或者符合国家保密规定的计算机信息系统进行传输。

（三）整理归档

需要归档的公文及有关材料，应当根据档案管理相关法律法规以及机关档案管理有关规定，及时收集齐全、整理归档。两个以上机关联合办理的公文，原件由主办机关归档，相关机关保存复制件。机关负责人兼任其他机关职务的，在履行所兼职务过程中形成的公文，由其兼职机关归档。

三、公文管理

（一）公文管理制度化

各级党政机关应当建立健全本机关公文管理制度，确保管理严格规范，充分发挥公文效用。

党政机关公文应由文秘部门或者专人统一管理。设立党委（党组）的县级以上单位应当建立机要保密室和机要阅文室，并按照有关保密规定配备工作人员和必要的安全保密设施设备。

（二）公文保密管理

1. 涉密公文保管

公文确定密级前，应当按照拟定的密级先行采取保密措施。确定密级后，应当按照所定密级严格管理。绝密级公文应当由专人管理。

公文的密级需要变更或者解除的，应由原确定密级的机关或者其上级机关决定。

公文的印发传达范围应当按照发文机关的要求执行；需要变更的，应当经发文机关批准。

涉密公文公开发布前，应当履行解密程序。公开发布的时间、形式和渠道，由发文机关确定。

经批准公开发布的公文，同发文机关正式印发的公文具有同等效力。

机关合并时，全部公文应当随之合并管理；机关撤销时，需要归档的公文经整理后按照有关规定移交档案管理部门。

工作人员离岗离职时，所在机关应当督促其将所暂存、借用的公文按照有关规定移交、清退。

新设立的机关应当向本级党委、政府的办公厅（室）提出发文立户申请。经审查符合条件的，列为发文单位，机关合并或者撤销时，发文单位也相应进行调整。

2. 公文复印汇编

复制、汇编机密级、秘密级公文，应当符合有关规定并经本机关负责人批准。绝密级公文一般不得复制、汇编，确有工作需要的，应当经发文机关或者其上级机关批准。

复制、汇编的公文视同原件管理。复制件应当加盖复制机关戳记。翻印件应当注明翻印的机关名称、日期。汇编本的密级按照编入公文的最高密级标注。

3. 公文撤销和废止

公文的撤销和废止，由发文机关、上级机关或者权力机关根据职权范围和有关法律法规决定。公文被撤销的，视为自起始之日起无效；公文被废止的，视为自废止之日起失效。

涉密公文应当按照发文机关的要求和有关规定进行清退或者销毁。

不具备归档和保存价值的公文，经批准后可以销毁。销毁涉密公文必须严格按照有关规定履行审批登记手续，确保不丢失、不漏销。个人不得私自销毁、留存涉密公文。

注意：新《条例》与原《办法》在公文处理方面的差异

2012年4月中共中央办公厅、国务院办公厅联合印发了《党政机关公文处理工作条例》（简称新《条例》），并宣布从2012年7月1日起该新《条例》正式施行，同时2000年8月24日国务院发布的《国家行政机关公文处理办法》（简称原《办法》）停止执行。新《条例》和原《办法》在公文处理方面存在一些差异：

（1）突出拟制环节。将原《办法》中发文办理环节的"起草"、"审核"、"签发"环节划归到"公文拟制"部分。

（2）简化办理程序。

（1）收文程序。将原《办法》中的收文程序由签收、登记、审核、分办、拟办、批办、承办、催办调整为新《条例》中的签收、登记、初审、承办、传阅、催办、答复。

（2）发文程序。将原《办法》中的发文程序由草拟、会商、审核、签发、复核、注发、缮印、用印、登记、分发调整为新《条例》中的复核、登记、印制、核发。

（3）严格管理环节。党政机关公文由文秘部门或者专人统一管理。设立党委（党组）的县级以上单位应当建立机要保密室和机要阅文室。

（4）规范签发程序。党委、政府的办公厅（室）根据党委、政府授权制发的公文，由受权机关主要负责人签发或者按照有关规定签发。

第二章　公文格式和行文规则

第一节　公文格式

公文的格式是指公文的组成部分和印制规范，包含公文的文面格式、用纸格式和装印格式三部分内容。《党政机关公文格式》(GB/T 9704 — 2012)是由国家质量监督检验检疫总局、国家标准化管理委员会发布的关于规范党政机关公文通用纸张、排版和印制装订要求、公文格式各要素编排规则等的国家标准，是党政机关公文规范化的重要依据，适用于各级党政机关制发的公文。其他机关和单位的公文可以参照执行，其对公文的纸张要求、印制要求、公文中各要素排列顺序和标识规则都做了明确的规定。制定《党政机关公文格式》(GB/T 9704 — 2012)文件的目的是保证公文的合法性、准确性和完整性，同时便于公文的收发处理，为以后公文的立卷、归档提供便利。

一、公文的文面格式

公文的文面格式指公文的结构、公文的各个组成部分。《党政机关公文格式》(GB/T9704 — 2012)中，将公文中各要素划分为版头、主体、版记三部分，并对三部分做出了明确的规定。公文首页红色分隔线以上的部分称为版头；公文首页红色分隔线(不含)以下、公文末页首条分隔线(不含)以上的部分称为主体；公文末页首条分隔线以下、末条分隔线以上的部分称为版记。页码位于版心外。具体而言，公文一般由份号、密级和保密期限、紧急程度、发文机关标志、发文字号、签发人、标题、主送机关、正文、附件说明、发文机关署名、成文日期、印章、附注、附件、抄送机关、印发机关和印发日期、页码等组成。

（一）版头

公文首页红色分隔线以上的部分称为版头。版头部分共包含七项内容，即份号、密级和保密期限、紧急程度、发文机关标志、发文字号、签发人、版头中的分割线，见图2-1。（参考江苏天策公务员考试教材《公共基础知识》，南京大学出版社，2015年）

1. 份号

份号是公文印制份数的顺序号，即将同一文稿印刷若干份时每份公文的顺序编号。编制份号的目的是准确掌握公文的印刷份数、分发范围和对象。涉密公文应当标注份号，置于版心左上角顶格第一行，用阿拉伯数字编排，一般用3号黑体字，以6位阿拉伯数字表示，数字不足6位时前面用"0"补齐。

2. 密级和保密期限

涉密公文应当根据涉密程度分别标注"绝密"、"机密"、"秘密"，并标注保密期限。密

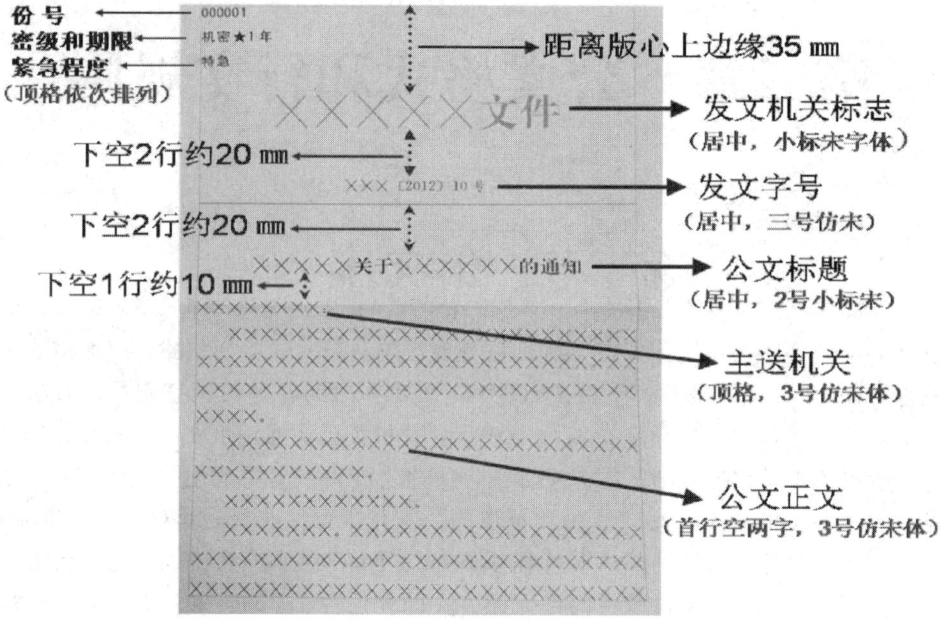

图 2-1　公文的版头和主体

级和保密期限一般用 3 号黑体字，顶格编排在版心左上角第二行；保密期限中的数字用阿拉伯数字标注，密级与保密期限中间加星号。保密期限一般分为一年以内和一年以上，凡长期不作标注的，其保密期限可按二十年认定。

3. 紧急程度

　　紧急程度反映公文送达和办理的时限要求。根据紧急程度，公文应当标注"特急"或"加急"，电报应当标注"特提"、"特急"、"加急"或"平急"。紧急程度的标注一般用 3 号黑体字，顶格编排在版心左上角；如需同时标注份号、密级和保密期限、紧急程度，应按照份号、密级和保密期限、紧急程度的顺序自上而下分行排列。紧急程度应在信封或信筒上加盖戳记注明；限时送达的文件须在文件封筒上注明"务于某日某时送达"。

4. 发文机关标志

　　发文机关标志由发文机关的全称或者规范化简称加"文件"二字组成，也可以使用发文机关全称或者规范化简称。联合行文时，发文机关标志可以并用联合发文机关名称，也可以单独用主办机关名称。

　　联合行文时，文件版头可以用主办机关名称，也可以用连署机关名称；如需同时标注主办机关和联署机关名称时，一般应当将主办机关名称排列在前；如有"文件"二字时，应当将其置于发文机关名称右侧，以联署发文机关名称为准上下居中排布。

　　民族区域自治地区发文时，采用自治民族文字和汉字两种文字印刷，自治民族的文字应排在汉字的前面或上面。

　　发文机关标志应居中排布，上边缘至版心上边缘为 35 mm，推荐使用小标宋体字，颜色为红色，以醒目、美观、庄重为原则。

5. 发文字号

发文字号编排在发文机关标志下面空二行的位置，居中排布；上行文的发文字号应居左空一字编排，与最后一个签发人姓名处在同一行。年份、发文顺序号用阿拉伯数字标注；年份要写全，不能省略，并用六角括号"〔 〕"括入；发文顺序号不加"第"字，不编虚位（即 1 不编为 01），并在阿拉伯数字后加"号"字。

6. 签发人

上行文应当注明签发人、会签人姓名。其应编排在发文机关标志下空二行位置，平行排列于发文字号右侧，一般与发文字号同处一行，居右空一字。由"签发人"三字加全角冒号和签发人姓名组成，"签发人"三字用 3 号仿宋体字，签发人姓名用 3 号楷体字。

如有多个签发人，签发人姓名应按照发文机关的排列顺序从左到右、自上而下依次均匀编排，一般每行排两个姓名，回行时与上一行第一个签发人姓名对齐。

如果签发时，甲机关负责人签发了"同意"，并署有姓名和日期；乙机关负责人只签了姓名；丙机关负责人只画了个圈，写上日期；丁机关负责人出差，委托其他负责人代签了姓名和日期，则四个机关的签发都视为同意发文。

7. 版头中的分隔线

版头中的分隔线是发文字号之下 4 mm 处居中所印的一条与版心等宽的红色分隔线。

（二）主体

主体是公文的核心结构要素，它包括公文标题、主送机关、正文、附件说明、发文机关署名、成文日期和印章、附注、附件等部分，如图 2-1 和图 2-2 所示。

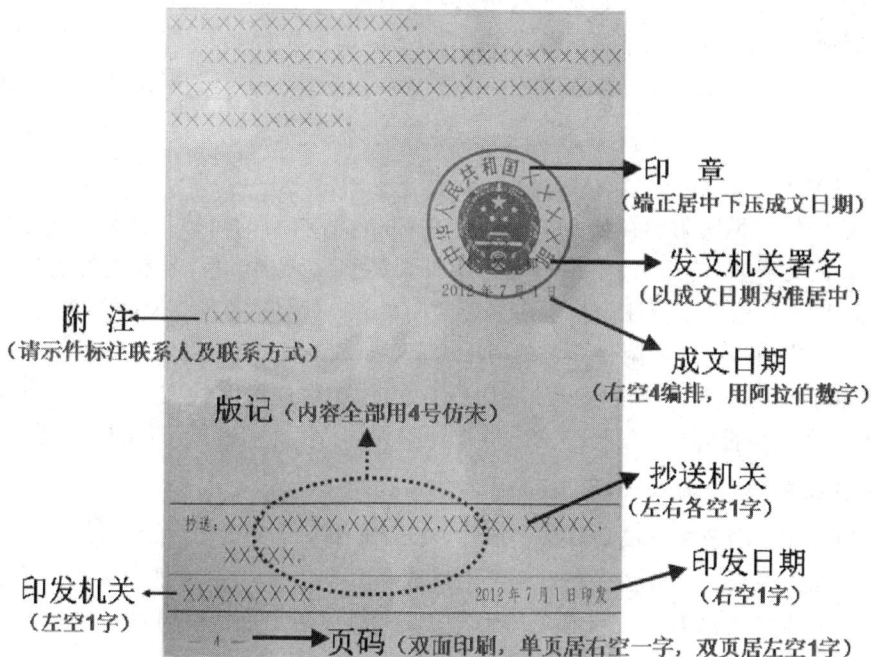

图 2-2 公文的主体和版记

1. 公文标题

公文标题由发文机关名称、公文主题和文种组成。如："全国人民代表大会关于设立中华人民共和国澳门特别行政区的决定"一般用 2 号小标宋体字，编排于红色分隔线下方空二行的位置，分一行或多行居中排布；回行时，要做到词意完整，排列对称，长短适宜，间距恰当，标题排列应当使用梯形或菱形。

2. 主送机关

主送机关应编排于标题下方空一行的位置，居左顶格，回行时仍顶格，最后一个机关名称后加全角冒号。如果主送机关名称过多，导致公文首页不能显示正文时，应当将主送机关名称移至版记。

主送机关的排列顺序：一是按照党、政、军、群、企事业单位的顺序排列；二是按机关级别、相关规定或惯例、领导人级别依次排列；三是按一级政府在前、政府部门在后的顺序排列。同性质或同级别的机关之间用顿号，不同性质或不同级别的机关之间用逗号，如国务院对下行文，其主送机关的排列形式是："各省、自治区、直辖市人民政府，国务院各部委、各直属机构"。

除命令、决定、公告、决议、通告等公布性文件之外，其他文件一般都应写明主送机关，以明确责任；称谓须用全称或规范化的简称；下级向上级请示报告，一般只有一个主送机关，不要多头主送；非特殊情况不得越级行文请示、报告；一般不要以领导人作为主送机关。

3. 公文正文

公文正文是公文的主体，也是公文结构的核心部分，用来表述公文的内容，是决定公文质量高低的关键。公文首页必须显示正文，一般用 3 号仿宋体字，编排于主送机关名称下一行，每个自然段左空二字，回行顶格。文中结构层次序数依次可以用"一、""（一）""1.""（1）"标注；一般第一层次用黑体字，第二层次用楷体字，第三层次和第四层次用仿宋体字标注。

4. 附件说明

附件说明用以说明附属在公文正文之后的有关文件材料的名称及件数。如果公文有附件，应在其正文下空一行、左空二字编排"附件"二字，后标全角冒号和附件名称。如有多个附件，使用阿拉伯数字标注附件顺序号（如"附件：1. XXXXX 2. XXXXX"）；附件名称较长需回行时，应当与上一行附件名称的首字对齐。

注意以下几点：① 附件说明应注明附件数量；② 附件说明中文件的名称应与其后附件标题相一致；③ 批转、印发类公文应被视为附件；④ 附件名称后不用加标点符号。

5. 发文机关署名、成文日期和印章

（1）加盖印章的公文。成文日期一般右空四字编排，印章用红色，不得出现空白印章。

单一机关行文时，一般在成文日期之上以成文日期为准居中编排发文机关署名，印章端正、居中下压发文机关署名和成文日期，使发文机关署名和成文日期位于印章中心偏下位置，印章顶端应当距正文（或附件说明）一行之内。

联合行文时，一般将各发文机关署名按照发文机关顺序整齐排列在相应位置，并使各印章端正、居中地下压各发文机关署名,最后一个印章端正、居中地下压最后一个发文机关的署名和成文日期;各印章之间排列整齐、互不相交或相切,每排印章两端不得超出版心,首排印章顶端应当距正文(或附件说明)一行之内。联合上报的公文,应由主办机关加盖印章;联合下发的公文,各发文机关都应当加盖印章。

(2)不加盖印章的公文。单一机关行文时,在正文(或附件说明)下方空一行、右空二字编排发文机关署名,在发文机关署名下一行编排成文日期,成文日期的首字比发文机关署名首字右移二字,如成文日期长于发文机关署名,应当使成文日期右空二字编排,并相应增加发文机关署名右侧空字数。联合行文时,应当先编排主办机关署名,其余发文机关署名依次向下编排。

(3)成文日期中的数字。用阿拉伯数字将年、月、日标全,年份应标全称,月、日不编虚位(即1不编为01)。

(4)特殊情况说明。当公文排版后所剩空白处不能容下印章或签发人签名章、成文日期时,可以采取调整行距、字距的措施予以解决。

6. 附注

附注主要对公文的发放范围加以说明。如有附注,应当居左空二字加圆括号编排在成文日期下一行。值得注意的是,"请示"应当在附注处注明联系人的姓名和电话。

7. 附件

附件应当另面编排,并在版记之前,与公文正文一起装订。"附件"二字及附件顺序号用3号黑体字顶格编排在版心左上角第一行,附件标题居中编排在版心第三行,附件顺序号和附件标题应当与附件说明中的表述一致。附件的格式要求与正文相同。

如果附件与正文不能一起装订,应当在附件左上角第一行顶格编排公文的发文字号并在其后标注"附件"二字及附件顺序号。

(三)版记

版记包括分隔线、抄送机关、印发机关和印发日期等部分,如图2-2所示。

1. 版记中的分隔线

版记中的分隔线与版心等宽,首条分隔线和末条分隔线用粗线(推荐高度为0.35 mm),中间的分隔线用细线(推荐高度为0.25 mm)。首条分隔线位于版记中第一个要素之上,末条分隔线与公文最后一面的版心下边缘重合。

2. 抄送机关

公文的抄送机关一般用4号仿宋体字,在印发机关和印发日期之上一行、左右各空一字编排。"抄送"二字后加全角冒号和抄送机关名称,回行时与冒号后的首字对齐,最后一个抄送机关名称后加句号。

如需把主送机关移至版记,除将"抄送"二字改为"主送"外,编排方法与抄送机关相同。既有主送机关又有抄送机关时,应当将主送机关置于抄送机关之上一行,之间不加分隔线。

抄送原则包括:① 对上不对下。向上级机关的请示,不可抄送下级机关;向下级机关的重要行文,可以抄送直接的上级机关。② 受双重领导的单位向其中一个上级机关行文,应视文件内容抄送另一个上级机关；向下级机关行文时应抄送给上级机关或其他与文件内容有关的平级机关。

3. 印发机关和印发日期

印发机关和印发日期一般用 4 号仿宋体字，编排在末条分隔线之上，印发机关左空一字，印发日期右空一字，用阿拉伯数字将年、月、日标全，年份应标全称，月、日不编虚位（即 1 不编为 01），后加"印发"二字。

版记中如还有其他要素，应当将其与印发机关和印发日期用一条细分隔线隔开。

（四）页码

页码一般用 4 号半角宋体阿拉伯数字，编排在公文版心下边缘之下，数字左右各放一条一字线；一字线上距版心下边缘 7 mm。奇数页页码居右侧且空一字，偶数页页码居左侧且空一字。公文的版记页前有空白页的，空白页和版记页均不编排页码。公文的附件与正文一起装订时，页码应当连续编排。

二、公文用纸格式和装印格式

（1）公文用纸采用《GB/T 148 — 1997 印刷、书写和绘图纸幅面尺寸》（后文简记为 GB/T 148）中规定的 A4 型纸，其成品幅面尺寸为 210 mm×297 mm。

（2）公文用纸天头（上白边）为 37 mm±1 mm，公文用纸订口（左白边）为 28mm±1mm，版心尺寸为 156 mm×225 mm。

（3）如无特殊说明，公文中文字的颜色均为黑色。

（4）一般每面排 22 行，每行排 28 个字，并撑满版心，特定情况也可以作适当调整。

（5）公文应当左侧装订，不掉页，两页页码之间误差不超过 4 mm，裁切后的成品尺寸允许误差为±2 mm，四角成 90°，无毛茬或缺损。

第二节 行 文 规 则

行文应当确有必要，讲求实效，注重针对性和可操作性。行文关系根据隶属关系和职权范围确定。一般不得越级行文，特殊情况需要越级行文的，应当同时抄送被越过的机关。

一、向上级机关行文，应当遵循以下规则

（1）原则上主送一个上级机关，根据需要同时抄送相关上级机关和同级机关，不抄送下级机关。

（2）党委、政府的部门向上级主管部门请示、报告重大事项，应当经本级党委、政府同意或者授权；属于部门职权范围内的事项应当直接报送上级主管部门。

（3）下级机关的请示事项，如需以本级机关名义向上级机关请示，应当提出倾向性意见后上报，不得原文转报上级机关。

（4）请示应当一文一事，不得在报告等非请示性公文中夹带请示事项。

（5）除上级机关负责人直接交办的事项外，不得以本级机关名义向上级机关负责人报送公文，不得以本级机关负责人名义向上级机关报送公文。

（6）受双重领导的机关向一个上级机关行文，必要时抄送另一个上级机关。

二、向下级机关行文，应当遵循以下规则

（1）主送受理机关，根据需要抄送相关机关。重要行文应当同时抄送发文机关的直接上级机关。

（2）党委、政府的办公厅（室）根据本级党委、政府授权，可以向下级党委、政府行文，其他部门和单位不得向下级党委、政府发布指令性公文或者在公文中向下级党委、政府提出指令性要求。

（3）党委、政府的部门在各自职权范围内可以向下级党委、政府的相关部门行文。

（4）涉及多个部门职权范围内的事务，部门之间未协商一致的，不得向下行文；擅自行文的，上级机关应当责令其纠正或者撤销。

（5）上级机关向受双重领导的下级机关行文，必要时抄送该下级机关的另一个上级机关。

同级党政机关、党政机关与其他同级机关必要时可以联合行文。属于党委、政府各自职权范围内的工作，不得联合行文。党委、政府的部门依据职权可以相互行文。部门内设机构除办公厅（室）外不得对外正式行文。

三、其他一些需要注意的规则

（一）行文关系根据隶属关系和职权范围确定，一般不得越级请示和报告。党委、政府的办公厅（室）根据本级党委、政府授权，可以向下级党委、政府行文，其他部门和单位不得向下级党委、政府发布指令性公文或者在公文中向下级党委、政府提出指令性要求。

（二）需经政府审批的具体事项，经政府同意后可以由政府职能部门行文，文中须注明已经政府同意。

（三）联合行文规则：联合行文单位应是平级单位。

（1）同级政府、同级政府各部门、上级政府部门与下一级政府、政府与同级党委和军队机关、政府部门与相应的党组织和军队机关、政府部门与同级人民团体和具有行政职能的事业单位可以联合行文。

（2）联合行文应当明确主办部门。

（3）联合行文单位应是平级单位。

（4）联合行文时要将行文规则协商一致。

（5）隶属职权规则：党委、政府的部门依据职权可以相互行文，亦可以联合行文，但一般不得交叉行文。

（6）向下级机关或者本系统的重要行文，应当同时抄送直接上级机关。

注意：新《条例》与原《办法》在格式与行文方面的差异

（1）增加文种：增加了"决议"和"公报"，新《条例》中规定公文种类为15种。

（2）增减要素：增加了"份号"、"发文机关署名"、"页码"，减少了"主题词"。

（3）修改行文规则：① 党委、政府的部门向上级主管部门请示、报告重大事项时，应当经本级党委、政府同意或者授权；② 党委、政府的办公厅（室）根据本级党委、政府授权，可以向下级党委、政府行文，其他部门和单位不得向下级党委、政府发布指令性公文或者在公文中向下级党委、政府提出指令性要求。需经政府审批的具体事项，经政府同意后可以由政府职能部门行文，文中须注明已经政府同意。

（4）标题规范化：文件标题由发文机关名称、事由和文种组成。

（5）日期规范化：日期需用阿拉伯数字书写。

第二篇 法定性公文写作

　　2012 年 4 月中共中央办公厅、国务院办公厅联合印发了《党政机关公文处理工作条例》(中办发"2012"14 号)，决定从 2012 年 7 月 1 日起施行新修订的《党政机关公文处理工作条例》，1996 年 5 月 3 日中共中央办公厅发布的《中国共产党机关公文处理条例》和 2000 年 8 月 24 日国务院发布的《国家行政机关公文处理办法》停止执行。

　　《党政机关公文处理工作条例》规定现行各类党政机关的公文种类有 15 种，分别是决议、决定、命令(令)、公报、公告、通告、意见、通知、通报、报告、请示、批复、议案、函、纪要，比 1996 年和 2000 年的版本多了决议和公报两个文种。

第三章 指挥性公文

第一节 命 令

一、机关例文

××省长签发××省人民政府令,《××省农村住房建设管理办法》经人民政府常务会议审计通过,予以公布。具体例文如下:

××省人民政府令

第×××号

《××省农村住房建设管理办法》已经××××年××月××日省人民政府第××次常务会议审议通过,现予公布,自××××年××月××日起施行。

省长 ×××

××××年××月××日

××省农村住房建设管理办法

第一章 总 则

第一条 为了规范农村住房建设和管理,提高农村住房建设质量,增强农村住房抗震设防和抵御自然灾害的能力,切实改善农村人居环境,根据《中华人民共和国城乡规划法》、《村庄和集镇规划建设管理条例》等法律、法规的规定,结合××省实际,制定本办法。

第二条 ××省行政区域内,农村村民在集体土地上新建、改建和扩建农村住房的建设活动及相关监督管理,适用本办法。

第三条 农村住房建设应当遵循节约用地、因地制宜的原则,符合安全、适用、经济、环保、美观的要求,严格执行农村住房抗震设防和建设质量安全标准,满足农民生活生产的需要,体现当地历史文化和建筑风貌。

第四条 县级以上地方人民政府应当加强农村住房建设管理工作,明确农村住房建设的监管程序,落实监管人员及工作职责。

县(市、区)人民政府负责本行政区域内农村住房建设规划的统一领导和监督管理。

乡(镇)人民政府是本行政区域内农村住房建设规划管理的实施主体。

县级以上人民政府住房城乡建设、城乡规划、民政、财政、国土资源、环境保护、水利、林业、防震减灾等部门,依法负责农村住房建设的相关监督管理工作。

第五条 省住房城乡建设主管部门负责制定全省农村住房建设相关政策和技术规范,对全省农村住房建设实施监督指导。

市(州)住房城乡规划建设主管部门负责制定本行政区域的农村住房建设配套政策,对本行政区域内农村住房建设实施监督指导。

县(市、区)住房城乡规划建设主管部门,会同乡(镇)人民政府具体承担本行政区域内农村住房建设的监督管理。

第六条 乡(镇)人民政府应当建立乡(镇)、村农村住房建设质量安全监督制度和巡查制度。

村民委员会可以选派代表参与农村住房建设监督。

村民会议可以组建村民建房委员会。村民建房委员会可以聘请有施工技术常识的村民作为巡查监督员,开展巡查和督查。

第七条 县级以上地方人民政府应当建立农村住房建设质量安全和抗震设防工作监管体系,健全管理制度、激励机制,支持、鼓励村民对农村住房采取符合本地实际的建筑结构形式和抗震设防措施,鼓励支持村民参与城乡住宅地震保险。

住房城乡建设主管部门应当组织开展农村住房建筑抗震新技术、新工艺、新材料的科学技术研究。

国家和省安排的农村住房建设专项资金、补助和奖励,按有关规定执行。

第二章 规划选址

第八条 农村住房建设应当符合城乡规划、土地利用总体规划,并根据需要合理编制村庄建设规划;科学选址,充分利用原有宅基地、空闲地和其他未利用地,禁止占用基本农田、饮用水水源保护区,避免占用耕地、天然林地、公益林地。合理避让地震活动断裂带、地质灾害隐患区、山洪灾害危险区和行洪泄洪通道。

乡(镇)人民政府应当依据乡村规划和地质灾害普查分布图等,对重新选址的农村住房宅基地及其相邻区域的地质、地理环境进行安全性评价。确需进行安全性评估的,由县(市、区)人民政府组织国土资源、住房城乡规划建设、水利、林业、防震减灾等部门进行安全性评估。

第九条 农村住房建设应当与公路建设相协调,与公路保持规定的距离。在公路两侧建筑控制区内,禁止进行农村住房建设以及堆放砂石、砖瓦等建筑材料。公路建筑控制区划定前已经合法修建的农村住房,不得进行扩建和危害公路路基基础安全的改建。

第十条 在乡(镇)、村规划区内使用原有农村住房宅基地进行农村住房建设的,申请人应当向村集体经济组织或者村民委员会提出建房申请。经村民会议或者村民代表大会讨论通过后,申请人持以下资料向乡(镇)人民政府提出书面申请,由乡(镇)人民政府依据乡(镇)、村规划审查,合格后核发乡村建设规划许可证:

（一）原有宅基地批准文件或者宅基地使用证明；

（二）户籍证明；

（三）符合要求的农村住房建设方案图或者施工图；

（四）村集体经济组织或者村民委员会的书面意见。

第十一条　在乡（镇）、村规划区内需占用农用地或者未利用地作为宅基地建设农村住房的，申请人应当向村集体经济组织或者村民委员会提出建房申请。经村民会议或者村民代表大会讨论通过后，申请人应当持以下资料向乡（镇）人民政府提出书面申请，经乡（镇）人民政府依据乡（镇）、村规划初审并签署意见后，报县（市、区）住房城乡规划建设主管部门审查，合格后核发乡村建设规划许可证：

（一）户籍证明；

（二）符合要求的农村住房建设方案图或者施工图；

（三）村集体经济组织或者村民委员会的书面意见；

（四）需占用农用地的，提供村集体经济组织或者村民委员会出具的拟占用农用地的情况说明。

核发乡村建设规划许可证后，依法办理用地审批手续。

县（市、区）住房城乡规划建设主管部门可以委托乡（镇）人民政府核发乡村建设规划许可证。

第十二条　乡（镇）、村规划区以外需选址建设村民住宅的，乡（镇）人民政府应当引导在规划的村民聚居点建设。不能在规划聚居点建设的，可以使用原有宅基地进行村民住房建设，按照本办法第十条的规定办理。

......

第九章　附　则

第四十一条　本办法所称农村住房建设，是指除统一规划、统一建设之外的村民自主新建、改建、扩建住宅与配套设施的行为。

第四十二条　统一规划、统一建设的村民聚居点按照法定建设程序进行监督管理。

第四十三条　市（州）、县（市、区）人民政府可以根据本办法制定本行政区域内农村住房建设具体管理办法或者实施细则。

第四十四条　本办法自××××年××月××日起施行。

二、相关知识

（一）适用范围

命令，简称令，用于依照有关法律公布行政法规和规章；宣布施行重大强制性行政措施；批准授予和晋升衔级；嘉奖有关单位及人员。

（二）公文特点

命令与其他公文相比较，具有以下几个特点：

1. 事关重大

命令所涉及的事项有发布行政法规和规章、宣布施行重大强制性行政措施和批准授予和晋升衔级等大事。命令也适用于嘉奖有关单位及人员，这种嘉奖往往适用于在全国或某一地区影响较大的单位及人员。

2. 权威性强

中华人民共和国主席、国务院总理、国务院各部部长、各委员会主任以及县以上各级地方人民政府才可以依据法律规定的权限发布命令，其他任何单位和个人均不得发布命令。在实际工作中，国家高级领导机关和主要领导人对命令的使用较多，命令具有很强的权威性，有关单位或个人都不得修改和歪曲。

3. 指挥性强

指挥性主要是指命令的内容具有指挥下级机关或有关人员工作的功能。命令带有明显的强制性，指挥性强，下级机关无论在什么情况下，都必须令出必行，违反命令或抗拒执行命令，就要受到惩罚。

（三）公文类型

命令（令）的类型很多，主要根据它的使用范围和作用来确定，最常用的是公布令、行政令、任免令和嘉奖令。

（1）公布令。公布令适用于国家行政机关根据法律制定发布的行政法规和规章。

（2）行政令。行政令是国家行政机关为实行重大强制性行政措施而发布的命令，国务院及其所属部委、县以上地方各级人民政府可以发布行政令。

（3）任免令。任免令主要用于任命或者免去有关人员职务，任免的对象一般是高级机关首长。

（4）嘉奖令。嘉奖令是领导机关为奖励有突出贡献的人员或集体而发布的命令。一般对贡献特别大的人员或集体进行奖励，才用命令的形式公布。

（四）注意事项

（1）党委部门不能单独以此文种发文，只能由行政部门或党政部门联合发文。

（2）以行政首长的名义发布，加盖签发人签名章。

（3）县级以上各级人民政府可以发布命令，中华人民共和国主席、国务院及国务院所属部委可以发布命令。

三、写作训练

（一）训练题目

××××年×月×日，经国家××××××总局常务会议审议通过了《关于修改部分规章的决定》，现在准备用命令形式予以公布。（注：此前国家××××××总局已经发布了第7号令）。请以国家××××××总局名义撰写"命令"公文。

附：关于修改部分规章的决定

关于修改部分规章的决定

按照国务院行政审批制度改革的要求，国家×××××总局对涉及行政审批制度改革的规章和规范性文件进行了清理。根据《规章制定程序条例》的相关规定，决定修改以下5个规章。

1.《中外合作摄制电影片管理规定》

删去第九条第五项中的"底样片冲洗及后期制作地点"。

删去第十八条，相应调整之后各条序号。

将第四条中的"国家×××××总局"以及第九条、第十条、第十三条、第十五条、第十六条、第十七条、原第十九条中的"国家×××××总局"，修改为"国务院广播影视行政部门"。

2.《广播影视节(展)及节目交流活动管理规定》

将第五条修改为：国家鼓励各相关单位依法与境外国家(地区)开展对等交流互办电影展映等活动。

在京的中央单位及其直属机构在境内举办上述活动须报国务院广播影视行政部门批准。其他单位在境内举办上述活动，如涉及多个国家(地区)，该活动须报国务院广播影视行政部门批准；如只涉及单一国家(地区)，须报省级广播影视行政部门批准，其拟展映的境外影片须经省级广播影视行政部门审查，批准时应同时抄报国务院广播影视行政部门。

第七条修改为："在综合性文化活动中举办涉外电影展映活动的，举办单位须持文化行政部门对该综合性文化活动的批准文件，按照本规定的有关规定，报国务院广播影视行政部门或者相关省级广播影视行政部门审查批准。"

第十六条第二款修改为："获准在境内参赛、参展的境外影片，由节(展)等有关活动的举办单位持国务院广播影视行政部门或者相关省级广播影视行政部门批准文件到海关办理拷贝临时入出境手续；赴境外参加电影节(展)并已备案的影片出入境，由参展单位持国务院广播影视行政部门相关文件到海关办理拷贝临时出入境手续。"

第二条中的"国家×××××总局"以及第四条、第六条、第八条、第九条、第十条、第十二条、第十四条、第十七条中的"国家×××××总局"，修改为"国务院广播影视行政部门"。

3.《广播电影电视行业统计管理办法》

将第二十二条修改为："广播影视行政部门应当对广播影视行业统计工作情况实施监督检查，定期进行考核评定，并根据考核评定结果进行表扬或者惩戒。

县级以上地方人民政府广播影视行政部门可以依据有关规定，对有关统计机构和统计人员给予表彰、奖励。

广播影视行业各单位应当依据本规定，建立统计工作奖惩制度。"

第三条、第四条、第九条第二项、第十八条、第二十三条中的"广播影视行政管理部门"，修改为"广播影视行政部门"；第八条、第十三条、第十四条、第十八条中的"国家广播电影电视总局"，修改为"国务院广播影视行政部门"；第九条、第十三条、第十四条中的"地方广播影视行政管理部门"，修改为"县级以上地方人民政府广播影视行政部门"；第十三条、第十四条中的"上一级广播影视行政管理部门"，修改为"上一级广播影视行政部门"。

··········

（二）写作指导

在构成上，命令一般由标题、发文字号、正文、署名、日期等部分组成。

1. 标题

命令的标题一般由发文机关、事由和文种三部分组成，有时也可以不加事由，直接由发文机关和文种组成。

2. 发文字号

编号不以年度编号，如果标题是"职务＋文种"，就应按签署命令的领导人在任期内的顺序编号；如果标题是"发文机关＋文种"，就按发文机关命令的顺序编号。

3. 正文

公布令适用于公布国家或地方的行政法规、规章。正文往往先写出法规、规章的全称；接着写明什么时间经过什么机关批准或什么会议通过；最后写明施行日期，常用"现予公布施行"或者"现予公布，从×年×月×日起施行"。

行政令是国家行政机关为施行重大强制性行政措施而发布的命令。正文首先简明扼要地说明发布命令的理由；接着具体或分项列出命令有关事项，要写明具体规定、措施和要求；结尾没有什么特别之处，往往写出对受令人的要求和号召，也可以不写结尾。

任免令用于公布重大任命或者免去有关人员职务。任免令要写清任免依据和内容，什么时间、什么会议做出的决定，被任免人员的姓名和职务。

嘉奖令是领导机关为奖励有突出贡献的人员或集体而发布的命令。先写明嘉奖的原因，被嘉奖人物的事迹；然后根据事迹提出嘉奖的内容；最后向有关方面发出号召和希望。

4. 署名

在正文右下方写明发文机关全称，如果是以领导人名义发文，要写明领导职务及姓名。

5. 日期

日期一般放在发文机关或领导姓名之下。

（三）示范公文

国家××××××总局令

第 8 号

《关于修改部分规章的决定》经××××年××月××日局务会议审议通过。现予发布，自发布之日起施行。

局长 ×××
××××年×月×日

关于修改部分规章的决定

按照国务院行政审批制度改革的要求，国家×××××总局对涉及行政审批制度改革的规章和规范性文件进行了清理。根据《规章制定程序条例》的相关规定，决定修改以下 5 个规章。

1.《中外合作摄制电影片管理规定》

删去第九条第五项中的"底样片冲洗及后期制作地点"。

删去第十八条，相应调整之后各条序号。

将第四条中的"国家×××××总局"以及第九条、第十条、第十三条、第十五条、第十六条、第十七条、原第十九条中的"国家×××××总局"，修改为"国务院广播影视行政部门"。

2.《广播影视节(展)及节目交流活动管理规定》

将第五条修改为："国家鼓励各相关单位依法与境外国家(地区)开展对等交流互办电影展映等活动。

在京的中央单位及其直属机构在境内举办上述活动须报国务院广播影视行政部门批准。其他单位在境内举办上述活动，如涉及多个国家(地区)，该活动须报国务院广播影视行政部门批准；如只涉及单一国家(地区)，须报省级广播影视行政部门批准，其拟展映的境外影片须经省级广播影视行政部门审查，批准时应同时抄报国务院广播影视行政部门。"

第七条修改为："在综合性文化活动中举办涉外电影展映活动的，举办单位须持文化行政部门对该综合性文化活动的批准文件，按照本规定的有关规定，报国务院广播影视行政部门或者相关省级广播影视行政部门审查批准。"

第十六条第二款修改为："获准在境内参赛、参展的境外影片入出境，由节(展)等有关活动的举办单位持国务院广播影视行政部门或者相关省级广播影视行政部门批准文件到海关办理拷贝临时入出境手续；赴境外参加电影节(展)并已备案的影片出入境，由参展单位持国务院广播影视行政部门相关文件到海关办理拷贝临时入出境手续。"

第二条中的"国家×××××总局"以及第四条、第六条、第八条、第九条、第十条、第十二条、第十四条、第十七条中的"国家×××××总局"，修改为"国务院广播影视行政部门"。

3.《广播电影电视行业统计管理办法》

将第二十二条修改为："广播影视行政部门应当对广播影视行业统计工作情况实施监督检查，定期进行考核评定，并根据考核评定结果进行表扬或者惩戒。

县级以上地方人民政府广播影视行政部门可以依据有关规定，对有关统计机构和统计人员给予表彰、奖励。

广播影视行业各单位应当依据本规定，建立统计工作奖惩制度。"

第三条、第四条、第九条第二项、第十八条、第二十三条中的"广播影视行政管理部门"，修改为"广播影视行政部门"；第八条、第十三条、第十四条、第十八条中的"国家广播电影电视总局"，修改为"国务院广播影视行政部门"；第九条、第十三条、第十四条中的"地方广播影视行政管理部门"，修改为"县级以上地方人民政府广播影视行政部门"；第十三条、第十四条中的"上一级广播影视行政管理部门"，修改为"上一级广播影视行政部门"。

············

四、课后练习

（一）练习题目

国务院出台《关于废止和修改部分行政法规的决定》，现在以国务院令的形式发布施行。请拟一份国务院令。《国务院关于废止和修改部分行政法规的决定》相关内容如下：

国务院关于废止和修改部分行政法规的决定

为了运用法治方式推进政府职能转变，进一步放宽市场主体准入条件，激发社会投资活力，依据××××年××月××日第××届全国人民代表大会常务委员会第××次会议通过的修改公司法的决定，落实《注册资本登记制度改革方案》关于注册资本实缴登记改为认缴登记、年度检验验照制度改为年度报告公示制度，以及完善信用约束机制的内容，国务院对涉及的行政法规进行了清理。经过清理，国务院决定：

一、对 2 部行政法规予以废止。

二、对 8 部行政法规的部分条款予以修改。

本决定自××××年××月××日起施行。

（二）参考答案

中华人民共和国国务院令

第×××号

现公布《国务院关于废止和修改部分行政法规的决定》，自××××年××月××日起施行。

总理 ×××

××××年××月××日

国务院关于废止和修改部分行政法规的决定

为了运用法治方式推进政府职能转变，进一步放宽市场主体准入条件，激发社会投资活力，依据××××年××月××日第××届全国人民代表大会常务委员会第××次会议通过的修改公司法的决定，落实《注册资本登记制度改革方案》关于注册资本实缴登记改为认缴登记、年度检验验照制度改为年度报告公示制度，以及完善信用约束机制的内容，国务院对涉及的行政法规进行了清理。经过清理，国务院决定：

一、对 2 部行政法规予以废止。

二、对 8 部行政法规的部分条款予以修改。

本决定自××××年××月××日起施行。

第二节 决 议

一、机关例文

国务院提交了调整完善计划生育政策的议案，经第××届全国人民代表大会常务委员会审计通过，现以决议形式公布。具体如下：

全国人民代表大会常务委员会关于调整完善生育政策的决议

（××××年××月××日第××届全国人民代表大会常务委员会第××次会议通过）

第××届全国人民代表大会常务委员会第××次会议审议了国务院关于调整完善生育政策的议案，作出如下决议：

一、坚持计划生育的基本国策。四十多年来，在全国人民的共同努力下，我国计划生育取得了巨大成就，控制了人口过快增长，缓解了资源环境压力，为促进经济社会协调发展、保障和改善民生作出了重要贡献。人口众多是我国长期面临的基本国情，必须认真贯彻宪法和人口与计划生育法等法律，促进人口长期均衡发展。

二、根据我国经济社会的发展和人口形势的变化，逐步调整完善生育政策是必要的。同意启动实施一方是独生子女的夫妇可生育两个孩子的政策。各省、自治区、直辖市人民代表大会或者其常务委员会应当根据人口与计划生育法和本决议，结合本地实际情况，及时修改相关地方性法规或者作出规定。

三、全国人民代表大会常务委员会和地方各级人民代表大会常务委员会要加强对人口与计划生育法和本决议实施情况的监督检查，使相关法律和本决议得到有效实施。

二、相关知识

（一）适用范围

决议适用于会议讨论通过的重大决策事项。

（二）公文类型

决议可以分为公布性决议、部署性决议、批准性决议、纪要性决议、阐述性决议等多种类型。

三、写作训练

（一）训练题目

××××年至××××年，我国法制宣传教育第××个五年规划顺利实施，法治宣传教育在服务经济社会发展、维护社会和谐稳定、建设社会主义法治国家中发挥了重要作用。为深入学习宣传习近平总书记关于全面依法治国的重要论述，全面推进依法治国，××××年××月××日第××届全国人民代表大会常务委员会第××次会议通过相关决议，从××××年至××××年在全体公民中开展第××个五年法治宣传教育：突出学习宣传宪法，深入学习宣传国家基本法律，推动全民学法守法用法，坚持国家工作人员带头学法守法用法，切实把法治教育纳入国民教育体系，推进社会主义法治文化建设，推进多层次多领域依法治理，推进法治宣传教育创新，健全普法责任制，加强组织实施和监督检查。

试根据上述内容，撰写全国人大常务委员会决议。

（二）写作指导

决议由标题、成文时间和正文三个部分组成。

1. 标题

标题由发文机关（或会议名称）、事由、文种组成，例如：江苏省第八届人大常委会第八次会议关于振兴浦口的决议。

2. 成文时间

成文时间一般放在标题下方并用括号标注。

3. 正文

正文一般分三个部分，即决议根据、决议事项和结语。

决议根据一般简要说明有关会议审议决议涉及事项的情况，陈述作出决议的原因、根据、背景、目的或意义。

决议事项一般写明会议通过的事项，对有关事项作出的评价，或对有关工作做出的部署安排和要求、措施。

结语一般针对决议事项提出希望、号召和执行要求。当然这部分也可以不写。

（三）示范公文

全国人民代表大会常务委员会关于开展第××个五年法治宣传教育的决议

（××××年××月××日第××届全国人民代表大会常务委员会第××次会议通过）

××××年至××××年，我国法制宣传教育第××个五年规划顺利实施，法治宣传教育在服务经济社会发展、维护社会和谐稳定、建设社会主义法治国家中发挥了重要作用。为深入学习宣传习近平总书记关于全面依法治国的重要论述，全面推进依法治国，顺利实施"十三五"规划，全面建成小康社会，推动全体公民自觉遵法学法守

法用法，推进国家治理体系和治理能力现代化建设，从××××年至××××年在全体公民中开展第××个五年法治宣传教育，十分必要。通过开展第××个五年法治宣传教育，使全社会法治观念明显增强，法治思维和依法办事能力明显提高，形成崇尚法治的社会氛围。特作决议如下：

一、突出学习宣传宪法。坚持把学习宣传宪法摆在首要位置，在全社会普遍开展宪法宣传教育，重点学习宣传宪法确立的我国的国体、政体、基本政治制度、基本经济制度、公民的基本权利和义务等内容，弘扬宪法精神，树立宪法权威。实行宪法宣誓制度，组织国家工作人员在宪法宣誓前专题学习宪法。组织开展"12·4"国家宪法日集中宣传活动，教育引导一切组织和个人以宪法为根本活动准则。

二、深入学习宣传国家基本法律。坚持把学习宣传宪法相关法、民法商法、行政法、经济法、社会法、刑法、诉讼与非诉讼程序法等法律法规的基本知识，作为法治宣传教育的基本任务，结合学习贯彻创新、协调、绿色、开放、共享发展理念，加强对相关法律法规的宣传教育。在全社会树立宪法法律至上、法律面前人人平等、权由法定、权依法使等基本法治理念。

三、推动全民学法守法用法。一切有接受教育能力的公民都要接受法治宣传教育。坚持把全民普法和守法作为依法治国的长期基础性工作，加强农村和少数民族地区法治宣传教育，以群众喜闻乐见、易于接受的方式开展法治宣传教育，引导公民努力学法、自觉守法、遇事找法、解决问题靠法，增强全社会厉行法治的积极性、主动性和自觉性。大力弘扬法治精神，培育法治理念，树立法治意识，共同维护法律的权威和尊严。

四、坚持国家工作人员带头学法守法用法。坚持把各级领导干部带头学法、模范守法、严格执法作为全社会树立法治意识的关键。健全国家工作人员学法用法制度，将法治教育纳入干部教育培训总体规划。坚持把依法办事作为检验国家工作人员学法用法的重要标准，健全重大决策合法性审查机制，推行政府法律顾问制度，推动行政机关依法行政，促进司法机关公正司法。坚持把尊法学法守法用法情况作为考核领导班子和领导干部的重要内容。

五、切实把法治教育纳入国民教育体系。坚持从青少年抓起，制定青少年法治教育大纲，设立法治知识课程，完善法治教材体系，强化学校、家庭、社会"三位一体"的青少年法治教育格局，加强青少年法治教育实践基地建设，增强青少年的法治观念。

六、推进社会主义法治文化建设。把法治文化建设纳入现代公共文化服务体系，繁荣法治文化作品创作推广，广泛开展群众性法治文化活动。大力弘扬社会主义核心价值观，推动法治教育与道德教育相结合，促进法律的规范作用和道德的教化作用相辅相成。健全公民和组织守法信用记录，建立和完善学法用法先进集体、先进个人宣传表彰制度。

七、推进多层次多领域依法治理。坚持法治宣传教育与法治实践相结合，把法律规定变成引领保障经济社会发展的基本规范。深化基层组织和部门、行业依法治理，深入开展法治城市、法治县(市、区)、民主法治示范村(社区)等法治创建活动，提高社会治理法治化水平。

八、推进法治宣传教育创新。遵循现代传播规律，推进法治宣传教育工作理念、方式方法、载体阵地和体制机制等创新。结合不同地区、不同时期、不同群体的特点和需求，分类实施法治宣传教育,提高法治宣传教育的针对性和实效性,力戒形式主义。充分发挥报刊、广播、电视和新媒体新技术等在普法中的作用,推进互联网＋法治宣传教育行动。建立法官、检察官、行政执法人员、律师等以案释法制度,充分运用典型案例,结合社会热点,开展生动直观的法治宣传教育。加强法治宣传教育志愿者队伍建设。深化法律进机关、进乡村、进社区、进学校、进企业、进单位等活动。

九、健全普法责任制。一切国家机关和武装力量、各政党和各人民团体、企业事业组织和其他社会组织都要高度重视法治宣传教育工作,按照"谁主管谁负责"的原则,认真履行普法责任。实行国家机关"谁执法谁普法"的普法责任制,建立普法责任清单制度。健全媒体公益普法制度,落实各类媒体的普法责任,在重要频道、重要版面、重要时段开展公益普法。把法治宣传教育纳入当地经济社会发展规划,进一步健全完善党委领导、人大监督、政府实施、部门各负其责、全社会共同参与的法治宣传教育工作体制机制。

十、加强组织实施和监督检查。各级人民政府要积极开展第七个五年法治宣传教育工作,强化工作保障,做好中期检查和终期评估,并向本级人民代表大会常务委员会报告。各级人民代表大会及其常务委员会要充分运用执法检查、听取和审议工作报告以及代表视察、专题调研等形式,加强对法治宣传教育工作的监督检查,保证本决议得到贯彻落实。

四、课后练习

（一）练习题目

××××自治区第×××届人民代表大会常务委员会第×××次会议,听取了自治区财政厅厅长×××受自治区人民政府委托所作的《关于××××年自治区本级财政预算调整方案（草案）的说明》,审查了××××年自治区本级财政预算调整方案（草案）。会议同意财政经济委员会的审查报告,决定批准××××年自治区本级财政预算调整方案。请你以××××自治区人民代表大会常务委员会发一份决议。

（二）参考答案

××××自治区人民代表大会常务委员会关于批准

××××年自治区本级财政预算调整方案的决议

（××××年××月××日××××自治区第×××届人民代表大会常务委员会第×××次会议通过）

××××自治区第×××届人民代表大会常务委员会第×××次会议,听取了自治区财政厅厅长×××受自治区人民政府委托所作的《关于××××年自治区本级财政预算调整方案（草案）的说明》,审查了××××年自治区本级财政预算调整方案（草案）。会议同意财政经济委员会的审查报告,决定批准××××年自治区本级财政预算调整方案。

第四章　部署性公文

第一节　决　定

一、机关例文

经过研究论证，国务院发布决定进一步取消和下放 68 项行政审批项目，具体公文如下：

国务院关于取消和下放一批行政审批项目的决定

国发〔××××〕××号

各省、自治区、直辖市人民政府，国务院各部委、各直属机构：

经研究论证，国务院决定，再取消和下放 68 项行政审批项目（其中有 2 项属于保密项目，按规定另行通知）。另建议取消和下放 7 项依据有关法律设立的行政审批项目，国务院将依照法定程序提请全国人民代表大会常务委员会修订相关法律规定。《国务院关于取消和下放一批行政审批项目等事项的决定》（国发〔××××〕××号）中提出的涉及法律的 16 项行政审批项目，国务院已按照法定程序提请全国人民代表大会常务委员会修改了相关法律，现一并予以公布。

各地区、各部门要抓紧做好取消和下放管理层级行政审批项目的落实和衔接工作，加快配套改革和相关制度建设，在有序推进"放"的同时，加强后续监管，切实做到放、管结合。要按照深化行政体制改革、加快转变政府职能的要求，继续坚定不移推进行政审批制度改革，清理行政审批项目，加大简政放权力度。要健全监督制约机制，加强对行政审批权运行的监督，依法及时公开项目核准和行政审批信息，努力营造公平竞争、打破分割、优胜劣汰的市场环境，不断提高政府管理科学化、规范化水平。

附件：国务院决定取消和下放管理层级的行政审批项目目录（共计 82 项）

国务院

××××年××月××日

（此件公开发布）

二、相关知识

（一）适用范围

决定适用于对重要事项作出决策和部署，奖惩有关单位和人员，变更或者撤销下级机关不适当的决定事项。

（二）公文特点

决定具有制约性、规范性和指导性特点。

（三）公文类型

决定一般有知照性决定、指挥性决定、奖惩性决定和事项性决定四种。其中指挥性决定是针对某一方面的工作或某一类问题，偏重于统一认识或确定某一方面的方针；奖惩性决定主要用于树立榜样，表扬表彰先进人物和事迹，或吸取教训，批评惩戒错误现象。

三、写作训练

（一）训练题目

第十二届全国人民代表大会常务委员会第十五次会议通过宪法宣誓制度，各级人民代表大会及县级以上各级人民代表大会常务委员会选举或者决定任命的国家工作人员，以及各级人民政府、人民法院、人民检察院任命的国家工作人员，在就职时应当公开进行宪法宣誓。根据具体情况，宣誓仪式可以采取单独宣誓或者集体宣誓的形式。

全国人民代表大会选举或者决定任命的中华人民共和国主席、副主席，全国人民代表大会常务委员会委员长、副委员长、秘书长、委员，国务院总理、副总理、国务委员、各部部长、各委员会主任、中国人民银行行长、审计长、秘书长，中华人民共和国中央军事委员会主席、副主席、委员，最高人民法院院长，最高人民检察院检察长，以及全国人民代表大会专门委员会主任委员、副主任委员、委员等进行宪法宣誓。

在全国人民代表大会闭会期间，全国人民代表大会常务委员会任命或者决定任命的全国人民代表大会专门委员会个别副主任委员、委员，国务院部长、委员会主任、中国人民银行行长、审计长、秘书长，中华人民共和国中央军事委员会副主席、委员进行宪法宣誓。

全国人民代表大会常务委员会任命的全国人民代表大会常务委员会副秘书长，全国人民代表大会常务委员会工作委员会主任、副主任、委员，全国人民代表大会常务委员会代表资格审查委员会主任委员、副主任委员、委员等应当进行宪法宣誓。

全国人民代表大会常务委员会任命或者决定任命的最高人民法院副院长、审判委员会委员、庭长、副庭长、审判员和军事法院院长，最高人民检察院副检察长、检察委员会委员、检察员和军事检察院检察长，中华人民共和国驻外全权代表应当进行宪法宣誓。

国务院及其各部门、最高人民法院、最高人民检察院任命的国家工作人员，在就职时应当进行宪法宣誓。

地方各级人民代表大会及县级以上地方各级人民代表大会常务委员会选举或者决定任命的国家工作人员，以及地方各级人民政府、人民法院、人民检察院任命的国家工作人员应当进行宪法宣誓。

宣誓词为"忠于中华人民共和国宪法，维护宪法权威，履行法定职责，忠于祖国、忠于人民，恪尽职守、廉洁奉公，接受人民监督，为建设富强、民主、文明、和谐的社会主义国家努力奋斗！"

请撰写一份关于宪法宣誓制度的决定，该决定自××××年××月××日起施行。

（二）写作指导

决定的写作格式包括标题和正文。

1. 标题

决定的标题一般由发文机关、事由、文种三部分组成。

2. 成文日期

如果是正式会议通过的决定，在标题下面写明什么时间、经过什么会议通过或批准，并用括号标注。

3. 正文

决定正文一般由决定的依据、决定事项、决定结语三层组成。

（1）决定依据，即作出决定的原因和依据，或是目的和意义。其既可以是相关的法律法规，又可以是实际工作中出现的问题。其后常衔接承启用语"现决定如下"或"特作出如下决定"。

（2）决定事项的具体内容要根据实际情况或分条列项或一段到底，相比较而言，分小标题、分条列项等形式更能把决定的事项写清楚。

（3）决定结语应写明决定需要采取的措施，也可以提出希望或者号召。

（三）示范例文

全国人民代表大会常务委员会关于实行宪法宣誓制度的决定

（××××年××月××日第××届全国人民代表大会常务委员会第××次会议通过）

宪法是国家的根本法，是治国安邦的总章程，具有最高的法律地位、法律权威、法律效力。国家工作人员必须树立宪法意识，恪守宪法原则，弘扬宪法精神，履行宪法使命。为彰显宪法权威，激励和教育国家工作人员忠于宪法、遵守宪法、维护宪法，加强宪法实施，第××届全国人民代表大会常务委员会第××次会议决定：

一、各级人民代表大会及县级以上各级人民代表大会常务委员会选举或者决定任命的国家工作人员，以及各级人民政府、人民法院、人民检察院任命的国家工作人员，在就职时应当公开进行宪法宣誓。

二、宣誓誓词如下：

我宣誓：忠于中华人民共和国宪法，维护宪法权威，履行法定职责，忠于祖国、忠于人民，恪尽职守、廉洁奉公，接受人民监督，为建设富强、民主、文明、和谐的社会主义国家努力奋斗！

三、全国人民代表大会选举或者决定任命的中华人民共和国主席、副主席，全国人民代表大会常务委员会委员长、副委员长、秘书长、委员，国务院总理、副总理、国务委员、各部部长、各委员会主任、中国人民银行行长、审计长、秘书长，中华人民共和国中央军事委员会主席、副主席、委员，最高人民法院院长，最高人民检察院检察长，以及全国人民代表大会专门委员会主任委员、副主任委员、委员等，在依照法定程序产生后，应当进行宪法宣誓。宣誓仪式由全国人民代表大会会议主席团组织。

四、在全国人民代表大会闭会期间，全国人民代表大会常务委员会任命或者决定任命的全国人民代表大会专门委员会个别副主任委员、委员，国务院部长、委员会主任、中国人民银行行长、审计长、秘书长，中华人民共和国中央军事委员会副主席、委员，在依照法定程序产生后，应当进行宪法宣誓。宣誓仪式由全国人民代表大会常务委员会委员长会议组织。

五、全国人民代表大会常务委员会任命的全国人民代表大会常务委员会副秘书长，全国人民代表大会常务委员会工作委员会主任、副主任、委员，全国人民代表大会常务委员会代表资格审查委员会主任委员、副主任委员、委员等，在依照法定程序产生后，应当进行宪法宣誓。宣誓仪式由全国人民代表大会常务委员会委员长会议组织。

六、全国人民代表大会常务委员会任命或者决定任命的最高人民法院副院长、审判委员会委员、庭长、副庭长、审判员和军事法院院长，最高人民检察院副检察长、检察委员会委员、检察员和军事检察院检察长，中华人民共和国驻外全权代表，在依照法定程序产生后，应当进行宪法宣誓。宣誓仪式由最高人民法院、最高人民检察院、外交部分别组织。

七、国务院及其各部门、最高人民法院、最高人民检察院任命的国家工作人员，在就职时应当进行宪法宣誓。宣誓仪式由任命机关组织。

八、根据具体情况，宣誓仪式可以采取单独宣誓或者集体宣誓的形式。单独宣誓时，宣誓人应当左手抚按《中华人民共和国宪法》，右手举拳，诵读誓词。集体宣誓时，由一人领誓，领誓人左手抚按《中华人民共和国宪法》，右手举拳，领诵誓词；其他宣誓人整齐排列，右手举拳，跟诵誓词。

宣誓场所应当庄重、严肃，悬挂中华人民共和国国旗或者国徽。

负责组织宣誓仪式的机关，可以根据本决定并结合实际情况，对宣誓的具体事项作出规定。

九、地方各级人民代表大会及县级以上地方各级人民代表大会常务委员会选举或者决定任命的国家工作人员，以及地方各级人民政府、人民法院、人民检察院任命的国家工作人员，在依照法定程序产生后，应当进行宪法宣誓。宣誓的具体组织办法由省、自治区、直辖市人民代表大会常务委员会参照本决定制定，报全国人民代表大会常务委员会备案。

十、本决定自××××年××月××日起施行。

四、课后练习

（一）练习题目

第×××届全国人民代表大会常务委员会第×××次会议决定对《中华人民共和国城市房地产管理法》作如下修改，具体内容如下：在第一章"总则"中增加一条，作为第六条："为了公共利益的需要，国家可以征收国有土地上单位和个人的房屋，并依法给予拆迁补偿，维护被征收人的合法权益；征收个人住宅的，还应当保障被征收人的居住条件。具体办法由国务院规定。"另外，施行日期从公布决定之日起。请你以全国人民代表大会常务委员会名义发布决定。

（二）参考答案

全国人民代表大会常务委员会关于修改《中华人民共和国城市房地产管理法》的决定

（××××年××月××日第××届全国人民代表大会常务委员会第×××次会议通过）

第××届全国人民代表大会常务委员会第×××次会议决定对《中华人民共和国城市房地产管理法》作如下修改：

在第一章"总则"中增加一条，作为第六条："为了公共利益的需要，国家可以征收国有土地上单位和个人的房屋，并依法给予拆迁补偿，维护被征收人的合法权益；征收个人住宅的，还应当保障被征收人的居住条件。具体办法由国务院规定。"

本决定自公布之日起施行。

《中华人民共和国城市房地产管理法》根据本决定作相应修改，重新公布。

第二节　通　知

一、机关例文

（一）会议通知例文

国家××××总局召开全国××××局长会议，由办公厅发出会议通知，具体如下：

××××总局办公厅关于召开全国××××局长会议的通知

各省、自治区、直辖市、计划单列市、新疆生产建设兵团××××局，总局有关司、局，有关直属单位：

为及时贯彻落实全国××××局长会议精神，经研究决定，××××年全国××××工作会议将于××月召开，现将会议有关事宜通知如下：

一、时间、地点

××××年××月××日至××日，在××省××市召开。

二、会议主要内容

（一）认真学习贯彻落实十八大、十八届三中、四中全会和有关文件精神及全国××××局长会议精神；

（二）总结××××年工作，部署××××年工作；

（三）结合国务院《关于加快发展××××产业促进××××消费的若干意见》和转变政府职能的要求，研讨转变发展方式和工作模式、建立××××公共服务体系的思路和举措。

三、参加人员

（一）国家××××总局领导；

（二）各省、自治区、直辖市、计划单列市、新疆生产建设兵团××××局分管负责同志及××处长各1人；

（三）总局办公厅、政法司、青少司、经济司、人事司、科教司、宣传司、监察局和××××中心、××××中心、××××所、人力中心负责同志各1人；

（四）有关专家和新闻单位；

（五）工作人员。

四、日程安排

第一天：××月××日

上　午：×××局长致辞，×××副局长做主旨报告

下　午：经验交流发言

第二天：××月××日

上　午：分组讨论

下　午：1.分组讨论

　　　　2.×××司长做会议总结并布置××××年工作

五、会议经费

与会人员差旅费自理。会议期间的食宿费由大会负担；如提前到达或滞后离会，食宿费自理。

六、报名、报到

（一）请与会人员填写《××××年全国××××工作会议报名表》（见附件），一式2份，于××××年××月××日前分别报到国家××××总局××司和××省××局××处。

（二）请与会人员于××××年××月××日全天自行到会议地点××××饭店报到。

七、联系方式

国家××××总局××××司综合处

联系人：×××　×××

电　话：(010)×××××××　×××××××

传　真：(010)×××××××

八、未尽事宜，另行通知。

附件：全国体育局长会议报名表.docx

××××总局办公厅

××××年××月××日

（二）印发类通知例文

关于印发《国家××××××总局××××行政许可工作规程》的通知

各省、自治区、直辖市××××××局，新疆生产建设兵团××××××局，中央军委政治工作部××局，中央和国家机关各部委、各民主党派及人民团体有关部门，总局机关各司局、直属各单位：

为贯彻落实国务院推进简政放权、放管结合、优化服务改革部署要求，持续深入推进行政审批制度改革，国家××××××总局制定了《国家××××××总局××××行政许可工作规程》。现予以印发，自发布之日起施行。原《××××××总署行政审批工作规程》(新出厅发〔××××〕××号)废止。

国家××××××总局办公厅

××××年××月××日

国家××××××总局××××行政许可工作规程

第一章　总　则

第一条　为深化行政审批制度改革，推进政府职能转变，推动行政许可工作阳光透明、依法规范运行，根据《中华人民共和国行政许可法》有关规定，结合××××方面行政许可工作实际，制定本规程。

第二条　××××行政许可工作遵循依法行政、公开透明、便民高效、权责一致的原则，接受社会监督。

第三条　本规定适用于列入国务院各部门行政许可事项清单的由××××××总局作为实施机关的××××行政许可事项。

第四条 ××××行政许可事项全面实行"一个窗口"对外统一受理。探索、完善符合行政审批制度改革精神和行业管理实际的集中办理工作机制。

第五条 ××××行政许可事项办理模式分为集中办理和非集中办理两种。综合业务司承办的行政许可事项实行集中办理模式；非集中办理事项由相关司分别承办。

第二章 机 构

第六条 国家××××××总局成立××××行政审批工作领导小组，负责指导和协调总局××××行政审批工作。

第七条 ××××行政审批工作领导小组定期召开重要许可事项审批小组会议，集体研究审议××××重要许可事项。领导小组各成员单位负责同志参加会议。

第八条 ××××行政审批工作领导小组办公室设在综合业务司。办公室负责领导小组的日常工作。

第九条 国家××××××总局设立行政受理中心，负责××××行政许可事项的受理、行政许可决定的送达及信息公开。承办××××行政许可事项的各司派专人进驻行政受理中心实行"一个窗口"统一受理。

第三章 受 理

第十条 受理工作遵循"便民、高效、规范"原则，科学编制并通过总局网站等渠道发布××××行政许可事项服务指南，按照法定时限完成许可材料的形式审查工作。

第十一条 行政受理中心对申请人提出的行政许可申请，凡申请事项依法不需要取得行政许可的，应即时告知申请人不受理；不属于××××××总局职权范围的，应当作出不予受理的决定，出具不予受理通知书，并告知申请人向有关行政机关申请。

第十二条 申请事项属于××××××总局职权范围，但申请材料不齐全或者不符合法定形式的，应当场或者在5个工作日内出具补正通知书，一次性告知申请人需要补正的全部内容。

实行集中办理模式的××××行政许可事项，未按规定时间补正材料的，由行政受理中心出具催报通知书。补正材料两次催报仍不能按规定报送的，行政受理中心可发出申请材料退回通知书，将申报材料退回申请人。

实行非集中办理模式的××××行政许可事项，其补报、催报相关文书由承办部门签发。

第十三条 申请事项属于××××××总局职权范围，申请材料齐全、符合法定形式，或者申请人按照本行政机关的要求提交全部补正申请材料的，行政受理中心应当予以受理，并向申请人出具受理通知书。

实行集中办理模式的××××行政许可事项，受理通知书由综合业务司签发，受理通知书抄送承担相应监管职能的司。

实行非集中办理模式的××××行政许可事项，其受理通知书由承办部门签发。

第四章 办 理

第十四条 办理工作遵循"依法、规范、透明、高效"原则，严格依照现行政策法规和审批原则审核办理行政许可事项，除涉及国家秘密、商业秘密或个人隐私外，最大限度公开办理流程和进展信息，严格遵守行政许可事项办理时限规定。

第十五条 实行集中办理的××××行政许可事项按照对象、内容和性质分为4类，并对应不同的办理流程：

（一）快结许可事项。其是指涉及从业单位名称、产品名称、主管主办单位名称简单变化调整的行政许可事项。此类事项由承办部门审查，部门主要负责人作出许可决定并签发许可文书。

（二）一般许可事项。其是指涉及从业单位、产品、资质的实质性行政许可事项，具有较强的政策性、复杂性。此类事项由承办部门审查，提出审查意见报总局分管领导，由总局分管领导作出许可决定并签发许可文书。

（三）重要许可事项。其是指新增出版单位、产品、资质，以及其他政策性强或情况复杂的行政许可事项。此类事项由承办部门审查并在部门内部集中审议，提出审查意见报总局分管领导审核后，提交重要许可事项审批小组会议审议，通过会议研究作出许可决定，并由重要许可事项审批小组组长签发许可文书。

（四）重大审批事项。其是指关系国家重大利益，或突破现行政策，或其他对国家、社会和行业有重大影响的许可事项。此类事项由承办部门审查并经部门内部集中审议、总局分管领导审核、重要许可事项审批小组会议审议后，报总局党组会审议。审议通过后，由行政审批工作领导小组负责人作出许可决定并签发许可文书。

第十六条 需要对行政许可事项进行专家评估论证的，由承办部门组织相关领域专家进行论证，形成专家评估论证报告，作为行政许可决策参考的重要依据。专家评估论证所需时间不计算在行政许可事项法定办理时限内。

第十七条 需要对行政许可事项进行现场勘查核验的，由承办部门直接或委托省级××××××行政主管部门单独或组织专家进行现场勘查核验，形成勘查核验报告，作为行政许可决策参考的重要依据。组织专家进行现场勘查核验所需时间不计算在行政许可事项法定办理时限内。

第十八条 需要就行政许可事项向相关业务司或省级××××××行政主管部门征求意见的，由承办部门出具行政许可征求意见函，并写明征求意见的截止时间。行政许可事项办理时限为30个工作日及以下的事项，反馈意见时限为3个工作日；行政许可事项办理时限为30个工作日以上的事项，反馈意见时限为6个工作日。

第十九条 办理过程中，原则上不再要求申请人提供补充材料。确需补充的，由承办部门做好补报材料各环节的信息记录，包括补报内容、补报理由、通知方式、补报时限、联系人等。

第五章 许可决定送达

第二十条 总局作出行政许可决定后，实行集中办理模式的××××行政许可事项，由行政受理中心负责将许可决定（批准文件、许可证等）送达申请人；实行非集中办理模式的××××行政许可事项，由承办部门负责将许可决定(批准文件、许可证等)送达申请人。

第二十一条　实行集中办理模式的××××行政许可事项，批复文件抄送承担监管职责的相关司。

第六章　信息公开、归档与审批信息数据库建设

第二十二条　行政许可信息在符合政府信息公开保密审查规定的前提下，通过总局网站面向社会发布，供公众查询使用。信息公开范围包括：

(1) 行政许可事项清单及设定依据；

(2) 行政许可事项申报材料目录、申报程序、条件及示范文本、格式文本；

(3) 行政许可事项受理结果、办理进度、许可决定。

第二十三条　实行集中办理模式的××××行政许可事项，行政许可档案文件由综合业务司统一登记管理。实行非集中办理模式的××××行政许可事项，行政许可档案文件由承办部门分别登记管理。

第二十四条　行政许可档案材料包括受理通知书及全套受理材料、专家评估论证报告、勘查核验报告、办理说明、集中审议会议纪要、批复文件及总局公文运转流程规定的全套材料(发文稿纸、发文原件等)。

行政许可事项办结后，全套档案材料按档案管理相关规定，送国家××××××总局办公厅档案室建档、保管。

第二十五条　行政许可承办部门负责所承办事项涉及的单位、产品、人员数据库建设和维护工作。

实行集中办理模式的××××行政许可事项，其审批信息数据库除包括审批基本信息外，还包括由承担监管职责的司提供的从业单位受到行政处罚的记录、未予通过年度核验或缓验的记录、注销登记等信息。

承担监管职责的司对从业单位作出行政处罚决定、注销登记决定或认定其未通过年度核验、缓验等，相关文书应及时抄送综合业务司。

第七章　监　督

第二十六条　国家××××××总局人事司、直属机关纪委依照各自职责，对国家××××××总局实施的××××行政许可事项审批工作实施监督检查，依法依纪开展行政审批效能监督和过错追究。

第二十七条　国家××××××总局网站公布举报电话、电子邮箱，接受申请人和社会公众对××××行政许可事项审核办理工作的监督、举报和投诉。

第八章　附　则

第二十八条　本规程自印发之日起施行。××××年××月××日原××××总署办公厅发布的《×××××××行政审批工作规程》同时废止。

（三）批转类通知例文

关于批转《××××年××地区文化旅游民间艺术节活动安排方案》的通知

各乡（镇）人民政府，县政府各委、办、局：

县文化体育广播电视局、县旅游局制定的《××××年××地区文化旅游民间艺术节活动安排方案》已经县政府同意，现批转给你们，请认真贯彻落实。

×××县政府

××××年××月××日

××××年××地区文化旅游民间艺术节活动安排方案

一、开幕仪式

内容：文化旅游民间艺术节开幕式暨××××美食街开业运营仪式。

艺术节开幕仪式由县政府副县长×××同志主持，县政府县长×××同志致开幕词，县四大班子领导参加。

邀请嘉宾：省文化与××××厅厅长×××，省旅游局局长×××，州县四大班子主要领导，主管副州长×××，州委常委、县委书记×××，州热贡文化生态保护区管委会主任×××，州文化体育局局长×××，州旅游局局长×××及××旅行代表、新闻媒体记者、徒步旅游群。

时间：××月××日上午××时

地点：××××、××××

责任单位：××××人民政府、县文化体育广播电视局、县旅游局

责任人：×××、×××、×××××

二、××民间藏戏汇演

内容：由×××村、×××村、×××村、×××村等民间藏戏团在××××藏戏展演中心演出《文成公主》、《曲吉诺桑》、《郎萨姑娘》、《卓娃桑姆》、《智美更登》、《白马文巴》、《苏格尼玛》、《顿月顿珠》等藏戏剧目。

藏戏汇演开幕仪式由县文化体育广播电视局局长××××同志主持，县政府副县长×××同志讲话，县四大班子领导参加。

邀请嘉宾：省文化与新闻出版厅主管非遗工作副厅长×××、省非遗处处长×××、省非遗办公室××、州文化体育局局长××××。

时间：××月××日至××日

地点：××××××中心

责任单位：×××乡人民政府、县文化体育广播电视局

责任人：××××、××××

三、全国知名摄影师××采风节

内容：组织国内30名知名摄影师、甘青摄影家协会会员赴××，对我县民间民俗

活动六月会、赛马会和热贡艺术进行为期 6 天的摄影创作，并创建同仁精品图片库。

（1）××月××日在××××会现场举办全国知名摄影师热贡采风节活动开幕仪式，由县旅游培训中心主任××××主持，县委常委、县政府副县长、宣传部部长×××同志讲话，县四大班子领导参加。

（2）在×××、×××、×××、×××等村开展为期 2 天的采风摄影；

（3）在×××、×××、×××、×××等人文景点和×××霞地貌、×××温泉、×××传统村落等自然景点进行为期 1 天的采风摄影；

（4）在×××、×××、×××等××艺术村及各知名画院进行为期 1 天的××艺术主题采风摄影；

（5）在×××、×××乡进行为期 1 天的草原风光及民间赛马活动主题采风摄影。

邀请嘉宾：省旅游局局长×××、州热贡文化生态保护区管委会主任×××、州旅游局局长×××及中国摄影家协会、甘青摄影家协会、省旅游摄影协会、新闻媒体记者。

时间：××月××日至××日

责任单位：县旅游局

责任人：××××、各相关乡镇负责人

四、西北五省区花儿歌手歌王故乡演唱会

内容：组织邀请省内外知名花儿歌手及爱好者演唱本地最具代表性的花儿，充分展现花儿的魅力、深厚的文化底蕴、丰富的人文资源，及其散发出的具有民族性、世界性的影响力和震慑力。

花儿会开幕式由县政府副县长××同志主持，县委副书记×××同志讲话，县四大班子领导参加。

邀请嘉宾：邀请省文化与新闻出版厅主管非遗工作副厅长××、省非遗处处长×××、省非遗办公室××、州热贡文化生态保护区管委会主任×××、州文化体育局局长××××。

时间：××月××日

地点：××镇××村

责任单位：××镇人民政府、县文化体育广播电视局

责任人：×××、

五、"××民间拉伊"演唱大赛

内容：组织邀请省内外知名拉伊歌手及爱好者进行擂台式演唱比赛。

××民间拉伊大赛开幕式由县文化体育广播电视局局长××××同志主持，县政府副县长××同志讲话，县四大班子领导参加。

邀请嘉宾：省文化与新闻出版厅主管非遗工作副厅长××、省非遗处处长××

×、省非遗办公室××、州热贡文化生态保护区管委会主任×××、州文化体育局局长××××。

时间：××月××日

地点：××镇××村

责任单位：××镇人民政府、县文化体育广播电视局

责任人：×××、××××

六、××民间赛马会暨艺术节活动闭幕式

内容：为××大赛和赛马会获奖人员进行颁奖，同时举行闭幕仪式，全面总结文化旅游节。

民间赛马会开幕式由县委副书记×××同志主持，县委副书记、县政府县长××
×同志讲话，县四大班子领导参加。

邀请嘉宾：州政府领导、州热贡文化生态保护区管委会主任×××、州文化体育局局长××××。

时间：××月××日至××日

地点：××镇

责任单位：××镇人民政府、县文化体育广播电视局、县旅游局

责任人：×××

二、相关知识

（一）适用范围

通知适用于发布、传达要求下级机关执行和有关单位周知或者执行的事项，批转、转发公文。

（二）通知特点

通知具有广泛性、晓谕性和时效性特点。

（三）通知类型

通知有会议通知、工作通知、批转类通知、公布类通知等多种类型。其中，工作通知又可分为一般性通知、指示性通知和任免通知三种；批转类通知可分为批转通知和转发通知两种；公布类通知可分为颁发、发布、印发三种。

三、写作训练

（一）训练题目

经国务院批准，××省人民政府将对×××市行政区划做出调整。具体要求有：

（1）行政区划调整涉及的各类机构，要按照"精简、统一、效能"的原则设置，涉及的行政区域界线要按规定及时勘定，所需人员编制和经费等由连云港市自行解决。

（2）要加强领导，精心组织，统筹安排好行政区划调整过程中的各项工作，确保平稳有序实施，切实维护社会稳定。

×××市行政区划调整方案如下：

（1）撤销×××市××区、××区，设立新的×××市××区，以原××区、××区的行政区域为新的××区的行政区域，×××区人民政府驻××街道×××路×××号。

（2）撤销×××县，设立×××市××区，以原××县的行政区域为××区的行政区域，××区人民政府驻×××镇×××路×××号。

请根据以上内容，以×××省政府名义发出通知。

（二）写作指导

通知内容包括标题、主送机关、正文、落款。

1. 标题

通知标题既可以由发文机关、事由、文种组成，也可以直接写"通知"二字。

2. 主送机关

主送机关应该按通知对象来写，如果有多个主送机关，一定要注意排名先后排序。

3. 正文

正文内容包括发文缘由、通知事项、执行要求三部分。

（1）会议通知的正文主要包括会议名称；召开会议目的、时间、地点、内容、与会人员、费用报销办法；与会者准备工作与注意事项、联系方式等。

（2）颁发（印发）、转发、批转公文的通知的正文应明确说明谁，经谁批准，为何原因，根据什么，制定了一个什么公文，现将公文发（转发）给谁，怎样执行。

（3）指示性通知的正文主要包括行文的依据或目的、意义；上级指示的精神及其执行要求；注意事项。

（4）知照性通知的正文主要包括形成事项的过程、原因、根据；事项的具体内容。

（三）示范例文

省政府关于调整×××市部分行政区划的通知

×××政发〔××××〕××号

各市、县（市、区）人民政府，省各委办厅局，省各直属单位：

经国务院批准，对×××市行政区划作如下调整：

一、撤销×××市×××区、×××区，设立新的×××市×××区，以原×××区、×××区的行政区域为新的×××区的行政区域，××区人民政府驻×××街道×××路×××号。

二、撤销×××县，设立×××市×××区，以原×××县的行政区域为×××区的行政区域，×××区人民政府驻×××镇×××路×××号。

上述行政区划调整涉及的各类机构，要按照"精简、统一、效能"的原则设置，涉及的行政区域界线要按规定及时勘定，所需人员编制和经费等由连云港市自行解决。连云港市要严格按照国务院"约法三章"的要求，不新建政府性楼堂馆所，不增加财政供养人员，不增加"三公"经费。要严格执行中央关于厉行节约的规定和国家土地管理法规政策，加大区域资源整合力度，优化总体布局，促进区域经济社会协调、健康发展。要加强领导，精心组织，统筹安排好行政区划调整过程中的各项工作，确保平稳有序实施，切实维护社会稳定。

×××省人民政府

××××年××月××日

四、课后练习

（一）练习题目

昨天下午，省综治委紧急召开预防未成年溺亡专项治理工作汇报会，为贯彻落实会议精神和省委常委、政法委书记×××重要讲话要求，切实做好预防学生溺水工作。具体讲话内容包括：一、切实履行教育部门职责；二、加大对学生预防溺水安全教育力度；三、市、县要加强督导检查；四、发挥联动作用。请你以教育厅名义给省辖市、省直管县的教育局及教育厅直属学校发通知。（注：联系人：××× 电话：×××××××× 传真：×××× 邮箱：××××）

（二）参考答案

×××省教育厅关于切实做好预防学生溺水工作的紧急通知

各省辖市、省直管县（市）教育局，厅直属学校：

昨天下午，省综治委紧急召开预防未成年溺亡专项治理工作汇报会，为贯彻落实会议精神和省委常委、政法委书记×××重要讲话要求，切实做好预防学生溺水工作，现紧急通知如下：

一、切实履行教育部门职责

进一步贯彻落实《×××教育厅等八部门关于开展预防未成年人溺亡专项治理工作的通知》（教基一〔××××〕×××号）中明确各级教育行政部门和中小学校的职责要求，切实做好学生的预防溺水安全教育工作。要通过公共安全教育课、校园宣传等形式开展预防溺水专题教育，增强教师、学生及家长的防范意识。要结合实际，开展集中教育活动，印发《告家长书》，增强家长预防未成年人溺水的安全意识和监护人的责任意识，共同做好安全防护工作。

二、加大对学生预防溺水安全教育力度

自本《通知》下发之日起，要认真抓好落实以下工作：一是在全省范围内实行每周一上课前、周五放学前对学生分别进行一次预防溺水的《珍爱生命预防溺水》专题教育。二是每个学校都要立即组织学生开展"珍爱生命　预防溺水"宣誓仪式和签字仪式，增强广大中小学生防溺水意识。三是充分发挥学生班、团、队组织作用，要多开展学生喜闻乐见的预防溺水安全教育活动，形成学生之间互相教育、自我教育的良好氛围。四是每个学校每月都要召开一次家长会，对学生家长，尤其是农村学生家长，教育引导家长履行对孩子的监管责任，做到"六不一会"（即不准私自下水游泳或到水边玩耍嬉戏；不擅自与同学结伴游泳；不在无家长或监护人带领的情况下游泳；不到无安全设施水域游泳；不到不熟悉的水域游泳；不盲目下水施救；学会基本的应急自救、求助、报警方法）。五是定期或不定期对农村留守儿童，尤其是家长监管不到位的留守儿童家庭进行家访。六是学校要通过微信、校讯通、手机短信等方式向家长发布预防溺水信息和溺水事故通报，对家长进行警醒教育。

三、市、县要加强督导检查

市、县教育部门要立即开展预防学生溺水工作自查和督查。教育部门是否将教基—〔××××〕×××号要求传达落实到学校、教师、学生和家长；学校是否做到预防溺水安全教育四落实（计划、课时、教案、作业）；是否开展形式多样的预防溺水安全教育活动；是否通过安全教育平台开展预防溺水专题教育活动；学生是否做到"六不一会"；每月是否召开家长会、是否经常向家长进行安全教育提醒。各地督查情况及时报省教育厅，教育厅将定期或不定期抽查。

四、发挥联动作用

在省综治委的牵头协调下，近期省综治办、教育厅等8部门将组织精干力量组成联合督查组，对各地、各部门开展预防溺水专项治理工作履职情况，尤其是对水库、河流、河道等在显著位置设立危险警示标识、对重点水域加强巡查管理制度落实情况的督查，对不履职、不尽责的地方和单位，进行通报和问责。

各地接到《通知》后，要立即安排部署。

联系人：×××　电话：××××
传　真：××××　邮箱：××××

××省教育厅

××××年××月××日

第三节　意　见

一、机关例文

国家××××××总局关于进一步加快广播电视媒体与新兴媒体融合发展的意见

广播电视媒体与新兴媒体融合发展是大势所趋，是广播电视媒体革新图存、赢得未来的必由之路。为深入贯彻党的十八大及十八届三中、四中、五中全会精神和习近平总书记系列重要讲话精神，全面落实中办国办《关于推动传统媒体和新兴媒体融合发展的指导意见》，促进广播电视媒体转型升级，提升广播电视媒体在网络空间的传播力影响力公信力和舆论引导能力，现就进一步加快广播电视媒体与新兴媒体融合发展提出如下意见。

一、总体要求

1.指导思想。以习近平总书记系列重要讲话为指导，认真履行党的新闻舆论工作的职责和使命，始终坚持以人民为中心的发展思想，通过持续创新加快推动广播电视媒体与新兴媒体深度融合，不断巩固壮大主流宣传思想文化阵地，为协调推进"四个全面"战略布局、落实五大发展理念、决胜全面建成小康社会、实现中华民族伟大复兴的中国梦提供坚实的思想舆论支撑。

2.基本原则。广播电视媒体与新兴媒体融合发展应坚持以下原则：

坚持正确方向。牢牢坚持党性原则、马克思主义新闻观、正确舆论导向和正面宣传为主，把正确舆论导向要求贯穿到广播电视媒体融合发展各环节、全过程。大力传播正能量，深化"中国梦"主题宣传，激发全社会共同奋进的精神力量。着力壮大广播电视主业，始终把社会效益放在首位，实现社会效益和经济效益相统一。

坚持协同创新。用深度融合的战略谋划，推动广播电视媒体和新兴媒体在内容创新、渠道拓展、平台运营、流程再造、组织重构、安全保障等各个环节的协同演进和一体化发展，通过双向驱动、并行并重、资源共享、此长彼长，实现广播电视媒体与互联网从简单相"加"迈向深度相"融"的根本性转变。

坚持因地制宜。发挥广播电视媒体的品牌优势、区位优势、资源优势和公信力优势，找准与新兴媒体深度融合的切入点和着力点，通过重大项目驱动战略实施，通过局部突破带动整体融合，通过特色服务打造竞争优势。把握分众化、差异化传播趋势，在构建舆论引导新格局中发挥主导作用。

3.总体目标。力争两年内，广播电视媒体与新兴媒体融合发展在局部区域取得突破性进展，形成几种基本模式。在"十三五"后期，融合发展取得全局性进展，建成多个形态多样、手段先进、具有竞争力的新型主流媒体，打造出数家拥有较强实力的新型媒体集团，基本形成布局合理、竞争有序、特色鲜明、形态多样并具有可持续发展能力的中国广播电视媒体融合新格局。

二、重点任务

4.树立深度融合发展理念。把握媒体融合发展大势，增强广播电视媒体与新兴媒体深度融合的紧迫感。以深度融合思维统领广播电视发展顶层设计和媒介资源配置，推动广播电视媒体与新兴媒体融为一体、合而为一。按照一体化发展理念，推动频率频道与广播电视媒体网站、移动客户端等新兴媒介资源有机整合，推动节目、技术、平台、人才等生产要素共享融通，实现广播电视节目向产品转变、观众听众向用户转变、分类传播向协同传播转变、传媒服务向现代传媒及综合信息服务转变。完善管理制度，推动网上网下、不同业态统一导向要求和内容标准。

5. 加快融合型节目体系建设。融合发展必须坚持内容为王，以内容优势赢得发展优势。坚持内容为王，必须增强广播电视台的节目原创能力和节目集成能力，构建面向多渠道、多终端传播的节目资源体系。强化"新闻立台"，改进新闻采编，进一步提高新闻发布及时性和节目内容权威性，把握舆论引导主动权。树立精品意识，实施品牌战略，提升节目品质，加大对影视剧、综艺、文化益智、生活服务、社会公益等各类节目内容创作生产的投入。鼓励采取自主原创、联合制作、联合开发、委托制作等方式，创新节目模式和内容，积聚种类多元的优质节目内容版权资源，做大做强节目库。开发节目版权的不同表现形态和呈现方式，为节目版权价值最大化奠定基础。增强广播电视台在原创品牌节目中的主导权，让广播电视台真正做讲好中国故事的主力军，旗帜鲜明引领文化时代风尚。积极利用互动、虚拟现实（VR）等新技术创新节目形态，激发用户参与节目创作热情，增强节目吸引力。

············

三、实施保障

13. 加强组织领导。高度重视广播电视媒体融合发展，主要负责同志要亲自抓、负总责。各级×××××行政部门要从多方面创造条件支持加快广播电视媒体与新兴媒体融合发展。各级广播电视台要把媒体融合发展作为一把手工程，对广播电视媒体融合工作进行统一领导、统一调度、统一管理；要加强统筹规划，制定进度安排，确立重点项目，依靠项目驱动加快深度融合；要安排熟悉情况、了解新兴媒体的班子成员落实具体工作。

14. 加大政策扶持力度。国家×××××总局将从完善法规、行业准入、内容建设扶持、行业秩序规范等多个层面支持广播电视媒体融合发展，重点扶持一批新型主流媒体和新型媒体集团。各级新闻出版广电行政部门要加强辖区内融合发展重点项目的规划与设计，争取将广播电视媒体融合发展项目纳入当地经济社会文化发展规划；要探索设立广播电视媒体融合发展专项资金，现有的文化产业发展专项资金要向广播电视媒体融合重大传播平台、重点项目适当倾斜；要规范广播电视媒体引入金融资本和社会资本参与融合发展项目。各级广播电视台要以良好的公信力及优质服务保障，争取地方政府的公开信息、数据、资金等媒体合作资源优先提供给当地广播电视媒体融合发展项目；要加大对新媒体业务和媒体融合项目的直接投入，积极争取财政补助资金支持，并将全台一定比例的创收收入用于新媒体平台的建设和运营。

15. 加强知识产权保护。加强节目内容版权保护，加大对盗版、盗播等侵权行为的查处力度，维护著作人权益。完善节目版权交易制度和交易平台建设，为节目版权交易提供便利条件。推动版权保护相关技术研发应用，提升对盗版、盗播等侵权行为的追溯能力。发挥行业协会作用，强化行业自教自律，增强行业正版化意识。强化节目、信息制作传播中相关版权、商标权、专利权、商业秘密等知识产权保护意识，支持从业机构尽早申请获取相关权益。

16. 完善融合考评体系。把广播电视媒体融合发展推进成效纳入广播电视台领导班子考核体系。统筹收视收听率调查、专家评价、新媒体平台传播指数等指标，探索建立适应广播电视媒体融合发展需要的节目综合评价体系。尊重新兴媒体发展规律，把广播电视媒体综合效益的提升作为主要考核目标，避免向新媒体业务硬压经济指标和追求短期利益，给新媒体业务和融合平台必要的培育周期与成长空间。建立健全基于全媒体、大数据的节目传播综合评价标准体系，引导行业协会、第三方服务机构等单位客观提供节目综合传播监测数据服务，确保数据的公正性和权威性。

二、相关知识

（一）适用范围

意见主要用于对重要问题提出见解和处理办法。

（二）公文特点

意见具有建议性、指导性和规范性等特点。

（三）公文类型

意见可分为呈转性意见、建议性意见和直发性意见三种类型。

三、写作训练

（一）训练题目

国务院向各省、自治区、直辖市人民政府、国务院各部委、各直属机构下发关于"加强进口"的意见，要求继续鼓励先进技术设备和关键零部件等进口；稳定资源性产品进口；合理增加一般消费品进口；大力发展服务贸易进口；进一步优化进口环节管理；进一步提高进口贸易便利化水平；大力发展进口促进平台；积极参与多双边合作。

请以国务院××××厅名义下发意见。（××××年××号文）

（二）写作指导

意见的写作格式包括标题、正文、落款。

1. 标题

意见的标题一般由发文机关，事由，文种组成，例如："国务院办公厅关于加快地方行政审批改革进程的若干意见"。

2. 正文

意见正文由发文缘由、见解办法、发文要求和结束语组成。

（1）发文缘由一般是交代提出"意见"的依据、目的和意义等。如："根据××××，特提出以下意见"。

（2）发文要求一般提出要求和希望，如"以上意见，希望各部门要根据部门实际情况，认真贯彻落实"。

（3）结束语根据具体情况，可以自然收尾，也可以不加结束语。

3. 落款

落款由发文机关署名和成文日期两部分组成。

（三）示范例文

国务院××××厅关于加强进口的若干意见

国××××发〔××××〕××号

各省、自治区、直辖市人民政府，国务院各部委、各直属机构：

实施积极的进口促进战略，加强技术、产品和服务进口，有利于增加有效供给，满足国内生产生活需求，提高产品质量，推进创业创新和经济结构优化升级，也有利于用好外汇储备，促进国际收支平衡，提升开放合作水平。经国务院同意，现就加强进口提出如下意见：

一、继续鼓励先进技术设备和关键零部件等进口。加快调整《鼓励进口技术和产品目录》。鼓励银行业金融机构加大进口信贷支持力度，扩大先进技术设备、关键零部件等进口，促进产业结构调整和优化升级。积极支持融资租赁和金融租赁企业开展进口设备融资租赁业务。抓紧修订完善科教用品和科技开发用品进口税收政策。

二、稳定资源性产品进口。完善国家储备体系，支持和鼓励企业建立商业储备。鼓励企业加快海外投资。继续利用外经贸发展专项资金等现有政策，支持境外能源资源开发，鼓励战略性资源回运，稳定能源资源供应，提高市场保障能力。在有效管理的前提下，适度扩大再生资源进口。

三、合理增加一般消费品进口。加快与相关国家就水产品、水果、牛羊肉等产品签订检验检疫协议，积极推动合格的加工企业和产品备案注册。支持具备条件的国内流通企业整合进口和国内流通业务，减少中间环节；鼓励国内商业企业经营代理国外品牌。

四、大力发展服务贸易进口。积极扩大国内急需的咨询、研发设计、节能环保、环境服务等知识、技术密集型生产性服务进口和旅游进口。加强人员流动、资格互认、行业标准制定等方面的国际磋商与合作。建立和完善与服务贸易特点相适应的口岸通关管理模式。

五、进一步优化进口环节管理。调整汽车品牌销售有关规定，加紧在中国（上海）自由贸易试验区率先开展汽车平行进口试点工作。适时调整自动进口许可货物种类，加快自动进口许可管理商品无纸化通关试点，不断优化海关税收征管程序。

六、进一步提高进口贸易便利化水平。对进口货物实行 24 小时和节假日预约通关。在京津冀、长江经济带、广东省海关区域通关一体化改革的基础上，加快推进全国海关通关一体化改革工作。继续完善检验检疫制度，扩大采信第三方检验检测认证结果，推动检测认证结果及其标准的国际互认，缩短检验检疫时间。

七、大力发展进口促进平台。加大对国家进口贸易促进创新示范区的政策支持，支持大宗商品交易平台建设，完善进口贸易平台。抓紧总结试点经验，按照公平竞争。原则，加快出台支持跨境电子商务发展的指导意见。充分发挥海关特殊监管区域和监管场所的作用，扩大相关商品进口组织和支持举办进口展览会、洽谈会。发挥进口促进电子信息平台作用，交流市场信息，加强进口政策宣传。

八、积极参与多双边合作。加快推进"一带一路"建设，发挥中国与沿线国家各自的比较优势，挖掘合作潜力，拓展合作领域，抓紧收获早期成果，鼓励企业到沿线国家投资加工生产并扩大加工产品进口。积极签订服务贸易合作协议，提升对外经贸合作水平。通过民间多双边经贸合作机制，加强中外贸促机构、商会间的交流，促进和组织企业开展对接活动，扩大贸易合作机会。

各地区、有关部门要进一步统一思想，加快职能转变，简化行政审批，健全工作机制，及时帮助企业解决实际困难和问题。有关部门要抓紧制订具体工作方案，明确时限，确保在××××年年内发挥政策效应。商务部要加强政策协调和督促检查，确保各项政策措施落实到位。

国务院××××厅
××××年××月××日

四、课后练习

（一）练习题目

近年来，随着我国经济社会发展和工业化、城镇化进程推进，一些地方农村劳动力为改善家庭经济状况、寻求更好发展，走出家乡务工、创业，但受工作不稳定和居住、教育、照料等客观条件限制，有的选择将未成年子女留在家乡交由他人监护照料，导致大量农村留守儿童出现。农村劳动力外出务工为我国经济建设作出了积极贡献，对改善自身家庭经济状况起到了重要作用，客观上为子女的教育和成长创造了一定的物质基础和条件，但也导致部分儿童与父母长期分离，缺乏亲情关爱和有效监护，出现心理健康问题甚至极端行为，遭受意外伤害甚至不法侵害。这些问题严重影响儿童健康成长，影响社会和谐稳定，各方高度关注，社会反响强烈。进一步加强农村留守儿童关爱保护工作，为广大农村留守儿童健康成长创造更好的环境，是一项重要而紧迫的任务。请以国务院名义发布意见。要求：发文对象为各省、自治区、直辖市人民政府，国务院各部委、各直属机构；发文内容包括：一、充分认识做好农村留守儿童关爱保护工作的重要意义；二、总体要求指导思想基本原则总体目标；三、完善农村留守儿童关爱服务体系；四、建立健全农村留守儿童救助保护机制；五、从源头上逐步减少儿童留守现象。

（二）参考答案

国务院关于加强农村留守儿童关爱保护工作的意见

国发〔××××〕××号

各省、自治区、直辖市人民政府，国务院各部委、各直属机构：

近年来，随着我国经济社会发展和工业化、城镇化进程推进，一些地方农村劳动力为改善家庭经济状况、寻求更好发展，走出家乡务工、创业，但受工作不稳定和居住、教育、照料等客观条件限制，有的选择将未成年子女留在家乡交由他人监护照料，导致大量农村留守儿童出现。农村劳动力外出务工为我国经济建设作出了积极贡献，对改善自身家庭经济状况起到了重要作用，客观上为子女的教育和成长创造了一定的物质基础和条件，但也导致部分儿童与父母长期分离，缺乏亲情关爱和有效监护，出现心理健康问题甚至极端行为，遭受意外伤害甚至不法侵害。这些问题严重影响儿童健康成长，影响社会和谐稳定，各方高度关注，社会反响强烈。进一步加强农村留守儿童关爱保护工作，为广大农村留守儿童健康成长创造更好的环境，是一项重要而紧迫的任务。现提出以下意见：

一、充分认识做好农村留守儿童关爱保护工作的重要意义

留守儿童是指父母双方外出务工或一方外出务工另一方无监护能力、不满十六周岁的未成年人。农村留守儿童问题是我国经济社会发展中的阶段性问题，是我国城乡发展不均衡、公共服务不均等、社会保障不完善等问题的深刻反映。近年来，各地区、各有关部门积极开展农村留守儿童关爱保护工作，对促进广大农村留守儿童健康成长起到了积极作用，但工作中还存在一些薄弱环节，突出表现在家庭监护缺乏监督指导、关爱服务体系不完善、救助保护机制不健全等方面，农村留守儿童关爱保护工作制度化、规范化、机制化建设亟待加强。

农村留守儿童和其他儿童一样是祖国的未来和希望，需要全社会的共同关心。做好农村留守儿童关爱保护工作，关系到未成年人健康成长，关系到家庭幸福与社会和谐，关系到全面建成小康社会大局。党中央、国务院对做好农村留守儿童关爱保护工作高度重视。加强农村留守儿童关爱保护工作、维护未成年人合法权益，是各级政府的重要职责，也是家庭和全社会的共同责任。各地区、各有关部门要充分认识加强农村留守儿童关爱保护工作的重要性和紧迫性，增强责任感和使命感，加大工作力度，采取有效措施，确保农村留守儿童得到妥善监护照料和更好关爱保护。

二、总体要求

（一）指导思想。全面落实党的十八大和十八届二中、三中、四中、五中全会精神，深入贯彻习近平总书记系列重要讲话精神，按照国务院决策部署，以促进未成年

人健康成长为出发点和落脚点，坚持依法保护，不断健全法律法规和制度机制，坚持问题导向，强化家庭监护主体责任，加大关爱保护力度，逐步减少儿童留守现象，确保农村留守儿童安全、健康、受教育等权益得到有效保障。

（二）基本原则。

坚持家庭尽责。落实家庭监护主体责任，监护人要依法尽责，在家庭发展中首先考虑儿童利益；加强对家庭监护和委托监护的督促指导，确保农村留守儿童得到妥善监护照料、亲情关爱和家庭温暖。

坚持政府主导。把农村留守儿童关爱保护工作作为各级政府重要工作内容，落实县、乡镇人民政府属地责任，强化民政等有关部门的监督指导责任，健全农村留守儿童关爱服务体系和救助保护机制，切实保障农村留守儿童合法权益。

坚持全民关爱。充分发挥村（居）民委员会、群团组织、社会组织、专业社会工作者、志愿者等各方面积极作用，着力解决农村留守儿童在生活、监护、成长过程中遇到的困难和问题，形成全社会关爱农村留守儿童的良好氛围。

坚持标本兼治。既立足当前，完善政策措施，健全工作机制，着力解决农村留守儿童监护缺失等突出问题；又着眼长远，统筹城乡发展，从根本上解决儿童留守问题。

（三）总体目标。家庭、政府、学校尽职尽责，社会力量积极参与的农村留守儿童关爱保护工作体系全面建立，强制报告、应急处置、评估帮扶、监护干预等农村留守儿童救助保护机制有效运行，侵害农村留守儿童权益的事件得到有效遏制。到2020年，未成年人保护法律法规和制度体系更加健全，全社会关爱保护儿童的意识普遍增强，儿童成长环境更为改善、安全更有保障，儿童留守现象明显减少。

三、完善农村留守儿童关爱服务体系

（一）强化家庭监护主体责任。父母要依法履行对未成年子女的监护职责和抚养义务。外出务工人员要尽量携带未成年子女共同生活或父母一方留家照料，暂不具备条件的应当委托有监护能力的亲属或其他成年人代为监护，不得让不满十六周岁的儿童脱离监护单独居住生活。外出务工人员要与留守未成年子女常联系、多见面，及时了解掌握他们的生活、学习和心理状况，给予更多亲情关爱。父母或受委托监护人不履行监护职责的，村（居）民委员会、公安机关和有关部门要及时予以劝诫、制止；情节严重或造成严重后果的，公安等有关机关要依法追究其责任。

（二）落实县、乡镇人民政府和村（居）民委员会职责。县级人民政府要切实加强统筹协调和督促检查，结合本地实际制定切实可行的农村留守儿童关爱保护政策措施，认真组织开展关爱保护行动，确保关爱保护工作覆盖本行政区域内所有农村留守儿童。乡镇人民政府（街道办事处）和村（居）民委员会要加强对监护人的法治宣传、监护监督和指导，督促其履行监护责任，提高监护能力。村（居）民委员会要定期走访、全面排查，及时掌握农村留守儿童的家庭情况、监护情况、就学情况等基本信息，并向乡镇人民政府（街道办事处）报告；要为农村留守儿童通过电话、视频等方式与父母联系提供便利。乡镇人民政府（街道办事处）要建立翔实完备的农村留守儿童信息台账，一人一档案，实行动态管理、精准施策，为有关部门和社会力量参与农村留守儿童关爱保护工作提供支持；通过党员干部上门家访、驻村干部探访、专业社会工作者随访等方式，对重点对象进行核查，确保农村留守儿童得到妥善照料。县级民政部门及救助管理机构要对乡镇人民政府(街道办事处)、村(居)民委员会开展的监护监督等工作提供政策指导和技术支持。

(三)加大教育部门和学校关爱保护力度。县级人民政府要完善控辍保学部门协调机制，督促监护人送适龄儿童、少年入学并完成义务教育。教育行政部门要落实免费义务教育和教育资助政策，确保农村留守儿童不因贫困而失学；支持和指导中小学校加强心理健康教育，促进学生心理、人格积极健康发展，及早发现并纠正心理问题和不良行为；加强对农村留守儿童相对集中学校教职工的专题培训，着重提高班主任和宿舍管理人员关爱照料农村留守儿童的能力；会同公安机关指导和协助中小学校完善人防、物防、技防措施，加强校园安全管理，做好法治宣传和安全教育，帮助儿童增强防范不法侵害的意识、掌握预防意外伤害的安全常识。中小学校要对农村留守儿童受教育情况实施全程管理，利用电话、家访、家长会等方式加强与家长、受委托监护人的沟通交流，了解农村留守儿童生活情况和思想动态，帮助监护人掌握农村留守儿童学习情况，提升监护人责任意识和教育管理能力；及时了解无故旷课农村留守儿童情况，落实辍学学生登记、劝返复学和书面报告制度，劝返无效的，应书面报告县级教育行政部门和乡镇人民政府，依法采取措施劝返复学；帮助农村留守儿童通过电话、视频等方式加强与父母的情感联系和亲情交流。寄宿制学校要完善教职工值班制度，落实学生宿舍安全管理责任，丰富校园文化生活，引导寄宿学生积极参与体育、艺术、社会实践等活动，增强学校教育吸引力。

…………

四、建立健全农村留守儿童救助保护机制

(一)建立强制报告机制。学校、幼儿园、医疗机构、村(居)民委员会、社会工作服务机构、救助管理机构、福利机构及其工作人员，在工作中发现农村留守儿童脱离监护单独居住生活或失踪、监护人丧失监护能力或不履行监护责任、疑似遭受家庭暴力、疑似遭受意外伤害或不法侵害等情况的，应当在第一时间向公安机关报告。负有强制报告责任的单位和人员未履行报告义务的，其上级机关和有关部门要严肃追责。其他公民、社会组织积极向公安机关报告的，应及时给予表扬和奖励。

(二)完善应急处置机制。公安机关要及时受理有关报告，第一时间出警调查，有针对性地采取应急处置措施，强制报告责任人要协助公安机关做好调查和应急处置工作。属于农村留守儿童单独居住生活的，要责令其父母立即返回或确定受委托监护人，并对父母进行训诫；属于监护人丧失监护能力或不履行监护责任的，要联系农村留守儿童父母立即返回或委托其他亲属监护照料；上述两种情形联系不上农村留守儿童父母的，要就近护送至其他近亲属、村(居)民委员会或救助管理机构、福利机构临时监护照料，并协助通知农村留守儿童父母立即返回或重新确定受委托监护人。属于失踪的，要按照儿童失踪快速查找机制及时开展调查。属于遭受家庭暴力的，要依法制止，必要时通知并协助民政部门将其安置到临时庇护场所、救助管理机构或者福利机构实施保护；属于遭受其他不法侵害、意外伤害的，要依法制止侵害行为、实施保护；对于上述两种情形，要按照有关规定调查取证，协助其就医、鉴定伤情，为进一步采取干预措施、依法追究相关法律责任打下基础。公安机关要将相关情况及时通报乡镇人民政府（街道办事处）。

…………

五、从源头上逐步减少儿童留守现象

（一）为农民工家庭提供更多帮扶支持。各地要大力推进农民工市民化，为其监护照料未成年子女创造更好条件。符合落户条件的要有序推进其本人及家属落户。符合住房保障条件的要纳入保障范围，通过实物配租公共租赁住房或发放租赁补贴等方式，满足其家庭的基本居住需求。不符合上述条件的，要在生活居住、日间照料、义务教育、医疗卫生等方面提供帮助。倡导用工单位、社会组织和专业社会工作者、志愿者队伍等社会力量，为其照料未成年子女提供便利条件和更多帮助。公办义务教育学校要普遍对农民工未成年子女开放，要通过政府购买服务等方式支持农民工未成年子女接受义务教育；完善和落实符合条件的农民工子女在输入地参加中考、高考政策。

（二）引导扶持农民工返乡创业就业。各地要大力发展县域经济，落实国务院关于支持农民工返乡创业就业的一系列政策措施。中西部地区要充分发挥比较优势，积极承接东部地区产业转移，加快发展地方优势特色产业，加强基本公共服务，制定和落实财政、金融等优惠扶持政策，落实定向减税和普遍性降费政策，为农民工返乡创业就业提供便利条件。人力资源社会保障等有关部门要广泛宣传农民工返乡创业就业政策，加强农村劳动力的就业创业技能培训，对有意愿就业创业的，要有针对性地推荐用工岗位信息或创业项目信息。

六、强化农村留守儿童关爱保护工作保障措施

（一）加强组织领导。各地要将农村留守儿童关爱保护工作纳入重要议事日程，建立健全政府领导，民政部门牵头，教育、公安、司法行政、卫生计生等部门和妇联、共青团等群团组织参加的农村留守儿童关爱保护工作领导机制，及时研究解决工作中的重大问题。民政部要牵头建立农村留守儿童关爱保护工作部际联席会议制度，会同有关部门在2016年上半年开展一次全面的农村留守儿童摸底排查，依托现有信息系统完善农村留守儿童信息管理功能，健全信息报送机制。各级妇儿工委和农民工工作领导小组要将农村留守儿童关爱保护作为重要工作内容，统筹推进相关工作。各地民政、公安、教育等部门要强化责任意识，督促有关方面落实相关责任。要加快推动完善未成年人保护相关法律法规，进一步明确权利义务和各方职责，特别要强化家庭监护主体责任，为农村留守儿童关爱保护工作提供有力法律保障。

（二）加强能力建设。统筹各方资源，充分发挥政府、市场、社会的作用，逐步完善救助管理机构、福利机构场所设施，满足临时监护照料农村留守儿童的需要。加强

农村寄宿制学校建设，促进寄宿制学校合理分布，满足农村留守儿童入学需求。利用现有公共服务设施开辟儿童活动场所，提供必要托管服务。各级财政部门要优化和调整支出结构，多渠道筹措资金，支持做好农村留守儿童关爱保护工作。各地要积极引导社会资金投入，为农村留守儿童关爱保护工作提供更加有力的支撑。各地区、各有关部门要加强农村留守儿童关爱保护工作队伍建设，配齐配强工作人员，确保事有人干、责有人负。

……………

国务院××××厅

××××年××月××日

第五章　知照性公文

第一节　公　告

一、机关例文

中共中央组织部 人力资源和社会保障部　国家公务员局
中央机关及其直属机构××××年度考试录用公务员公告

　　为满足中央机关及其直属机构录用公务员的需要，根据公务员法和公务员录用的有关规定，中共中央组织部、人力资源和社会保障部、国家公务员局将组织实施××××年度中央机关及其直属机构考试录用主任科员以下及其他相当职务层次非领导职务公务员工作。现将有关事项公告如下：

　　一、报考条件

　　（一）具有中华人民共和国国籍；

　　（二）18 周岁以上、35 周岁以下（××××年××月××日至××××年××月××日期间出生），××××年应届硕士研究生和博士研究生（非在职）人员年龄可放宽到 40 周岁以下（××××年××月××日以后出生）；

　　（三）拥护中华人民共和国宪法；

　　（四）具有良好的品行；

　　（五）具有正常履行职责的身体条件；

　　（六）具有符合职位要求的工作能力；

　　（七）具有大专以上文化程度；

　　（八）具备中央公务员主管部门规定的拟任职位所要求的其他资格条件。

　　中央机关及其省级直属机构除部分特殊职位和专业性较强的职位外，主要招录具有 2 年以上基层工作经历的人员，中央机关直属市（地）级机构职位、县（区）级及以下职位（含参照公务员法管理的事业单位）10％左右的职位用于招录服务期满、考核合格的大学生村官、"三支一扶"计划、"农村义务教育阶段学校教师特设岗位计划"、"大学生志愿服务西部计划"等服务基层项目人员。地处艰苦边远地区的中央机关直属机构县（区）级以下职位（含参照公务员法管理的事业单位）根据《关于做好艰苦边远地区基层公务员考试录用工作的意见》（人社部发〔××××〕××号）采取措施适当降低进入门槛。

招考职位明确要求有基层工作经历的，报考人员必须具备相应的基层工作经历。基层工作经历，是指具有在县级及以下党政机关、国有企事业单位、村（社区）组织及其他经济组织、社会组织等工作的经历。在军队团和相当于团以下单位工作的经历，退役士兵在军队服现役的经历可视为基层工作经历。报考中央机关的人员，曾在市（地）直属机关工作的经历，也可视为基层工作经历。以上基层工作经历计算时间截止到××××年××月。

现役军人、在读的非应届毕业生、在职公务员和参照公务员法管理的机关（单位）工作人员，不能报考。

因犯罪受过刑事处罚的人员和被开除公职的人员，在各级公务员招考中被认定有舞弊等严重违反录用纪律行为的人员，公务员和参照公务员法管理的机关（单位）工作人员被辞退未满5年的，以及法律法规规定不得录用为公务员的其他情形的人员，不得报考。报考人员不得报考录用后即构成回避关系的招录职位。

二、报考程序

（一）职位查询

各招录机关的招考人数、具体职位、考试类别、资格条件等详见《中央机关及其直属机构××××年度考试录用公务员招考简章》（以下简称《招考简章》）。

需要对《招考简章》中的专业、学历、学位、资格条件、基层工作经历以及备注内容等信息进行咨询时，请报考人员直接与招录机关联系，招录机关的咨询电话可以通过上述网站查询。

有关报考政策、报名网络技术和考场考务安排等事宜的详细情况，请参阅《报考指南》。

（二）网上报名

本次考试报名主要采取网络报名的方式进行。报考人员可登录中央机关及其直属机构××××年度考试录用公务员专题网站（http://bm.scs.gov.cn）进行网上报名，也可以通过人力资源和社会保障部门户网站或国家公务员局门户网站上的相关链接登录考录专题网站。

网上报名按以下程序进行：

（1）提交报考申请。报考人员可在××××年××月××日8:00至××日18:00期间登录考录专题网站，提交报考申请。报考人员只能选择一个部门（单位）中的一个职位进行报名，报名与考试时使用的本人有效居民身份证必须一致。报名时，报考人员要仔细阅读诚信承诺书，提交的报考申请材料应当真实、准确。报考人员提供虚假报考申请材料的，一经查实，即取消报考资格。对伪造、变造有关证件、材料、信息，骗取考试资格的，将按照公务员录用考试违纪违规的有关规定处理。

（2）查询资格审查结果。报考人员请于××××年××月××日至××日期间登录考录专题网站查询是否通过了资格审查。通过资格审查的，不能再报考其他职位。××××年××月××日8:00至××日18:00期间，报考申请尚未审查或未通过资格审查的，可以改报其他职位。××××年××月××日18:00至××日18:00期间，报考申请未审查或未通过资格审查的，不能再改报其他职位。

（3）查询报名序号。通过资格审查的人员，请于××××年××月××日8：00后登录考录专题网站查询报名序号。报名序号是报考人员报名确认和下载打印准考证等事项的重要依据和关键字，请务必牢记。

（三）报名确认

通过资格审查的报考人员需要进行报名确认。报名确认采取网上确认的方式进行，报考人员请于××××年××月××日9：00至××日16：00在所选考区考试机构网站进行网上报名确认及缴费。未按期参加报名确认并缴费者视为自动放弃考试。

网上报名确认时，报考人员应上传本人近期免冠2寸（35×45 mm）正面电子证件照片（蓝底证件照，jpg格式，20 KB以下），并按规定网上缴纳有关费用。

农村特困人员和城市低保人员，可以直接与当地考试机构联系办理报名确认和减免费用的手续。农村绝对贫困家庭的报考人员凭其家庭所在地的县（市、区）扶贫办（部门）出具的特困证明和特困家庭基本情况档案卡（复印件），享受最低生活保障城镇家庭的报考人员凭其家庭所在地的县（市、区）民政部门出具的享受最低生活保障的证明和低保证（复印件），经各省（自治区、直辖市）负责考务工作的部门审核确认后，办理减免考务费用的手续。

各省（区、市）考试机构的网址和咨询电话将于××××年××月××日以后通过考录专题网站公布。

（四）网上打印准考证

报名确认成功后，报考人员请于××××年××月××日10：00至××日12：00期间，登录所选考区考试机构网站下载打印准考证。打印中如遇问题，请与当地公务员考试机构联系解决。

三、考试内容、时间和地点

（一）笔试

（1）内容。公共科目包括行政职业能力测验和申论两科。有关情况详见《中央机关及其直属机构××××年度考试录用公务员公共科目考试大纲》。

报考中央对外联络部、外交部、教育部、商务部、国家外国专家局、全国友协、中国贸促会等部门日语、法语、俄语、西班牙语、阿拉伯语、德语、朝鲜语（韩语）等7个非通用语职位的人员，还将参加外语水平考试，考试大纲请在相关招录部门网站查询。

报考中国银监会及其派出机构、中国证监会及其派出机构特殊专业职位的人员，还将参加专业考试，考试大纲请在考录专题网站，中国银监会、中国证监会网站分别查询。

（2）时间地点。公共科目笔试的时间为××××年××月××日。具体安排为：

××月××日上午　9：00—11：00　行政职业能力测验

××月××日下午　14：00—17：00　申论

本次考试在全国各省会城市和个别较大城市设置考场。报考人员应按照准考证上确定的时间和地点参加考试。参加考试时，必须同时携带准考证和本人有效居民身份证（与报名时一致）。报考银监会、证监会及其派出机构的特殊专业职位的人员在网上报名时，务必将考点选择为省会城市、自治区首府和直辖市。报考中央对外联络部等部门7个非通用语职位的人员在网上报名时，务必将考点选择为北京。

（3）成绩查询。公共科目笔试成绩及最低合格分数线可于××××年××月××日左右在考录专题网站查询。7个非通用语职位的外语水平考试成绩和银监会、证监会特殊专业职位考试成绩也同时在考录专题网站上查询。

对西部地区和艰苦边远地区职位、基层职位和特殊专业职位等，在划定最低合格分数线时将予以政策倾斜。

（二）面试和专业科目考试

根据《招考简章》中规定的面试人选的比例，按照笔试成绩从高到低的顺序，确定参加面试和专业科目考试的人选名单，并在考录专题网站上统一公布。其中，7个非通用语职位按照公共科目笔试成绩与外语水平考试成绩1∶1的比例进行合成后排序；银监会、证监会及其派出机构特殊专业职位按照公共科目笔试成绩与专业考试成绩1∶1的比例进行合成后排序。

通过公共科目笔试最低合格分数线的人数与计划录用人数比例未达到规定面试比例的招考职位，将进行调剂。调剂职位及调剂相关事宜，在公共科目笔试成绩公布后，通过考录专题网站面向社会统一公布。

调剂结束后，报考人员可登录考录专题网站查询各招录机关的面试公告。面试时，报考人员须提供本人身份证件(本人有效居民身份证、学生证、工作证等)原件、所在单位出具的同意报考证明(加盖公章)或所在学校盖章的报名推荐表、报名登记表等材料。大学生村官、"农村义务教育阶段学校教师特设岗位计划"、"三支一扶"计划、"大学生志愿服务西部计划"等服务基层项目人员的认定，由相应的主管部门出具证明。凡有关材料主要信息不实，影响资格审查结果的，招录机关有权取消该报考人员参加面试的资格。

部分招录机关会根据职位特点设置面试阶段的专业科目考试，专业科目考试设置情况及相关事项将在考录专题网站及招录机关网站上统一公布。

报考所需的报名推荐表、报名登记表等材料可从考录专题网站下载、打印。

一般职位综合成绩的计算方法为：公共科目笔试、面试成绩各占50%，进行专业科目考试的，面试成绩和专业科目考试成绩共占50%，公共科目笔试、面试、专业科目考试成绩均按百分制折算。专业科目考试成绩一般不超过综合成绩的15%，具体各职位所占分值比重见招考简章。

个别参加面试人数与录用计划数比例低于3∶1的职位，报考人员面试成绩应达到其所在面试考官小组使用同一套面试题本面试的所有人员的平均分或者招录机关在面试公告中确定的面试合格分数线，方可进入体检和考察。

四、体检和考察

面试和专业科目考试结束后，将按照综合成绩从高到低的顺序确定进入体检和考察的人选。考生可到考录专题网站查询本人面试成绩。

五、公示拟录用人员名单

拟录用人员由招录机关按规定的程序和标准从考试成绩、考察情况和体检结果合格的人员中综合考虑，择优确定，并在考录专题网站上公示。公示内容包括录用职位名称、录用人员姓名、性别、准考证号、学历、所在工作单位(应届生填毕业院校)，同时公布举报电话，接受社会监督，公示期为5个工作日。

特别提示：

本次考试不指定考试辅导用书，不举办也不委托任何机构举办考试辅导培训班。目前社会上出现的假借公务员考试命题组、考试教材编委会、中央公务员主管部门授权等名义举办的有关公务员考试辅导班、辅导网站或发行的出版物等，均与本次考试无关，敬请广大报考者提高警惕，切勿上当受骗。

××××年××月

二、相关知识

（一）适用范围

公告适用于向国内外宣布重要事项或者法定事项。

（二）公文特点

公告具有庄重性和慎重性的特点。

（三）公文类型

公告包括向国内外宣布重要事项的公告、人大公告、法院公告等类型。

三、写作训练

（一）训练题目

××××年××月××日，世界卫生组织通报了沙特阿拉伯新增5例中东呼吸综合征实验室确诊病例，其中1例死亡。自××××年××月至今，世界卫生组织共通报全球中东呼吸综合征实验室确诊病例196例，其中83例死亡，确诊病例分别来自沙特阿拉伯、阿拉伯联合酋长国、卡塔尔、约旦、阿曼、科威特、英国、德国、法国、意大利和突尼斯。

质检总局、外交部、国家旅游局为防止中东呼吸综合征传入我国发布公告，要求来自上述地区的入境人员和交通工具负责人应当主动申报，并配合出入境口岸检疫人员开展调查，前往上述地区的人员应该注意卫生，出现状况应该主动申报。

试以上述三个部门名义发布公告。

（二）写作指导

公告的写作格式包括标题、正文和落款。

(1)公告标题有三种形式：一是"发文机关＋事由＋文种"构成，如《国家质监局关于确认××公司资格证书的公告》；二是由"发文机关＋文种"构成，如《国家安全生产监督管理总局公告》；三是只写文种"公告"二字。

（2）公告由于没有特别的受文对象，因此不写主送机关。

（3）正文包括公告事由、公告事项和公告结尾。

（三）示范例文

质检总局　外交部　国家旅游局
关于防止中东呼吸综合征传入我国的公告

　　××××年××月××日，世界卫生组织通报了沙特阿拉伯新增 5 例中东呼吸综合征实验室确诊病例，其中 1 例死亡。自××××年××月至今，世界卫生组织共通报全球中东呼吸综合征实验室确诊病例 196 例，其中 83 例死亡，确诊病例分别来自沙特阿拉伯、阿拉伯联合酋长国、卡塔尔、约旦、阿曼、科威特、英国、德国、法国、意大利和突尼斯。为防止该病传入我国，保护我国前往上述国家及其周边国家和地区人员的健康安全，根据《中华人民共和国国境卫生检疫法》及其实施细则和《国境口岸突发公共卫生事件出入境检验检疫应急处理规定》（质检总局令第××号），现公告如下：

　　一、来自上述国家以及阿拉伯半岛其他国家和地区的入境人员，如有发热、咳嗽、呼吸困难等急性呼吸道症状，入境时应当主动向出入境检验检疫机构口头申报。入境后出现上述症状者，应当立即就医，并向医生说明近期旅行史，以便及时得到诊断和治疗。

　　二、来自上述地区的入境人员和交通工具负责人应当配合出入境口岸检疫人员开展流行病学调查、医学排查等检疫查验工作，并按有关规定采取必要的卫生处理措施。

　　三、前往上述地区的入境人员，可以向出入境检验检疫机构及其国际旅行卫生保健中心咨询或登陆国家质检总局网站（http://www.aqsiq.gov.cn）卫生检疫与旅行健康专栏，了解该地区的疫情和有关预防方法，增强防病意识。

　　四、前往上述地区的人员应当保持良好的个人卫生习惯，如勤洗手、保持室内良好通风等。旅行中或旅行后，如果出现发热，伴有咳嗽、呼吸困难等急性呼吸道感染症状，应当立即就医，并在出入境时向检验检疫机构主动申报。

　　本公告自发布之日起生效，有效期 3 个月。

××××年××月××日

四、课后练习

（一）练习题目

民政部公开选聘民政部彩票公益金本级项目评审专家，请以民政部××××××司名义发布公告，公告内容应该包括专家条件、申请程序和专家库管理三部分内容。

（二）参考答案

关于公开选聘民政部彩票公益金本级项目评审专家的公告

为推动民政部彩票公益金本级项目评审工作的规范化、程序化和科学化，根据《民政部彩票公益金本级项目立项和评审办法》（民办发〔××××〕××号）规定，民政部社会福利和慈善事业促进司（以下简称福慈司）拟在全国范围内公开选聘本级项目评审专家50名。其中财务类20名、专业类30名。现将有关事项公告如下：

一、专家条件

申请入库的专家需符合以下条件：

（一）无违法、违规和违纪等不良记录；

（二）具有良好的职业道德，在评审过程中能以客观公正、廉洁自律、遵纪守法为原则履行职责；

（三）掌握相关国家法律法规政策、标准规范，熟悉彩票公益金使用管理的规定和要求，具有较高的业务素质，具备评审所需要的相关专业能力，并满足以下条件之一：

（1）具有副高级以上专业技术职称的人员；

（2）获得高级会计师等职称的财务管理人员；

（3）高校、科研院所、企事业的主要技术负责人或财务负责人；

（4）从事养老服务、残疾人服务和儿童福利等相关领域研究工作满8年，具有丰富实践工作经验的专业人士；

（五）身体健康，年龄不超过65周岁（正高职称人员、博士生导师等的年龄可放宽至70周岁）；

（五）本人愿意以独立身份参加评审工作，对自身评审行为负责，并接受民政部相关部门的管理和监督；

（六）国家法律法规及民政部要求的其他条件。

二、申报程序

（一）申请

评审专家可采取自我推荐或单位组织推荐的方式进行报名。个人自愿报名的专家，请在民政部门户网站下载打印申报表，填写完整后与其他材料一同寄送至福慈司。通过单位组织推荐进行报名的候选人，需所在单位管理部门审核、加盖公章，由单位统一汇总提交相关申报材料。申请时间从即日起至××××年××月××日止（以寄达时间为准）。

自我推荐或单位组织推荐时需提供以下材料：

（1）《民政部彩票公益金本级项目评审专家申报表》（见附件）纸质版1份，同时报电子版（发电子邮件）；

（2）个人简历；

（3）个人教育及专业资格证书（复印件）；

（4）个人研究或工作成就简况（包括学术论文、科研成果、课题报告、基层工作成绩等）；

（5）本人身份证复印件；

（6）本人所在单位或行业组织出具的推荐意见（自我推荐的候选人无需提交本材料）。

（二）审核和公示

申请日期截止后，福慈司将本着公平公正、公开透明、科学有效的原则，择优遴选评估能力强、评审经验丰富的专家。候选专家名单将由福慈司司长办公会研究，报部领导审定后进行公示。公示无异议的，申请人即获得民政部彩票公益金本级项目评审专家资格，福慈司向其颁发评审专家聘书，纳入评审专家库进行管理。评审专家聘期原则上为 3 年。

三、专家库管理

民政部彩票公益金本级项目评审专家库实行动态管理，在开展项目评审时，福慈司负责从评审专家库中抽取专家组成专家组参与评审。被抽取参加项目评审的专家应当按照《民政部彩票公益金本级项目立项和评审办法》等有关规定独立、客观、公正地对项目进行评审，并出具相应的评审意见。

民政部××××××司

××××年××月××日

第二节　通　告

一、机关例文

××市旅游局　××市工商行政管理局　××市物价局　××市公安局

关于进一步治理规范旅游市场秩序的通告

近日，××区××××烧烤店欺客宰客，侵害消费者权益，扰乱市场秩序，影响旅游城市形象。为进一步加强全区旅游市场监管，规范旅游市场秩序，维护旅游消费者合法权益，现就有关事项通告如下：

一、遵守法律法规，切实维护良好旅游市场秩序

全区宾馆、酒店、餐馆、旅行社、旅游车船公司等旅游经营者应严格遵守《旅游法》《消费者权益保护法》《价格法》等法律法规，规范旅游经营行为，严禁强迫消费、尾随兜售、欺客宰客、欺行霸市以及不明码标价等违法违规行为。

二、坚持问题导向，严厉查处扰乱旅游市场秩序行为

（一）区旅游局负责依法监管和查处旅行社强迫和变相强迫消费等违法违规行为。

（二）区市场监督管理局负责依法查处旅游市场中存在的无照经营、虚假广告、不正当竞争、旅游业不公平格式合同条款等违法违规行为。

（三）区发展和改革局物价部门负责旅游市场价格行为监管，依法查处经营者不执行政府定价和政府指导价、不按规定的内容和方式明码标价、标价之外加价出售商品或者收取未予标明的费用，以及使用欺骗性或者误导性的语言、文字、图片、计量单位等标价诱导他人与其交易等价格违法违规行为。

（四）公安局××分局责任严厉打击强迫交易、敲诈勒索、诈骗等侵害游客权益的违法犯罪行为。

三、加大查处力度，快速有效处置游客投诉

区旅游局×××、区市场监督管理局工作日×××、节假日×××、区发展和改革局×××、公安局市北分局110等公开电话24小时受理游客投诉，对游客投诉反映的问题，实行首问负责制，及时处置。对涉及其他部门职责的，及时协调办理，切实维护广大游客和消费者的合法权益。对推诿扯皮、处置不力的，将依法依纪予以问责。

×××年××月××日

二、相关知识

（一）适用范围

通告适用于在一定范围内公布应当遵守或者周知的事项。

（二）公文特点

通告具有内容的广泛性、使用的普遍性、贯彻的强制性等特点。

（三）公文类型

通告可进一步分为政策性通告和事项性通告。

（1）政策性通告用于公布国家和地方的政策法规，有较强约束力。

（2）事项性通告用于机关、企事业单位公布局部范围内的一般事务。

三、写作训练

（一）训练题目

×××省为确保在经济快速发展的同时，守住生态环保底线，保住×××省良好生态品牌，省政府决定在全省实行"六个一律"：建设项目未经环评审批以及未按环评要求落实污染防治设施的，一律停建、停产；对环保设施不正常运行、污染物超标排放、私设暗管等环境违法行为，一律依法从重处罚；对直接向环境排放污染物的单位，一律依法足额征收排污费；排污单位严重违法导致较大以上突发环境事件和造成严重后果且社会影响恶劣，负有监管职责的国家公职人员存在失职、渎职行为的，一律追究行政责任。涉及国有企业的，同时追究国有企业相关人员的责任；对污染饮用水水源，非法排放、倾倒、处置危险废物，非法排放含重金属、持久性有机污染物等严重危害环境、损害人体健康，私设暗管排放、倾倒、处置有放射性的废物、含传染病病原体的废物、有毒物质等严重污染环境违法行为，构成犯罪的，一律移交司法机关追究刑事责任；对排污企业环境违法行为，一律向社会公开，接受社会监督，并列入企业环保信用黑名单，记入×××省企业诚信信息网信用信息数据库，对其进行失信惩戒。

请以×××省政府名义发布严格环境监管措施的通告。

（二）写作指导

通告的写作格式包括标题、正文、落款。

1. 标题

通告的标题最好由"发文机关＋事由＋文种"构成。

2. 正文

通告的正文包括通告依据、通告内容、通告结语三部分。

（1）通告依据，要说明通告的原因和依据；

（2）通告内容，或分条列项或一段到底。如果内容较多，建议分条列项，这样便于阅读；

（3）通告结语，一般以"特此通告"、"此告"结束，或是提出希望、要求，或说明执行期限、执行范围和有效期等。

3. 注意事项

撰写通告缘由时重点写清发布通告的法律或政策依据和事实依据；通告内容必须明了，让通告所涉对象清楚明白。

（三）示范例文

×××省政府关于实施严格环境监管措施的通告

为确保在×××省经济快速发展的同时，守住生态环保底线，保住×××省良好生态品牌，根据《中华人民共和国环境保护法》等有关法律、法规规定，省政府决定在全省实行"六个一律"，以最严格的手段加强环境监管。现将有关事项通告如下：

一、建设项目未经环境影响评价审批以及未按环境影响评价要求落实污染防治设施的一律停建、停产。

二、对环境保护设施不正常运行、污染物超标排放、私设暗管等环境违法行为一律依法从重处罚。

三、对直接向环境排放污染物的单位一律依法足额征收排污费。

四、排污单位严重违法导致较大以上突发环境事件和造成严重后果且社会影响恶劣，负有监管职责的国家公职人员存在失职、渎职行为的，一律追究行政责任；涉及国有企业的，同时追究国有企业相关人员的责任。

　　五、对污染饮用水水源，非法排放、倾倒、处置危险废物，非法排放含重金属、持久性有机污染物等严重危害环境、损害人体健康，私设暗管排放、倾倒、处置有放射性的废物、含传染病病原体的废物、有毒物质等严重污染环境违法行为，构成犯罪的，一律移交司法机关追究刑事责任。

　　六、对排污企业环境违法行为一律向社会公开，接受社会监督，并列入企业环保信用黑名单，记入×××省企业诚信信息网信用信息数据库，对其进行失信惩戒。

×××省人民政府

××××年××月××日

四、课后练习

（一）练习题目

　　机动车年审出现了以下情况：① 按照公安部交管局下发的《关于印发〈关于加强和改进机动车检验工作的意见〉的通知》要求，制定了新的机动车安全技术检验（简称年审）工作规定，增加了机动车检验项目，更加严格的规范了检验流程和各环节，使单车检验时间增长。同时，由于此项工作自××××年××月××日起实施，检验人员对新工作标准还有一个适应和熟悉的过程。以上两个方面，导致我市部分检测站出现排长队的情况。② 车主到检测站送检机动车时，存在插队的情况。③ 根据《关于印发＜关于加强和改进机动车检验工作的意见＞的通知》，省公安厅交管局已推行省内异地年审的便民措施，本省注册登记的机动车在全省范围内无需委托即可进行异地年审。④ 为了解决送检机动车排长队的问题，方便车主办理年审业务，经请示省厅交管局批准，我们将从××××年××月××日起利用每周末2天的休息时间开展年审业务的便民措施，此举将有效分流过于集中送检的机动车，给车主在办理业务时更多的时间选择。

　　请以××市交警车管所名义发布通告，解释说明上述情况。

（二）参考答案

××市交警车管所关于机动车年审有关事项的通告

广大市民朋友：

　　近期，我们接到车主及我市各大媒体反映的机动车年审方面的一些情况，为了答疑解惑，现将有关情况通告如下：

　　一、近期，机动车到检测站过线检验时，为什么出现了排队的情况？

　　其实排队情况以前也有，由于交通便利等原因，大部分车主集中到原特区内的检测站过线检验，全市检测站呈现出原特区内的检测站排长队、原特区外检测站无人去的现象。近期，这一情况有所加重，主要原因为：按照公安部交管局下发的《关于印发

〈关于加强和改进机动车检验工作的意见〉的通知》要求，制定了新的机动车安全技术检验（简称年审）工作规定，增加了机动车检验项目，更加严格的规范了检验流程和各环节，使单车检验时间增长。同时，由于此项工作自××××年××月××日起实施，检验人员对新工作标准还有一个适应和熟悉的过程。以上两个方面，导致我市部分检测站出现排长队的情况。

为此，我们将加强检测站检测员的业务培训，提高工作效率，并采取办完当天送检机动车的年审业务后才下班等措施，最大限度缓解送检机动车排长队的情况。

二、车主到检测站送检机动车时，存在插队的情况？

我们已经接到了媒体的反映，我们将积极与检测站的主管部门和市场监督管理局联系沟通，并将了解的有关情况及时反馈查处。也希望广大车主及媒体朋友们遇到此类情况时，及时向主管部门反映。

三、什么时候可以施行省内异地年审？

根据《关于印发〈关于加强和改进机动车检验工作的意见〉的通知》，省公安厅交管局已推行省内异地年审的便民措施，本省注册登记的机动车在全省范围内无需委托即可进行异地年审。广大在省内异地用车的车主既不需要再申请委托书，也不需要为了年审特地开车回深圳，将极大的方便群众办理年审业务。

四、为了方便车主办理年审业务，××交警车管所还将采取什么措施？

为了解决送检机动车排长队的问题，方便车主办理年审业务，经请示省厅交管局批准，我们将从××××年××月××日起利用每周末2天的休息时间开展年审业务的便民措施，此举将有效分流过于集中送检的机动车，给车主在办理业务时更多的时间选择。

特此通告。

××市公安局交通警察支队车辆管理所
××××年××月××日

第三节　公　报

一、机关例文

中国共产党第××届中央委员会第××次全体会议公报

（××××年××月××日中国共产党第××届中央委员会第××次全体会议通过）

中国共产党第××届中央委员会第××次全体会议，于××××年××月××日至××日在北京举行。

出席这次全会的有，中央委员204人，候补中央委员169人。中央纪律检查委员会常务委员会委员和有关方面负责同志列席了会议。党的十八大代表中部分基层同志和专家学者也列席了会议。

全会由中央政治局主持。中央委员会总书记习近平作了重要讲话。

全会听取和讨论了习近平受中央政治局委托作的工作报告，审议通过了《中共中央关于全面深化改革若干重大问题的决定》。习近平就《决定（讨论稿）》向全会作了说明。

全会充分肯定党的十八大以来中央政治局的工作。一致以为，面对十分复杂的国际形势和艰巨繁重的国内改革发展稳定任务，中央政治局全面贯彻党的十八大和十八届一中、二中全会精神，高举中国特色社会主义伟大旗帜，以邓小平理论、"三个代表"重要思想、科学发展观为指导，团结带领全党全军全国各族人民，坚持稳中求进的工作总基调，着力稳增长、调结构、促改革，沉着应对各种风险挑战，全面推进社会主义经济建设、政治建设、文化建设、社会建设、生态文明建设，全面推进党的建设新的伟大工程，扎实推进党的群众路线教育实践活动，各项工作取得新进展，推动发展成果更多更公平惠及全体人民，实现了贯彻落实党的十八大精神第一年的良好开局。

全会高度评价党的十一届三中全会召开35年来改革开放的成功实践和伟大成就，研究了全面深化改革若干重大问题，认为改革开放是党在新时代条件下带领全国各族人民进行的新的伟大革命，是当代中国最鲜明的特色，是决定当代中国命运的关键抉择，是党和人民事业大踏步赶上时代的重要法宝。面对新形势新任务，全面建成小康社会，进而建成富强民主文明和谐的社会主义现代化国家、实现中华民族伟大复兴的中国梦，必须在新的历史起点上全面深化改革。

全会强调，全面深化改革，必须高举中国特色社会主义伟大旗帜，以马克思列宁主义、毛泽东思想、邓小平理论、"三个代表"重要思想、科学发展观为指导，坚定信心、凝聚共识，统筹谋划，协同推进，坚持社会主义市场经济改革方向，以促进社会公平正义、增进人民福祉为出发点和落脚点，进一步解放思想、解放和发展社会生产力、解放和增强社会活力，坚决破除各方面的体制机制弊端，努力开拓中国特色社会主义事业更加广阔的前景。

全会指出，全面深化改革的总目标是完善和发展中国特色社会主义制度，推进国家治理体系和治理能力现代化。必须更加注重改革的系统性、整体性、协同性，加快发展社会主义市场经济、民主政治、先进文化、和谐社会、生态文明，让一切劳动、知识、技术、管理、资本的活力竞相迸发，让一切创造社会财富的源泉充分涌流，让发展成果更多更公平惠及全体人民。

全会指出，要紧紧围绕使市场在资源配置中起决定性作用深化经济体制改革，坚持和完善基本经济制度，加快完善现代市场体系、宏观调控体系、开放型经济体系，加快转变经济发展方式，加快建设创新型国家，推动经济更有效率、更加公平、更可持续发展；紧紧围绕坚持党的领导、人民当家做主、依法治国有机统一深化政治体制改革，加快推进社会主义民主政治制度化、规范化、程序化，建设社会主义法治国家，发展更加广泛、更加充分、更加健全的人民民主；紧紧围绕建设社会主义核心价值体系、社会主义文化强国深化文化体制改革，加快完善文化管理体制和文化生产经营体制，建立健全现代公共文化服务体系、现代文化市场体系，推动社会主义文化大发展大繁荣；紧紧围绕更好保障和改善民生、促进社会公平正义深化社会体制改革，改革收入分配制度，促进共同富裕，推进社会领域制度创新，推进基本公共服务均等化，加快形成科学有效的社会治理体制，确保社会既充满活力又和谐有序；紧紧围绕建设美丽中国深化生态文明体制改革，加快建立生态文明制度，健全国土空间开发、资源节约利用、生态环境保护的体制机制，推动形成人与自然和谐发展现代化建设新格局；紧紧围绕提高科学执政、民主执政、依法执政水平深化党的建设制度改革，加强民主集中制建设，完善党的领导体制和执政方式，保持党的先进性和纯洁性，为改革开放和社会主义现代化建设提供坚强政治保证。

全会指出，全面深化改革，必须立足于我国长期处于社会主义初级阶段这个最大实际，坚持发展仍是解决我国所有问题的关键这个重大战略判断，以经济建设为中心，发挥经济体制改革牵引作用，推动生产关系同生产力、上层建筑同经济基础相适应，推动经济社会持续健康发展。

全会指出，经济体制改革是全面深化改革的重点，核心问题是处理好政府和市场的关系，使市场在资源配置中起决定性作用和更好发挥政府作用。

全会强调，改革开放的成功实践为全面深化改革提供了重要的经验，必须长期坚持。最重要的是，坚持党的领导，贯彻党的基本路线，不走封闭僵化的老路，不走改旗易帜的邪路，坚定走中国特色社会主义道路，始终确保改革正确方向；坚持解放思想、实事求是、与时俱进、求真务实，一切从实际出发，总结国内成功做法，借鉴国外有益经验，勇于推进理论和实践创新；坚持以人为本，尊重人民主体地位，发挥群众首创精神，紧紧依靠人民推动改革，促进人的全面发展；坚持政府处理改革发展稳定关系，胆子要大、步子要稳，加强顶层设计和摸着石头过河相结合，整体推进和重点突破相促进，提高改革决策科学性，广泛凝聚共识，形成改革合力。

全会要求，到2020年在重要领域和关键环节改革上取得决定性成果，形成系统完备、科学规范、运行有效的制度体系，使各方面的制度更加成熟更加定型。

全会对全面深化改革做出系统部署，强调坚持和完善基本经济制度，加快完善现代市场体系，加快转变政府职能，深化财税体制改革，健全城乡发展一体化体制机制，构建开放型经济新体制，加强社会主义民主政治制度建设，推进法制中国建设，强化全力运行制约和监督体系，推进文化体制机制创新，推进社会事业改革创新，创新社会治理体制，加快生态文明制度建设，深化国防和军队改革，加强和改善党对全面深化改革的领导。

全会提出，公有制为主体、多种所有制经济共同发展的基本经济制度，是中国特色社会主义制度的重要支柱，也是社会主义市场经济体制的根基。公有制经济和非公有制经济都是社会主义市场经济的重要组成部分，都是我国经济社会发展的重要基础。必须毫不动摇巩固和发展公有制经济，坚持公有制主体地位，发挥国有经济主导作用，不断增强国有经济活力、控制力、影响力。必须毫不动摇鼓励、支持、引导非公有制经济发展，激发非公有制经济活力和创造力。要完善产权保护制度，积极发展混合所有制经济，推动国有企业完善现代企业制度，支持非公有制经济健康发展。

全会提出，建设统一开放、竞争有序的市场体系，是使市场在资源配置中起决定性作用的基础。必须加快形成企业自主经营、公平竞争，消费者自由选择、自主消费，商品和要素自由流动、平等交换的现代市场体系，着力清楚市场壁垒，提高资源配置效率和公平性。要建立公平开放透明的市场规则，完善主要由市场决定价格的机制，建立城乡统一的建设用地市场，完善金融市场体系，深化科技体制改革。

全会提出，科学的宏观调控，有效的政府治理，是发挥社会主义市场经济体制优势的内在要求。必须切实转变政府职能，深化行政体制改革，创新行政管理方式，增强政府公信力和执行力，建设法治政府和服务型政府。要健全宏观调控体系，全面正确履行政府职能，优化政府组织结构，提高科学管理水平。

全会提出，财政是国家治理的基础和重要支柱，科学的财税体制是优化资源配置、维护市场统一、促进社会公平、实现国家长治久安的制度保障。必须完善立法、明确事权、改革税制、稳定税负、透明预算、提高效率，建立现代财政制度，发挥中央和地方两个积极性。要改进预算管理制度，完善税收制度，建立事权和支出责任相适应的制度。

全会提出，城乡二元结构是制约城乡发展一体化的主要障碍。必须健全体制机制，形成以工促农、以城带乡、工农互惠、城乡一体的新型工业城乡关系，让广大农民平等参与现代化进程、共同分享现代化成果。要加快构建新型农业经营体系，赋予农民更多财产权利，推进城乡要素平等交换和公共资源均衡配置，完善城镇化健康发展体制。

全会提出，适应经济全球化新形势，必须推动对内对外开放相互促进、引进来和走出来更好结合，促进国际国内要素有序自由流动、资源高效配置、市场深度融合，加快培育参与和引领国际经济合作竞争新优势，以开放促改革。要放宽投资准入，加快自由贸易区建设，扩大内陆沿边开放。

全会提出，发展社会主义民主政治，必须以保证人民当家做主为根本，坚持和完善人民代表大会制度、中国共产党领导的多党合作和政治协商制度、民族区域自治制度以及基层群众自制制度，更加注重健全民主制度、丰富民主形式，充分发挥我国社会主义政治制度优越性。要推动人民代表大会制度与时俱进，推进协商民主广泛多层制度化发展，发展基层民主。

全会提出，建设法制中国，必须深化司法体制改革，加快建设公正高效权威的社会主义司法制度，维护人民权益。让维护宪法法律权威，深化行政执法体制改革，确保依法独立公正行使审判权检察权，健全司法权力运行机制，完善人权司法保障制度。

全会提出，坚持用制度管权管事管人，让人民监督权力，让权力在阳光下运行，是把权力关进制度笼子的根本之策。必须构建决策科学、执行坚决、监督有力的运行体系，健全惩治和预防腐败体系，建设廉洁政治，努力实现干部清正、政府清廉、政治清明。要形成科学有效的权力制约和协调机制，加强反腐败体制机制创新和制度保障，健全改进作风常态化制度。

全会提出，建设社会主义文化强国，增强国家文化软实力，必须坚持社会主义先进文化前进方向，坚持中国特色社会主义文化发展道路，坚持以人民为中心的工作导向，进一步深化文化体制改革。要完善文化管理体制，建立健全现代文化市场体系，构建现代公共文化服务体系，提高文化开放水平。

全会提出，实现发展成果更多更公平惠及全体人民，必须加快社会事业改革，解决好人民最关心最直接最现实的利益问题，更好满足人民需求。要深化教育领域综合改革，健全促进就业创业体制机制，形成合理有序的收入分配格局，建立更加公平可持续的社会保障制度，深化医药卫生体制改革。

全会提出，创新社会治理，必须着眼于维护最广大人民根本利益，最大限度增加和谐因素，增强社会发展活力，提高社会治理水平，维护国家安全，确保人民安居乐业、社会安定有序。要改进社会治理方式，激发社会组织活力，创新有效预防和化解社会矛盾体制，健全公共安全体系，设立国家安全委员会，完善国家安全体制和国家安全战略，确保国家安全。

全会提出，建设生态文明，必须建立系统完整的生态文明制度体制，用制度保护生态环境。要健全自然资源资产产权制度和用途管制制度，划定生态保护红线，实行资源有偿使用制度和生态补偿制度，改革生态环境保护管理体制。

全会提出，紧紧围绕建设一支听党指挥、能打胜仗、作风优良的人民军队这一党在新形势下的强军目标，着力解决制约国防和军队建设发展的突出矛盾和问题，创新发展军事理论，加强军事战略指导，完善新时期军事战略方针，构建中国特色现代军事力量体系。要深化军队体制编制调整改革，推进军队政策制度调整改革，推动军民融合深度发展。

全会强调，全面深化改革必须加强和改善党的领导，充分发挥党总揽全局、协调各方的领导核心作用，提高党的领导水平和执政能力，确保改革取得成功。中央成立全面深化改革领导小组，负责改革总体设计、统筹协调、整体推进、督促落实。各级党委要切实履行对改革的领导责任。要深化干部人事制度改革，建立集聚人才体制机制，充分发挥人民群众积极性、主动性、创造性，鼓励地方基层和群众大胆探索，及时总结经验。

全会分析了当前形势和任务，强调全党同志要把思想和行动统一到中央关于全面深化改革重大决策部署上来，增强进取意识、机遇意识、责任意识，牢牢把握方向，大胆实践探索，注重统筹协调，凝聚改革共识，落实领导责任，坚定不移实现中央改革决策部署。要按照中央决策部署，坚持稳中求进，稳中有为，切实做好各项工作，保持经济社会发展势头，关心群众特别是困难群众生活，促进社会和谐稳定，继续扎实推进党的群众路线教育实践活动，努力实现经济社会发展预期目标。

全会号召，全党同志要紧密团结在以习近平同志为总书记的党中央周围，锐意进取，攻坚克难，谱写改革开放伟大事业历史新篇章，为全面建成小康社会、不断夺取中国特色社会主义新胜利、实现中华民族伟大复兴的中国梦而奋斗！

二、相关知识

（一）适用范围

公报适用于公布重要决定或者重大事项。

（二）公文类型

公报分会议公报和事项公报两大类。

（1）会议公报是用以报道重要会议或会谈的决定和情报的公报。

（2）事项公报是党的高级领导机关用以发布重大情况、重要事件的文件。

三、写作训练

（一）训练题目

中国共产党第××届中央委员会第××次全体会议，于××××年××月××日至××日在北京举行。出席这次全会的有，中央委员199人，候补中央委员164人。中央纪律检查委员会常务委员会委员和有关方面负责同志列席了会议。党的××大代表中部分基层同志和专家学者也列席了会议。

全会听取和讨论了习近平受中央政治局委托作的工作报告，审议通过了《中共中央关于全面推进依法治国若干重大问题的决定》。习近平就《决定（讨论稿）》向全会作了说明。

全会充分肯定党的十八届三中全会以来中央政治局的工作。全会高度评价长期以来特别是党的十一届三中全会以来我国社会主义法治建设取得的历史性成就。全会提出，面对新形势新任务，我们党要更好统筹国内国际两个大局，更好维护和运用我国发展的重要战略机遇期，更好统筹社会力量，平衡社会利益，调节社会关系，规范社会行为。

全会号召，全党同志和全国各族人民紧密团结在以习近平同志为总书记的党中央周围，高举中国特色社会主义伟大旗帜，积极投身全面推进依法治国伟大实践，开拓进取，扎实工作，为建设法治中国而奋斗！

请以中国共产党第××届中央委员会名义发布公报。

（二）写作指导

公报的写作格式包括标题、公布时间、正文。

1. 标题

公报的标题一般由"发文机关＋文种"构成。

2. 公布时间

公布时间应置于标题下，用括号标注。

3. 正文

正文分为导语、主要事项、号召和要求。

（1）导语简要介绍会议的基本情况；

（2）会议决定的主要事项一般以"会议指出"、"会议认为"、"会议强调"等分段或分条列出；

（3）正文最后发出号召和要求。

（三）示范例文

中国共产党第××届中央委员会第××次全体会议公报

（××××年××月××日中国共产党第××届中央委员会第××次全体会议通过）

中国共产党第××届中央委员会第××次全体会议，于××××年××月××日至××日在北京举行。

出席这次全会的有，中央委员×××人，候补中央委员×××人。中央纪律检查委员会常务委员会委员和有关方面负责同志列席了会议。党的十八大代表中部分基层同志和专家学者也列席了会议。

全会由中央政治局主持。中央委员会总书记习近平作了重要讲话。

全会听取和讨论了习近平受中央政治局委托作的工作报告，审议通过了《中共中央关于全面推进依法治国若干重大问题的决定》。习近平就《决定（讨论稿）》向全会作了说明。

全会充分肯定党的十八届三中全会以来中央政治局的工作。一致认为，党的十八届三中全会以来，国际形势错综复杂，国内改革发展任务极为繁重，中央政治局全面贯彻党的十八大和十八届一中、二中、三中全会精神，高举中国特色社会主义伟大旗帜，以邓小平理论、"三个代表"重要思想、科学发展观为指导，深入贯彻习近平总书记系列重要讲话精神，团结带领全党全军全国各族人民，统筹国内国际两个大局，牢牢把握稳中求进工作总基调，保持战略定力，以全面深化改革推动各项工作，注重从思想上、制度上谋划涉及改革发展稳定、内政外交国防、治党治国治军的战略性、全局性、长远性问题。中央政治局适应经济发展新常态，创新宏观调控思路和方式，积极破解经济社会发展难题，着力保障和改善民生，基本完成党的群众路线教育实践活动，坚定不移反对腐败，有效应对各种风险挑战，各方面工作取得新成效，党和国家事业发展打开新局面。

全会高度评价长期以来特别是党的十一届三中全会以来我国社会主义法治建设取得的历史性成就，研究了全面推进依法治国若干重大问题，认为全面建成小康社会、实现中华民族伟大复兴的中国梦，全面深化改革、完善和发展中国特色社会主义制度，提高党的执政能力和执政水平，必须全面推进依法治国。

全会提出，面对新形势新任务，我们党要更好统筹国内国际两个大局，更好维护和运用我国发展的重要战略机遇期，更好统筹社会力量、平衡社会利益、调节社会关系、规范社会行为，使我国社会在深刻变革中既生机勃勃又井然有序，实现经济发展、政治清明、文化昌盛、社会公正、生态良好，实现我国和平发展的战略目标，必须更好发挥法治的引领和规范作用。

> 全会号召，全党同志和全国各族人民紧密团结在以习近平同志为总书记的党中央周围，高举中国特色社会主义伟大旗帜，积极投身全面推进依法治国伟大实践，开拓进取，扎实工作，为建设法治中国而奋斗！

四、课后练习

（一）练习题目

中国共产党第××届中央委员会第××次全体会议，于××××年××月××日至××日在北京举行。出席这次全会的有，中央委员199人，候补中央委员156人。中央纪律检查委员会常务委员会委员和有关方面负责同志列席了会议。党的十八大代表中部分基层同志和专家学者也列席了会议。全会由中央政治局主持。中央委员会总书记习近平作了重要讲话。

全会听取和讨论了习近平受中央政治局委托作的工作报告，审议通过了《中共中央关于制定国民经济和社会发展第十三个五年规划的建议》。

全会充分肯定党的十八届四中全会以来中央政治局的工作。

全会深入分析了"十三五"时期我国发展环境的基本特征。

全会提出了"十三五"时期我国发展的指导思想。

全会强调，如期实现全面建成小康社会奋斗目标，推动经济社会持续健康发展，必须遵循以下原则：坚持人民主体地位，坚持科学发展，坚持深化改革，坚持依法治国，坚持统筹国内国际两个大局，坚持党的领导。

全会提出了全面建成小康社会新的目标要求。

全会强调，实现"十三五"时期发展目标，破解发展难题，厚植发展优势，必须牢固树立并切实贯彻创新、协调、绿色、开放、共享的发展理念。

全会强调，发展是党执政兴国的第一要务，各级党委必须深化对发展规律的认识，完善党领导经济社会发展工作体制机制，加强党的各级组织建设，强化基层党组织整体功能。

全会分析了当前形势和任务，强调当前和今后一个时期，全党全国的一项重要政治任务，就是深入贯彻落实全会精神，把《建议》确定的各项决策部署和工作要求落到实处。

全会按照党章规定，决定递补中央委员会候补委员刘晓凯、陈志荣、金振吉为中央委员会委员。

全会审议并通过了中共中央纪律检查委员会关于令计划、周本顺、杨栋梁、朱明国、王敏、陈川平、仇和、杨卫泽、潘逸阳、余远辉严重违纪问题的审查报告，确认中央政治局之前作出的给予令计划、周本顺、杨栋梁、朱明国、王敏、陈川平、仇和、杨卫泽、潘逸阳、余远辉开除党籍的处分。

全会号召，全党全国各族人民要更加紧密地团结在以习近平同志为总书记的党中央周围，万众一心，艰苦奋斗，共同夺取全面建成小康社会决胜阶段的伟大胜利！

试以第××届中央委员会名义发布第××次全体会议公报。

（二）参考答案

中国共产党第××届中央委员会第××次全体会议公报

（××××年××月××日中国共产党第××届中央委员会第××次全体会议通过）

中国共产党第××届中央委员会第××次全体会议，于××××年××月××日至××日在北京举行。

出席这次全会的有，中央委员199人，候补中央委员156人。中央纪律检查委员会常务委员会委员和有关方面负责同志列席了会议。党的十八大代表中部分基层同志和专家学者也列席了会议。

全会由中央政治局主持。中央委员会总书记习近平作了重要讲话。

全会听取和讨论了习近平受中央政治局委托作的工作报告，审议通过了《中共中央关于制定国民经济和社会发展第十三个五年规划的建议》。习近平就《建议（讨论稿）》向全会作了说明。

全会充分肯定党的十八届四中全会以来中央政治局的工作。一致认为，面对国内外形势的深刻复杂变化特别是经济下行压力加大的挑战，中央政治局高举中国特色社会主义伟大旗帜，全面贯彻党的十八大和十八届三中、四中全会精神，以马克思列宁主义、毛泽东思想、邓小平理论、"三个代表"重要思想、科学发展观为指导，深入贯彻习近平总书记系列重要讲话精神，团结带领全党全军全国各族人民，坚持"四个全面"战略布局，坚持统筹国内国际两个大局，坚持稳中求进工作总基调，积极引领经济发展新常态，着力推进改革开放，加强和创新宏观调控，有效化解各种风险和挑战，保持经济平稳较快发展和社会和谐稳定，开展"三严三实"专题教育，隆重纪念中国人民抗日战争暨世界反法西斯战争胜利70周年，党和国家各项事业取得了新的重大成就。

全会认为，到二〇二〇年全面建成小康社会，是我们党确定的"两个一百年"奋斗目标的第一个百年奋斗目标。"十三五"时期是全面建成小康社会决胜阶段，"十三五"规划必须紧紧围绕实现这个奋斗目标来制定。

全会高度评价"十二五"时期我国发展取得的重大成就，认为面对错综复杂的国际环境和艰巨繁重的国内改革发展稳定任务，我们党团结带领全国各族人民顽强拼搏、开拓创新，奋力开创了党和国家事业发展新局面，我国经济实力、科技实力、国防实力、国际影响力又上了一个大台阶。尤为重要的是，党的十八大以来，以习近平同志为总书记的党中央毫不动摇坚持和发展中国特色社会主义，勇于实践、善于创新，深化对共产党执政规律、社会主义建设规律、人类社会发展规律的认识，形成一系列治国理政新理念新思想新战略，为在新的历史条件下深化改革开放、加快推进社会主义现代化提供了科学理论指导和行动指南。

全会深入分析了"十三五"时期我国发展环境的基本特征，认为我国发展仍处于可以大有作为的重要战略机遇期，也面临诸多矛盾叠加、风险隐患增多的严峻挑战。我们要准确把握战略机遇期内涵的深刻变化，更加有效地应对各种风险和挑战，继续集中力量把自己的事情办好，不断开拓发展新境界。

全会提出了"十三五"时期我国发展的指导思想：高举中国特色社会主义伟大旗帜，全面贯彻党的十八大和十八届三中、四中全会精神，以马克思列宁主义、毛泽东思想、邓小平理论、"三个代表"重要思想、科学发展观为指导，深入贯彻习近平总书记系列重要讲话精神，坚持全面建成小康社会、全面深化改革、全面依法治国、全面从严治党的战略布局，坚持发展是第一要务，以提高发展质量和效益为中心，加快形成引领经济发展新常态的体制机制和发展方式，保持战略定力，坚持稳中求进，统筹推进经济建设、政治建设、文化建设、社会建设、生态文明建设和党的建设，确保如期全面建成小康社会，为实现第二个百年奋斗目标、实现中华民族伟大复兴的中国梦奠定更加坚实的基础。

全会强调，如期实现全面建成小康社会奋斗目标，推动经济社会持续健康发展，必须遵循以下原则：坚持人民主体地位，坚持科学发展，坚持深化改革，坚持依法治国，坚持统筹国内国际两个大局，坚持党的领导。

全会提出了全面建成小康社会新的目标要求：经济保持中高速增长，在提高发展平衡性、包容性、可持续性的基础上，到二〇二〇年国内生产总值和城乡居民人均收入比二〇一〇年翻一番，产业迈向中高端水平，消费对经济增长贡献明显加大，户籍人口城镇化率加快提高。农业现代化取得明显进展，人民生活水平和质量普遍提高，我国现行标准下农村贫困人口实现脱贫，贫困县全部摘帽，解决区域性整体贫困。国民素质和社会文明程度显著提高。生态环境质量总体改善。各方面制度更加成熟更加定型，国家治理体系和治理能力现代化取得重大进展。

全会强调，实现"十三五"时期发展目标，破解发展难题，厚植发展优势，必须牢固树立并切实贯彻创新、协调、绿色、开放、共享的发展理念。这是关系我国发展全局的一场深刻变革。全党同志要充分认识这场变革的重大现实意义和深远历史意义。
············

全会强调，发展是党执政兴国的第一要务，各级党委必须深化对发展规律的认识，完善党领导经济社会发展工作体制机制，加强党的各级组织建设，强化基层党组织整体功能。动员人民群众团结奋斗，贯彻党的群众路线，提高宣传和组织群众能力，加强经济社会发展重大问题和涉及群众切身利益问题的协商，依法保障人民各项权益，激发各族人民建设祖国的主人翁意识。加强思想政治工作，创新群众工作体制机制和方式方法，最大限度凝聚全社会推进改革发展、维护社会和谐稳定的共识和力量。加快建设人才强国，深入实施人才优先发展战略，推进人才发展体制改革和政策创新，形成具有国际竞争力的人才制度优势。运用法治思维和法治方式推动发展，全面提高党依据宪法法律治国理政、依据党内法规管党治党的能力和水平。加强和创新社会治理，推进社会治理精细化，构建全民共建共享的社会治理格局。牢固树立安全发展观念，坚持人民利益至上，健全公共安全体系，完善和落实安全生产责任和管理制度，切实维护人民生命财产安全。实施国家安全战略，坚决维护国家政治、经济、文化、社会、信息、国防等安全。

全会分析了当前形势和任务，强调当前和今后一个时期，全党全国的一项重要政治任务，就是深入贯彻落实全会精神，把《建议》确定的各项决策部署和工作要求落到实处。全党要把思想统一到全会精神上来，认清形势，坚定信心，继续顽强奋斗，团结带领全国各族人民协调推进"四个全面"战略布局，如期完成全面建成小康社会的战略任务。要坚持全面从严治党、依规治党，深入推进党风廉政建设和反腐败斗争，巩固反腐败斗争成果，健全改进作风长效机制，着力构建不敢腐、不能腐、不想腐的体制机制，着力解决一些干部不作为、乱作为等问题，积极营造风清气正的政治生态，形成敢于担当、奋发有为的精神状态，努力实现干部清正、政府清廉、政治清明，为经济社会发展提供坚强政治保证。

全会按照党章规定，决定递补中央委员会候补委员刘晓凯、陈志荣、金振吉为中央委员会委员。

全会审议并通过了中共中央纪律检查委员会关于令计划、周本顺、杨栋梁、朱明国、王敏、陈川平、仇和、杨卫泽、潘逸阳、余远辉严重违纪问题的审查报告，确认中央政治局之前作出的给予令计划、周本顺、杨栋梁、朱明国、王敏、陈川平、仇和、杨卫泽、潘逸阳、余远辉开除党籍的处分。

全会号召，全党全国各族人民要更加紧密地团结在以习近平同志为总书记的党中央周围，万众一心，艰苦奋斗，共同夺取全面建成小康社会决胜阶段的伟大胜利！

第四节　纪　要

一、机关例文

××××年中央经济工作会议会议纪要

中央经济工作会议××月××日至××日在北京举行。中共中央总书记、国家主席、中央军委主席习近平，中共中央政治局常委、国务院总理李克强，中共中央政治局常委、全国人大常委会委员长张德江，中共中央政治局常委、全国政协主席俞正声，中共中央政治局常委、中央书记处书记刘云山，中共中央政治局常委、中央纪委书记王岐山，中共中央政治局常委、国务院副总理张高丽出席会议。

习近平在会上发表重要讲话，总结××××年经济工作，分析当前国内国际经济形势，部署××××年经济工作，重点是落实"十三五"规划建议要求，推进结构性改革，推动经济持续健康发展。李克强在讲话中阐述了明年宏观经济政策取向，具体部署了明年经济社会发展重点工作，并作总结讲话。

会议指出，今年以来，面对错综复杂的国际形势和艰巨繁重的国内改革发展稳定任务，我们按照协调推进"四个全面"战略布局的要求，贯彻落实去年中央经济工作会议决策部署，加强和改善党对经济工作的领导，坚持稳中求进工作总基调，牢牢把握经济社会发展主动权，主动适应经济发展新常态，妥善应对重大风险挑战，推动经济建设、政治建设、文化建设、社会建设、生态文明建设和党的建设取得重大进展。经济运行总体平稳，稳中有进，稳中有好，经济保持中高速增长，经济结构优化，改革开放向纵深迈进，民生持续改善，社会大局总体稳定。今年主要目标任务的完成，标志着"十二五"规划可以胜利收官，使我国站在更高的发展水平上。同时，由于多方面因素影响和国内外条件变化，经济发展仍然面临一些突出矛盾和问题，必须高度重视，采取有力措施加以化解。

会议认为，认识新常态、适应新常态、引领新常态，是当前和今后一个时期我国经济发展的大逻辑，这是我们综合分析世界经济长周期和我国发展阶段性特征及其相互作用作出的重大判断。必须统一思想、深化认识，切实把思想和行动统一到党中央重大判断和决策部署上来。必须克服困难、闯过关口，坚持辩证法，一方面我国经济发展基本面是好的，潜力大，韧性强，回旋余地大，另一方面也面临着很多困难和挑战，特别是结构性产能过剩比较严重。这是绕不过去的历史关口，加快改革创新，抓紧做好工作，就能顺利过关。必须锐意改革、大胆创新，必须解放思想、实事求是、与时俱进，按照创新、协调、绿色、开放、共享的发展理念，在理论上作出创新性概括，在政策上作出前瞻性安排，加大结构性改革力度，矫正要素配置扭曲，扩大有效供给，提高供给结构适应性和灵活性，提高全要素生产率。

会议指出，引领经济发展新常态，要努力实现多方面工作重点转变。推动经济发展，要更加注重提高发展质量和效益。稳定经济增长，要更加注重供给侧结构性改革。实施宏观调控，要更加注重引导市场行为和社会心理预期。调整产业结构，要更加注重加减乘除并举。推进城镇化，要更加注重以人为核心。促进区域发展，要更加注重人口经济和资源环境空间均衡。保护生态环境，要更加注重促进形成绿色生产方式和消费方式。保障改善民生，要更加注重对特定人群特殊困难的精准帮扶。进行资源配置，要更加注重使市场在资源配置中起决定性作用。扩大对外开放，要更加注重推进高水平双向开放。

会议强调，推进供给侧结构性改革，是适应和引领经济发展新常态的重大创新，是适应国际金融危机发生后综合国力竞争新形势的主动选择，是适应我国经济发展新常态的必然要求。

会议指出，明年是全面建成小康社会决胜阶段的开局之年，也是推进结构性改革的攻坚之年。做好经济工作要全面贯彻党的十八大和十八届三中、四中、五中全会精神，以邓小平理论、"三个代表"重要思想、科学发展观为指导，加强和改善党对经济工作的领导，统筹国内国际两个大局，按照"五位一体"总体布局和"四个全面"战略布局，牢固树立和贯彻落实创新、协调、绿色、开放、共享的发展理念，适应经济发展新常态，坚持改革开放，坚持稳中求进工作总基调，坚持稳增长、调结构、惠民生、防风险，实行宏观政策要稳、产业政策要准、微观政策要活、改革政策要实、社会政策要托底的总体思路，保持经济运行在合理区间，战略上坚持持久战，战术上打好歼灭战，着力加强结构性改革，在适度扩大总需求的同时，去产能、去库存、去杠杆、降成本、补短板，提高供给体系质量和效率，提高投资有效性，加快培育新的发展动能，改造提升传统比较优势，增强持续增长动力，推动我国社会生产力水平整体改善，努力实现"十三五"时期经济社会发展的良好开局。

会议强调，明年及今后一个时期，要在适度扩大总需求的同时，着力加强供给侧结构性改革，实施相互配合的五大政策支柱。第一，宏观政策要稳，就是要为结构性改革营造稳定的宏观经济环境。积极的财政政策要加大力度，实行减税政策，阶段性提高财政赤字率，在适当增加必要的财政支出和政府投资的同时，主要用于弥补降税带来的财政减收，保障政府应该承担的支出责任。稳健的货币政策要灵活适度，为结构性改革营造适宜的货币金融环境，降低融资成本，保持流动性合理充裕和社会融资总量适度增长，扩大直接融资比重，优化信贷结构，完善汇率形成机制。第二，产业政策要准，就是要准确定位结构性改革方向。要推进农业现代化、加快制造强国建设、加快服务业发展、提高基础设施网络化水平等，推动形成新的增长点。要坚持创新驱动，注重激活存量，着力补齐短板，加快绿色发展，发展实体经济。第三，微观政策要活，就是要完善市场环境、激发企业活力和消费者潜力。要做好为企业服务工作，在制度上、政策上营造宽松的市场经营和投资环境，鼓励和支持各种所有制企业创新发展，保护各种所有制企业产权和合法利益，提高企业投资信心，改善企业市场预期。要营造商品自由流动、平等交换的市场环境，破除市场壁垒和地方保护。要提高有效供给能力，通过创造新供给、提高供给质量，扩大消费需求。第四，改革政策要实，就是要加大力度推动改革落地。要完善落实机制，把握好改革试点，加强统筹协调，调动地方积极性，允许地方进行差别化探索，发挥基层首创精神。要敢于啃硬骨头、敢于涉险滩，抓好改革举措落地工作，使改革不断见到实效，使群众有更多获得感。第五，社会政策要托底，就是要守住民生底线。要更好发挥社会保障的社会稳定器作用，把重点放在兜底上，保障群众基本生活，保障基本公共服务。

会议认为，明年经济社会发展特别是结构性改革任务十分繁重，战略上要坚持稳中求进、把握好节奏和力度，战术上要抓住关键点，主要是抓好去产能、去库存、去杠杆、降成本、补短板五大任务。

....

会议强调，推进结构性改革，必须依靠全面深化改革。要加大重要领域和关键环节改革力度，推出一批具有重大牵引作用的改革举措。要大力推进国有企业改革，加快改组组建国有资本投资、运营公司，加快推进垄断行业改革。要加快财税体制改革，抓住划分中央和地方事权和支出责任、完善地方税体系、增强地方发展能力、减轻企业负担等关键性问题加快推进。要加快金融体制改革，尽快形成融资功能完备、基础制度扎实、市场监管有效、投资者合法权益得到充分保护的股票市场，抓紧研究提出金融监管体制改革方案；加快推进银行体系改革，深化国有商业银行改革，加快发展绿色金融。要加快养老保险制度改革，完善个人账户，坚持精算平衡，提高统筹层次。要加快医药卫生体制改革，在保基本、强基层的基础上，着力建立新的体制机制，解决好群众看病难看病贵问题。

会议指出，要继续抓好优化对外开放区域布局、推进外贸优进优出、积极利用外资、加强国际产能和装备制造合作、加快自贸区及投资协定谈判、积极参与全球经济治理等工作。要改善利用外资环境，高度重视保护外资企业合法权益，高度重视保护知识产权，对内外资企业要一视同仁、公平对待。要抓好"一带一路"建设落实，发挥好亚投行、丝路基金等机构的融资支撑作用，抓好重大标志性工程落地。

会议强调，要坚持瞄准全面建成小康社会目标，牢牢抓住发展这个第一要务不放松，科学确定经济社会发展主要预期目标，把握好稳增长和调结构的平衡，稳定和完善宏观经济政策，加大对实体经济支持力度。坚持大力推进结构性改革，着力解决制约发展的深层次问题。坚持深入实施创新驱动发展战略，推进大众创业、万众创新，依靠改革创新加快新动能成长和传统动能改造提升。要用新思路新举措深挖内需潜力，持续扩大消费需求，发挥好有效投资对稳增长调结构的关键作用，深入推进新型城镇化。要大力优化产业结构，加快推进现代农业建设，着力抓好工业稳增长调结构增效益。要加快形成对外开放新格局，培育国际竞争新优势。要推动绿色发展取得新突破。要保住基本民生、兜住底线。要健全督查激励问责机制，促进各方面奋发有为、干事创业。

会议强调，要坚持中国特色社会主义政治经济学的重大原则，坚持解放和发展社会生产力，坚持社会主义市场经济改革方向，使市场在资源配置中起决定性作用，是深化经济体制改革的主线。要坚持调动各方面积极性，充分调动人的积极性，充分调动中央和地方两个积极性，注重调动企业家、创新人才、各级干部的积极性、主动性、创造性。要提高舆论引导能力，善于把握本质、主流和趋势，善于把握社会心理，善于把握时、度、效，深度分析，主动发声，澄清是非，更有针对性做好舆论引导工作。

会议号召，这次中央经济工作会议，既是对明年经济工作的全面部署，也是对推进结构性改革的重点部署。各级领导干部务必把思想统一到党中央决策部署上来，把握正确方向，脚踏实地推进，推动改革发展稳定各项工作不断取得实实在在的成效，推动实现更高质量、更有效率、更加公平、更可持续发展。

中共中央政治局委员、中央书记处书记，全国人大常委会有关领导同志，国务委员，最高人民法院院长，最高人民检察院检察长，全国政协有关领导同志以及中央军委委员等出席会议。

各省、自治区、直辖市和计划单列市、新疆生产建设兵团党政主要负责同志，中央和国家机关有关部门主要负责同志，中央管理的部分企业和金融机构负责同志，军队及武警部队有关负责同志参加会议。

二、相关知识

（一）适用范围

纪要适用于记载会议主要情况和议定事项。

（二）公文特点

纪要具有纪实性和指导性等特点。

三、写作训练

（一）训练题目

××××年，中央经济工作会议××月××日至××日在北京举行。中共中央总书记、中共中央军委主席习近平，国务院总理温家宝，中共中央政治局常委李克强、张德江、俞正声、刘云山、王岐山、张高丽出席会议。出席会议的还有中共中央政治局委员、中央书记处书记、全国人大常委会党员副委员长、国务院副总理、国务委员、最高人民法院院长、最高人民检察院检察长、全国政协党员副主席等。各省、自治区、直辖市和计划单列市、新疆生产建设兵团的党政主要负责人，党中央有关部门、国务院有关部委和有关单位的主要负责人，中央管理的部分企业和金融机构负责人，军队及武警部队有关负责人参加会议。

习近平在会上发表重要讲话，分析国际国内经济形势，提出明年经济工作总体要求和主要任务。温家宝在讲话中总结今年经济工作，对明年经济工作作出部署。李克强主持会议并在会议结束时作了总结讲话。

会议通过的内容包括：

（1）今年以来，面对日趋严峻的国际经济形势和国内改革发展稳定的繁重任务，党中央、国务院团结带领全党全国各族人民，坚持以科学发展为主题，以加快转变经济发展方式为主线，按照稳中求进的工作总基调，及时加强和改善宏观调控，把稳增长放在更加重要的位置，经济社会发展呈现稳中有进的良好态势。经济运行总体平稳，物价涨幅稳步回落，农业基础地位进一步稳固，社会大局保持稳定。转变经济发展方式有新进展，科技创新有新成绩，改革开放有新突破，改善民生有新成效。

（2）现在，我们站在了更高的起点上。综合判断，我国发展仍然具备难得的机遇和有利条件，经济社会发展基本面长期趋好，国内市场潜力巨大，社会生产力基础雄厚，科技创新能力增强，人力资源丰富，生产要素综合优势明显，社会主义市场经济体制机制不断完善。同时，也要清醒地看到，我国发展仍面临不少风险和挑战，不平衡、不协调、不可持续问题依然突出，经济增长下行压力和产能相对过剩的矛盾有所加剧，企业生产经营成本上升和创新能力不足的问题并存，金融领域存在潜在风险，经济发展和资源环境的矛盾仍然突出。必须保持清醒头脑，增强忧患意识，深入分析问题背后的原因，采取有效举措加以解决。

（3）明年国际经济形势依然错综复杂、充满变数，世界经济低速增长态势仍将延续，各种形式的保护主义明显抬头，潜在通胀和资产泡沫的压力加大，世界经济已由危机前的快速发展期进入深度转型调整期。

（4）从国际环境看，我国发展仍处于重要战略机遇期的基本判断没有变。同时，我国发展的重要战略机遇期在国际环境方面的内涵和条件发生很大变化。我们面临的机遇，不再是简单纳入全球分工体系、扩大出口、加快投资的传统机遇，而是倒逼我们扩大内需、提高创新能力、促进经济发展方式转变的新机遇。我们必须深刻理解、紧紧抓住、切实用好这样的新机遇，因势利导，顺势而为，努力在风云变幻的国际环境中谋求更大的国家利益。

（5）明年是全面贯彻落实十八大精神的开局之年，是实施"十二五"规划承前启后的关键一年，是为全面建成小康社会奠定坚实基础的重要一年。做好明年经济工作，要深入学习和全面贯彻落实党的十八大精神，坚持以邓小平理论、"三个代表"重要思想、科学发展观为指导，紧紧围绕主题主线，以提高经济增长质量和效益为中心，稳中求进，开拓创新，扎实开局，进一步深化改革开放，进一步强化创新驱动，加强和改善宏观调控，积极扩大国内需求，加大经济结构战略性调整力度，着力保障和改善民生，增强经济发展的内生活力和动力，保持物价总水平基本稳定，实现经济持续健康发展和社会和谐稳定。

会议提出了明年经济工作的主要任务：

一、加强和改善宏观调控，促进经济持续健康发展。二、夯实农业基础，保障农产品供给。三、加快调整产业结构，提高产业整体素质。四、积极稳妥推进城镇化，着力提高城镇化质量。五、加强民生保障，提高人民生活水平。六、全面深化经济体制改革，坚定不移扩大开放。

会议强调，做好明年经济工作，必须加快调整经济结构、转变经济发展方式，使经济持续健康发展建立在扩大内需的基础上；必须毫不放松抓好"三农"工作，推动城乡一体化发展；必须坚持实施科教兴国战略，增强经济社会发展核心支撑能力；必须坚持把人民利益放在第一位，进一步做好保障和改善民生工作，使发展成果更多、更公平惠及全体人民；必须全面深化改革，坚决破除一切妨碍科学发展的思想观念和体制机制障碍；必须实施更加积极主动的开放战略，创建新的竞争优势，全面提升开放型经济水平。

会议提出如下要求：面对复杂多变的形势和艰巨繁重的任务，全党全国各族人民要紧密团结在以习近平同志为总书记的党中央周围，凝聚力量，勇于实践，勇于开拓，攻坚克难，扎实做好明年经济工作，奋力夺取全面建成小康社会新胜利。

试就上述内容写一篇关于中央经济工作的纪要。

（二）写作指导

纪要写作格式包括标题和正文。

1. 标题

纪要的标题一般由会议名称和纪要两字构成，例如我国农村经济体制改革工作座谈会纪要。

2. 正文

正文开头一般首先写明会议的基本情况，包括会议召开的根据、目的、时间和地点、与会人员、议程和议题、主要领导讲话、会议结果；然后写明会议研究的问题、讨论的意见、今后工作的指导思想、工作的要求和具体措施。

3. 注意事项

一条理清晰；二重点突出；三准确无误。

（三）示范例文

中央经济工作会议会议纪要

中央经济工作会议××月××日至××日在北京举行。中共中央总书记、中共中央军委主席习近平，国务院总理温家宝，中共中央政治局常委李克强、张德江、俞正声、刘云山、王岐山、张高丽出席会议。

习近平在会上发表重要讲话，分析国际国内经济形势，提出明年经济工作总体要求和主要任务。温家宝在讲话中总结今年经济工作，对明年经济工作作出部署。李克强主持会议并在会议结束时作了总结讲话。

会议指出，今年以来，面对日趋严峻的国际经济形势和国内改革发展稳定的繁重任务，党中央、国务院团结带领全党全国各族人民，坚持以科学发展为主题，以加快转变经济发展方式为主线，按照稳中求进的工作总基调，及时加强和改善宏观调控，把稳增长放在更加重要的位置，经济社会发展呈现稳中有进的良好态势。经济运行总体平稳，物价涨幅稳步回落，农业基础地位进一步稳固，社会大局保持稳定。转变经济发展方式有新进展，科技创新有新成绩，改革开放有新突破，改善民生有新成效。

会议强调，现在，我们站在了更高的起点上。综合判断，我国发展仍然具备难得的机遇和有利条件，经济社会发展基本面长期趋好，国内市场潜力巨大，社会生产力基础雄厚，科技创新能力增强，人力资源丰富，生产要素综合优势明显，社会主义市场经济体制机制不断完善。同时，也要清醒地看到，我国发展仍面临不少风险和挑战，不平衡、不协调、不可持续问题依然突出，经济增长下行压力和产能相对过剩的矛盾有所加剧，企业生产经营成本上升和创新能力不足的问题并存，金融领域存在潜在风险，经济发展和资源环境的矛盾仍然突出。必须保持清醒头脑，增强忧患意识，深入分析问题背后的原因，采取有效举措加以解决。

会议认为，明年国际经济形势依然错综复杂、充满变数，世界经济低速增长态势仍将延续，各种形式的保护主义明显抬头，潜在通胀和资产泡沫的压力加大，世界经济已由危机前的快速发展期进入深度转型调整期。

会议指出，从国际环境看，我国发展仍处于重要战略机遇期的基本判断没有变。同时，我国发展的重要战略机遇期在国际环境方面的内涵和条件发生很大变化。我们面临的机遇，不再是简单纳入全球分工体系、扩大出口、加快投资的传统机遇，而是倒逼我们扩大内需、提高创新能力、促进经济发展方式转变的新机遇。我们必须深刻理解、紧紧抓住、切实用好这样的新机遇，因势利导，顺势而为，努力在风云变幻的国际环境中谋求更大的国家利益。

会议强调，明年是全面贯彻落实十八大精神的开局之年，是实施"十二五"规划承前启后的关键一年，是为全面建成小康社会奠定坚实基础的重要一年。做好明年经济工作，要深入学习和全面贯彻落实党的十八大精神，坚持以邓小平理论、"三个代表"重要思想、科学发展观为指导，紧紧围绕主题主线，以提高经济增长质量和效益为中心，稳中求进，开拓创新，扎实开局，进一步深化改革开放，进一步强化创新驱动，加强和改善宏观调控，积极扩大国内需求，加大经济结构战略性调整力度，着力保障和改善民生，增强经济发展的内生活力和动力，保持物价总水平基本稳定，实现经济持续健康发展和社会和谐稳定。

会议认为，做好明年经济工作，要继续把握好稳中求进的工作总基调，立足全局，突出重点，扎扎实实开好局。

会议提出了明年经济工作的主要任务。

一、加强和改善宏观调控，促进经济持续健康发展。必须坚持发展是硬道理的战略思想，决不能有丝毫动摇。党的十八大强调要推动经济持续健康发展，追求的是尊重经济规律、有质量、有效益、可持续的经济增长速度，要求在不断转变经济发展方式、不断优化经济结构中实现增长。要牢牢把握扩大内需这一战略基点，培育一批拉动力强的消费增长点，增强消费对经济增长的基础作用，发挥好投资对经济增长的关键作用。要增加并引导好民间投资，同时在打基础、利长远、惠民生、又不会造成重复建设的基础设施领域加大公共投资力度。要继续实施积极的财政政策和稳健的货币政策，充分发挥逆周期调节和推动结构调整的作用。实施积极的财政政策，要结合税制改革完善结构性减税政策。各级政府要厉行节约，严格控制一般性支出，把钱用在刀刃上。实施稳健的货币政策，要注意把握好度，增强操作的灵活性。要适当扩大社会融资总规模，保持贷款适度增加，保持人民币汇率基本稳定，切实降低实体经济发展的融资成本。要继续坚持房地产市场调控政策不动摇。要高度重视财政金融领域存在的风险隐患，坚决守住不发生系统性和区域性金融风险的底线。

二、夯实农业基础，保障农产品供给。把解决好"三农"问题作为全党工作重中之重，必须长期坚持、毫不动摇，决不能因为连年丰收而对农业有丝毫忽视和放松。我国有13亿人口，只有把饭碗牢牢端在自己手中才能保持社会大局稳定。要提高农业综合生产能力，严格保护耕地，大兴农田水利，加强科技服务，不断提升农业物质技术装备水平。要稳定完善强农惠农富农政策，充分保护和调动农民生产经营积极性，使务农种粮有效益、不吃亏、得实惠。要在坚持和完善农村基本经营制度基础上，创新农业经营体制，加快发展现代农业。要加强绿色生产，从源头上确保农产品质量安全。

三、加快调整产业结构，提高产业整体素质。实现尊重经济规律、有质量、有效益、可持续的发展，关键是深化产业结构战略性调整。要充分利用国际金融危机形成的倒逼机制，把化解产能过剩矛盾作为工作重点，总的原则是尊重规律、分业施策、多管齐下、标本兼治。要加强对各个产能过剩行业发展趋势的预测，制定有针对性的调整和化解方案。要着力增强创新驱动发展新动力，注重发挥企业家才能，加快科技创新，加强产品创新、品牌创新、产业组织创新、商业模式创新。要合理安排生产力布局，对关系国民经济命脉、规模经济效益显著的重大项目，必须坚持全国一盘棋，统筹规划，科学布局。

四、积极稳妥推进城镇化，着力提高城镇化质量。城镇化是我国现代化建设的历史任务，也是扩大内需的最大潜力所在，要围绕提高城镇化质量，因势利导、趋利避害，积极引导城镇化健康发展。要构建科学合理的城市格局，大中小城市和小城镇、城市群要科学布局，与区域经济发展和产业布局紧密衔接，与资源环境承载能力相适应。要把有序推进农业转移人口市民化作为重要任务抓实抓好。要把生态文明理念和原则全面融入城镇化全过程，走集约、智能、绿色、低碳的新型城镇化道路。

五、加强民生保障，提高人民生活水平。要按照"守住底线、突出重点、完善制度、引导舆论"的思路做好民生工作。重点保障低收入群众基本生活，做好家庭困难学生资助工作。要注意稳定和扩大就业，做好以高校毕业生为重点的青年就业工作。要善待和支持小微企业发展，强化大企业社会责任。要加强城乡社会保障体系建设，继续完善养老保险转移接续办法，提高统筹层次。要继续加强保障性住房建设和管理，加快棚户区改造。要引导广大群众树立通过勤劳致富改善生活的理念，使改善民生既是党和政府工作的方向，也是人民群众自身奋斗的目标。

六、全面深化经济体制改革，坚定不移扩大开放。稳增长、转方式、调结构，关键是全面深化经济体制改革。要坚定信心、凝聚共识、统筹谋划、协同推进，坚持社会主义市场经济的改革方向不动摇，增强改革的系统性、整体性、协同性，以更大的政治勇气和智慧推动下一步改革。要落实好已经出台的改革措施，同时从解决当前突出矛盾出发，及时推出改革新举措。要深入研究全面深化体制改革的顶层设计和总体规划，明确提出改革总体方案、路线图、时间表。要坚持有效的改革路径，尊重人民首创精神，尊重实践、尊重创造，坚持全局和局部相配套、治本和治标相结合、渐进和突破相促进，鼓励大胆探索、勇于开拓，允许摸着石头过河。要稳定和扩大国际市场份额，发挥进口对结构调整的支持作用，促进国际收支趋向平衡。要加强外商投资权益和知识产权保护，稳定利用外资规模，扩大对外投资。要继续推进多双边经贸合作，加快实施自由贸易区战略。

会议强调，做好明年经济工作，必须加快调整经济结构、转变经济发展方式，使经济持续健康发展建立在扩大内需的基础上；必须毫不放松抓好"三农"工作，推动城乡一体化发展；必须坚持实施科教兴国战略，增强经济社会发展核心支撑能力；必须坚持把人民利益放在第一位，进一步做好保障和改善民生工作，使发展成果更多、更公平惠及全体人民；必须全面深化改革，坚决破除一切妨碍科学发展的思想观念和体制机制障碍；必须实施更加积极主动的开放战略，创建新的竞争优势，全面提升开放型经济水平。

会议强调，要重视跟踪分析和把握发展形势的新变化，更加注重经济增长质量和效益，正确理解和落实好宏观经济政策，在统筹兼顾中突出发展重点，以扎实的作风抓好工作落实。要努力做好元旦、春节期间的各项工作，切实帮助群众解决各类实际困难，抓好今冬明春农业生产，继续做好煤电油气运跟踪监测和协调，扎实做好春运工作，加强重点行业安全监管，让全国人民过上欢乐祥和的节日。

会议指出，做好明年经济工作，必须切实加强党对经济工作的领导。要履行党领导经济工作的职能，议大事、抓大事，把领导经济工作的立足点转到提高发展质量和效益、加快形成新的经济发展方式上来。要加强领导干部能力建设，提高领导经济工作科学化水平，围绕经济社会发展重大问题加强学习和调研，提高把握和运用市场经济规律、自然规律、社会发展规律能力，提高科学决策、民主决策能力，增强全球思维、战略思维能力，做到厚积薄发。要尽快健全有利于科学发展的目标体系、考核办法、奖惩机制。要转变作风、真抓实干，增强党和政府公信力。实干兴邦，空谈误国。要做到讲实话、干实事，敢作为、勇担当，言必信、行必果。要牢固树立艰苦奋斗、勤俭节约的思想，深入实际、深入基层、深入群众，力戒奢靡之风，坚决反对大手大脚、铺张浪费，以实际行动践行全心全意为人民服务的根本宗旨。

会议强调，要深入研究人口大规模流动、利益多样化、社会信息化、思想文化多元化形势下的社会管理规律，拓宽思路，完善体制机制，注重源头治理，加强思想政治工作，依靠社会力量，坚持依法办事和依法维权相结合，不断提高社会管理科学化水平，促进社会和谐稳定。

会议要求，面对复杂多变的形势和艰巨繁重的任务，全党全国各族人民要紧密团结在以习近平同志为总书记的党中央周围，凝聚力量，勇于实践，勇于开拓，攻坚克难，扎实做好明年经济工作，奋力夺取全面建成小康社会新胜利。

中共中央政治局委员、中央书记处书记、全国人大常委会党员副委员长、国务院副总理、国务委员、最高人民法院院长、最高人民检察院检察长、全国政协党员副主席等出席会议。

各省、自治区、直辖市和计划单列市、新疆生产建设兵团的党政主要负责人，党中央有关部门、国务院有关部委和有关单位的主要负责人，中央管理的部分企业和金融机构负责人，军队及武警部队有关负责人参加会议。

四、课后练习

（一）练习题目

××××年××月××日，县长×××主持召开县政府××××年度第××次常务会议。参加会议人员：×××、×××、×××。列席会议人员：县委组织部×××、县委政法委×××、县检察院×××、县法院×××、县财政局×××、县监察局×××、县政府法制办×××、县发改局×××、县信访局×××、县公安局×××、县民政局×××、县教育局×××、县国土资源局×××、县住建局×××等。

讨论和决定了以下事项：第一听取了全县信访工作情况汇报。一要树立"一个前提"，即稳定前提。二要抓住"两个中心"，即群众路线和法治轨道中心。三要遵循"三个有"，即有难、有过、有解（群众上访，说明有困难，我们的工作有过错，问题总是有解决的办法）。四要划分"四个形态"，能解决的要想方设法解决，需要通过法治解决的要走诉讼程序，实在无法解决的要通过社会帮扶，对缠访闹访的要坚决依法打击。

第二讨论并原则通过了《××县××××年农业农村工作要点》（讨论稿），县城乡一体办要根据会议讨论情况修改完善后，以县政府党组名义提交县委常委会议研究。

第三研究了有关人事问题。

试撰写一份纪要。

（二）参考答案

××××年第××次县政府常务会议纪要

××××年××月××日，县长×××主持召开县政府××××年度第××次常务会议，讨论和决定事项如下：

一、听取了全县信访工作情况汇报。

会议要求，一要树立"一个前提"，即稳定前提。稳定压倒一切，各镇办、各部门要高度重视，始终把信访维稳工作放在重要位置，准确研判形势，着力排查化解，全力维护社会大局和谐稳定。二要抓住"两个中心"，即群众路线和法治轨道中心。要践行群众路线，依法解决群众合理诉求。三要遵循"三个有"，即有难、有过、有解（群众上访，说明有困难，我们的工作有过错，问题总是有解决的办法）。要设身处地关心群众生活，定期研判分析问题，制订方案，认真化解。四要划分"四个形态"，区别施策，能解决的要想方设法解决，需要通过法治解决的要走诉讼程序，实在无法解决的要通过社会帮扶，对缠访闹访的要坚决依法打击，不断提升群众满意度和信访公信力。

二、讨论并原则通过了《××县××××年农业农村工作要点》（讨论稿），县城乡一体办要根据会议讨论情况修改完善后，以县政府党组名义提交县委常委会议研究。

三、研究了有关人事问题。

参加会议人员：×××、×××、×××。

列席会议人员：县委组织部×××、县委政法委×××、县检察院×××、县法院×××、县财政局×××、县监察局×××、县政府法制办×××、县发改局××
×、县信访局×××、县公安局×××、县民政局×××、县教育局×××、县国土资源局×××、县住建局×××等。

第六章　报批性公文

第一节　请　示

一、机关例文

×××市体育局关于申办第××届全国城市运动会的请示

×体字[××××]××号

市政府：

第××届全国城市运动会将于××××年举行。全国城市运动会是仅次于全运会的全国性综合性运动会，每四年举办一届。举办此项运动会将有力推动举办城市体育事业的发展，提升城市的知名度和影响力，促进城市经济社会发展和精神文明建设。

×××市是全国闻名的"田径之乡"和"足球之城"，也是世界闻名的"帆船之都"。在我市成功举办了××××年奥运会和残奥会帆船比赛、全运会部分项目和苏迪曼杯羽毛球比赛等国际国内重大赛事之后，我市的体育发展和体育场馆设施建设水平得到了很大提升，培养了大批的赛事承办人才，积累了丰富的办赛经验。

综合我市目前体育事业的发展水平和我市历届城运会上所取得的优异成绩，以及已经初具规模的高水平体育场馆设施和正在积极筹划与推进的北部新城奥林匹克体育中心规划建设，特别是我市经济社会的快速发展和综合实力的不断增强，为我市高水平承办一届全国城市运动会奠定了坚实基础，提供了有力保障。经与省体育局沟通，省体育局明确表示将大力支持我市申办该项赛事。为此，建议我市积极创造条件，申办××××年第九届全国城市运动会。

当否，请批示。

附件：全国城市运动会概况及申办程序与建议

×××市体育局

××××年××月××日

二、相关知识

（一）适用范围

请示适用于向上级机关请求指示、批准。

（二）公文特点

（1）事前行文。请示应在问题发生或处理前行文，不可先斩后奏。

（2）一文一事。为了便于领导批复，请示行文必须一文一事。

（3）请批对应。下级机关应及时就有关问题向上级机关请示，上级机关应及时批复。

三、写作训练

（一）训练题目

××市××区××××年投入 1.8 亿元完成×××实验学校和×××小学分校建设，××××年又投入 1.7 亿元建成新的刘潭实验学校，并于××××年××月××日投入使用。另外，区政府将积余实验学校的改扩建及吴桥实验小学的重建列为××××年必须完成的为民办实事项目。但存在资金压力，恳请市政府在建设资金方面予以支持。

试以×××区政府名义写一篇请示。

（二）写作指导

请示的写作格式包括标题、主送机关、正文、请示单位和落款。

1. 标题

请示的标题可写为"发文机关＋事由＋文种"，或者直接写"请示"两字。

2. 正文

请示正文由请示缘由、请示事项和请示结语三部分组成。其中请示结束语一般用"以上请示当否，请批示。"或"妥否，请批复。"

3. 注意事项

不要将请示同时主送两个以上机关；一般不得越级请示；一般不要将请示直接送领导个人；一般不要将请示同时抄送同级和下级机关。

（三）示范例文

×××区政府关于教育代建资金的请示

××政〔××××〕××号

×××市人民政府：

　　我区按市政府的部署大力推进区域义务教育高位均衡发展示范区建设，近两年在新建学校、改善办学条件方面投入巨大。继××××年投入 1.8 亿元完成×××实验学校和×××小学分校建设以后，今年又投入 1.7 亿元建成新的×××实验学校，并于今年 9 月 1 日正式投入使用。目前，我区已将×××实验学校的改扩建及×××实验小学的重建列为××××年必须完成的为民办实事项目。为缓解资金压力，特别为妥善解决年末农民工工资问题，特向市政府申请教育代建资金叁仟万元。恳请市政府在建设资金上能给予我区支持，以促进我区教育现代化建设。

以上请示妥否，恳请批复。

×××区政府

××××年××月××日

四、课后练习

（一）练习题目

×××市人民政府侨务办公室副主任×××同志于××××年××月底至××月初率市外办团组赴马来西亚进行友好交流访问，在外时间8天，申请出访经费25791元。

主要任务是：① 拜访马来西亚金狮集团，推动正在我市建设的"郑和宝船"早日完工，尽快实现重走郑和之路的蓝图；② 拜访马六甲中华总商会，探讨如何发扬郑和七下西洋五次到达马六甲所留下的遗产和发挥马六甲市作为马来西亚最古老华人城市的重要地位，吸引更多当地华侨来宁投资旅游，推动两市在建设"21世纪海上丝绸之路"方面的合作；③ 与马六甲市城规部门座谈，学习马市作为联合国世界文化遗产在古城保护与新城开发方面的做法和经验；④ 拜访马六甲市政府，邀请对方组织青少年于今年8月来宁参加第二届国际青年节，在××××年签署的友好城市协议基础上，加强两市青少年之间的交流。

以×××市人民政府侨务办公室名义写一份请示。

（二）参考答案

关于申请出访经费的请示

市财政局：

我办副主任×××同志于××年××月底至××月初率市外办团组赴马来西亚进行友好交流访问，在外时间8天。

此次出访马来西亚的主要任务是：

（1）拜访马来西亚金狮集团，推动正在我市建设的"郑和宝船"早日完工，尽快实现重走郑和之路的蓝图；

（2）拜访马六甲中华总商会，探讨如何发扬郑和七下西洋五次到达马六甲所留下的遗产和发挥马六甲市作为马来西亚最古老华人城市的重要地位，吸引更多当地华侨来宁投资旅游，推动两市在建设"21世纪海上丝绸之路"方面的合作；

（3）与马六甲市城规部门座谈，学习马市作为联合国世界文化遗产在古城保护与新城开发方面的做法和经验；

（4）拜访马六甲市政府，邀请对方组织青少年于今年8月来宁参加第二届国际青年节，在××××年签署的友好城市协议基础上，加强两市青少年之间的交流。

现申请出访经费 25791 元。

当否，请批示。

×××市人民政府侨务办公室

××××年××月××日

第二节　报　告

一、机关例文

×××省人民政府关于全省现代服务业发展情况的报告

主任，副主任，秘书长，各位委员：

按照会议安排，我代表省政府向省人大常委会汇报全省现代服务业发展情况，请予审议。

一、基本情况和主要工作

"十二五"以来，省委、省政府始终把加快发展现代服务业作为深化产业结构调整的战略重点，坚持规划引领，创新体制机制，加大推进力度，狠抓政策落实，现代服务业进入快速发展阶段，呈现出比重提高、结构优化、水平提升的良好态势，为经济转型升级和持续健康发展提供了有力支撑。

（一）发展速度明显加快。近年来，全省服务业增速总体保持快于 GDP 增速的发展势头。一是总量持续扩大。××××年服务业增加值超过 2.5 万亿元，达到26 597.9 亿元，是××××年的 1.54 倍，首次超过工业增加值。二是比重迅速提高。服务业增加值占 GDP 比重从××××年的 41.6％提高到××××年的 45％，年均提高 1.1 个百分点以上。三是投入显著增加。去年全省服务业固定资产投资完成17 413.4 亿元，是××××年的 1.7 倍，占全省投资的比重达 48.3％，比××××年提高 3 个百分点，成为优化投资结构、促进转型升级的重要力量。今年上半年，全省服务业发展继续保持良好势头，完成增加值 13 120 亿元，增长 9.2％，高于 GDP 增速0.3个百分点，占 GDP 比重同比提高 1.3 个百分点。1—8 月，服务业完成固定资产投资12 975 亿元，增长 19.8％，高于全社会投资 3.4 个百分点，占全社会投资比重达到51％，对投资增长贡献率达到 61％。

（二）内部结构持续优化。坚持把加快发展现代服务业与全面提升传统服务业紧密结合起来，重点发展生产性服务业，大力培育新兴服务业，产业发展水平显著提升，内部结构不断优化。主要表现为：一是金融业成为支柱产业。围绕建设金融强省目标，大力推进金融业改革创新，金融生态环境明显改善，服务经济社会发展的能力不断增强。去年金融业实现增加值 3703.7 亿元，同比增长 13％，总量是"十一五"末的 1.8 倍，占服务业增加值和 GDP 的比重分别提高到 14％和 6.3％，成为现代服务业的核心板块和全省经济的支柱产业。今年以来，全省社会融资总量位居全国第一，人民币贷款余额 5 月末跃居全国第二，结束了自×××年以来连续 12 年低于浙江省的历史。二是现代物流业增效明显。第三方、第四方物流逐步兴起，运用先进技术推动物流服务方式和服务手段不断革新，加快向供应链管理转型，物流综合服务体系日益完善。×××年，全省物流总额完成 19 万亿元，同比增长 13％；物流业增加值 3966 亿元，占 GDP 的比重 6.7％；物流效率进一步提高，全社会物流总费用与 GDP 的比率下降到 15.2％，低于全国 3 个百分点左右。三是科技服务业快速发展。科技服务机构加快向专业化、规模化和规范化发展，科技信息、科技咨询、科技会展、研发设计、科技投融资等多种业态竞相发展，其中最能代表创新性科技服务的研发设计产业占比达到 70％以上。去年全省科技服务业总收入 820.5 亿元，同比增长 32.2％。从事科技服务的单位 1690 家，机构年平均收入 4855 万元。各类科技孵化器数量和孵化场地面积均占全国的 1/3。科技服务技术合同成交额较×××年翻两番，达到 580 亿元。四是软件和信息服务业跃居全国首位。积极打造软件强省，形成了从嵌入式软件、工具软件、应用软件到系统集成日益完整的软件产业链，并加快向服务化和网络化延伸。"十二五"以来，软件业务收入每年都保持 40％以上的增速，×××年××省与××省一起成为国内软件和信息产业规模突破 3000 亿元的省份，×××年首次超过××省，×××年达到 5177 亿元，比××省多 271 亿元，连续两年居全国第一位。五是文化产业提质转型。把握文化创意跨界融合发展的新趋势，推进文化科技融合发展，围绕创意设计、动漫游戏、演艺娱乐、艺术品和工艺美术等五大领域，积极实施中小文化创意企业成长、文化产业园区基地提升、特色文化产业发展、数字文化产业发展等"四大工程"，文化产业发展水平不断提升。去年文化产业增加值较"十一五"末翻了一番，达到 2833 亿元，同比增长 21.6％，占服务业增加值比重达 10.7％。六是旅游业发展保持全国前列。加快推进旅游强省建设步伐，积极构建"畅游××"体系。×××年，全省实现旅游总收入 7195 亿元，同比增长 14.1％；国家 5A 级景区达到 17 个，旅行社总数达到 2177 家，持证导游 7 万人，均为全国第一，10 家旅行社进入全国百强。×××集团、×××科技公司进入全国旅游集团 20 强，途牛网跻身国内在线旅游品牌影响力前十名。七是电子商务蓬勃发展。运用信息网络技术改造提升商贸流通等传统产业，大力发展网络经营和电子商务。去年，全省电子商务交易额 1.2 万亿元，居全国第三位；网络零售额 1800 亿元，居全国第四位；开展电子商务的市场主体达到 3856 个。×××B2C 网络零售市场占有率居全国第三位，中国制造网 B2B 服务商营业收入居全国第五位。此外，商务服务业持续稳定发展，去年营业收入 4118 亿元，同比增长 16.5％；家庭服务业、健康、养老等新兴服务业态发展迅速，有望成为服务业重要的新增长点。

…………

工作中主要抓了以下几个方面：

（一）加强组织领导，凝聚工作合力。切实加强对全省服务业发展的统筹协调，按照统分结合、各负其责的原则，建立完善省服务业发展领导小组、省各有关部门、各级地方政府齐抓共促服务业发展的工作机制。省服务业发展领导小组负责制定促进服务业发展的重大战略、规划计划和政策措施，每年召开一次服务业推进会，指导、协调和解决全省服务业改革发展中的重大问题，并对各地、各部门工作进行督促检查和评价考核。省各服务业行业主管部门负责指导推动行业发展，确保完成本行业发展目标任务。各地政府认真履行引导推动服务业发展的具体责任，立足优势抓产业、立足项目抓投入、立足资源抓招商，全力推动本地区服务业发展不断取得新突破。

（二）狠抓关键举措，增创发展优势。××××年，在顺利完成服务业三年提速计划的基础上，省政府制定实施《现代服务业"十百千"行动计划》，紧紧围绕十大重点服务业领域，全力推进百个重点项目建设、百个集聚区提升和百个创新示范企业培育。强化转型升级的投资导向，省级200个重大项目中服务业项目增加到55个。去年150个"十百千"重点项目，总投资7899亿元，年度计划投资1299亿元，实际完成投资1310亿元，占年度服务业新增投资的41.3％。深入实施服务业集聚区提升工程，去年113家省级现代服务业集聚区营业收入超过1万亿元，年新增千亿元以上，成为服务业集聚发展的重要载体。引导广大服务业企业积极开展技术创新、业态创新、品牌创新和商业模式创新，目前已认定65家省级服务业创新示范企业，为全省服务业企业创新发展树立了标杆。积极培育服务业大企业大集团，服务业百强企业入围门槛达到50亿元以上，提高近50％。

……………

总的看，"十二五"以来，全省上下加快发展服务业特别是现代服务业的思想认识更加统一，政策导向更加鲜明，工作举措更加有力，社会氛围更加浓厚，发展成效更加明显，我省服务业已进入加速发展期、站在新的起点上。

在肯定成绩的同时，我们也清醒地看到，我省服务业发展还存在一些突出矛盾和问题，主要表现为：一是比重仍然偏低。去年我省服务业增加值占GDP的比重比全国平均水平低1.1个百分点；今年上半年比全国低3个百分点，比上海、广东和浙江分别低19.1个、3.9个和2.6个百分点。实现"十二五"末比重达到48％左右的目标，尚需付出很大努力。二是结构不够合理。支柱产业主要集中在运输、商贸、通信和房地产开发等传统行业，互联网相关服务产业、科技服务业、健康养老业、家庭服务业等生产性服务业、新兴服务业相对规模偏小、水平不高。三是企业实力不强。虽然我省重点服务业单位数居全国第一，但营业收入总量低于北京、上海和广东，户均指标甚至低于东部地区平均水平。领军型企业尤其是国内领先、国际知名的互联网平台企业较少，营业收入超百亿元服务业企业不足10家，在国内有影响力竞争力的服务品牌不多。四是活力有待增强。服务业市场化、产业化、社会化、国际化程度不高，体制机制性障碍仍然较多，全省科技、人才优势还没有得到充分发挥。这些问题都需要我们继续研究解决。

二、今后思路和重点举措

当前和今后一个时期，是×××省全面建成小康社会并向基本实现现代化迈进的关键时期，也是全面深化改革、推动经济转型升级的攻坚时期。在新的发展阶段，我们要准确把握经济社会发展的新常态、全面深化改革的新任务、中央对×××省工作的新要求，坚定不移地把优化产业结构作为转型升级的主攻方向，把发展现代服务业作为优化产业结构的战略重点，坚持市场主导、创新驱动、突出重点、集聚发展，深入实施现代服务业"十百千"行动计划，全面推动服务业发展提速、比重提高、水平提升，努力打造"××服务"品牌，确保到2015年全省服务业增加值占比达到48%左右，初步形成以服务经济为主的现代产业体系，为经济转型升级、行稳致远提供重要动力和支撑。重点在三个方面下更大工夫：

第一，着力优化结构，推动服务业提质增效升级。在巩固提升传统优势服务业的同时，着眼于强基础、补短板、增后劲，突出抓好生产性服务业发展，更加重视产业融合互动，进一步优化服务业发展布局，努力构筑新的发展优势。一是突出生产性服务业这个重中之重。认真贯彻落实国务院《关于加快发展生产性服务业促进产业结构调整升级的指导意见》，充分发挥我省制造业基础雄厚、创新资源丰富的优势，努力把生产性服务业打造成"××服务"的核心品牌。比如金融业，近年来我省在发展创业投资、小额贷款公司、互联网金融等方面有不少新的亮点和特色，目前全省备案创业投资机构420家，管理资本规模729亿元，累计投资达449亿元，扶持中小企业3514家，均位居全国前列；科技和农村小额贷款公司共计602家，累计发放贷款7861亿元；以"开发性金融引领民间借贷规范化"为宗旨的"开鑫贷"P2P网上借贷平台，成立一年半以来累计交易达48亿元，成功兑付24亿元，未发生一起逾期，累计支持1500户小微企业。今后要进一步加快地方金融改革创新步伐，做强做大地方骨干金融机构，大力发展各类股权和创业投资基金，积极规范发展中小型民营银行、融资租赁公司、消费金融公司、小额贷款公司、典当行、商业保理等新型金融市场主体，鼓励发展网络信贷、网络证券、网络保险、网络支付、众筹等互联网金融新业态，力争"十二五"末金融业增加值占GDP比重达7%左右。现代物流业，要促进物流企业向第三方、第四方物流服务转型，推进电子口岸和大通关建设，进一步提高物流服务效率和水平。科技服务业，要加强科技服务网络、科技服务机构和科技服务示范区建设，加快研发设计、科技创业、技术转移转化、科技咨询等领域发展。同时，进一步扩大我省在信息技术服务、服务外包等领域的领先优势，推动文化创意、工业设计、节能和环境服务等新兴服务业向高端化、规模化方向发展。二是把握产业融合发展这个重要趋势。以现代服务业与先进制造业、现代农业融合互动为重点，推动产业链向"微笑曲线"两端拓展和延伸。通过现代网络、科技、软件和信息服务提升制造业技术和产品附加值，通过先进设计理念和品牌推广创造市场需求，促进制造业转型升级。提升科技、信息、金融、物流、商贸等为农业提供产前、产中、产后全过程服务的能力，加快农业现代化进程。三是强化集聚发展这个重要抓手。抓住国家规划建设"一带一路"、长江经济带等重大战略机遇，结合我省新型城镇化和生产力总体布局，推动金融服务、科技服务、研发设计等高端服务业向沿江城市群集聚；发挥公铁水联运优势，推动现代物流、产品交易市场等流量经济向沿海、沿东陇海城镇轴集聚；依托大运河深厚的文化底蕴，推动休闲旅游、文化创意、节能环保等绿色产业向沿运河城镇轴集聚，形成布局合理、特色鲜明的服务产业集聚带。大力提升现代服务业集聚区发展水平，进一步增强要素吸附能力、产业支撑能力和辐射带动能力。

第二，突出创新驱动，培育服务业新增长点。强化互联网经济理念，以新一代信息和网络技术为依托，加快推进服务业发展理念创新、技术手段创新和商业模式创新。一是拓展互联网服务新业态。把握互联网经济发展的总体趋势，结合省情理清发展方向和重点，大力发展新兴业态。围绕云计算、物联网、大数据、智能传感、电子认证、网络信息安全等关键核心技术，加大研发和产业化力度。大力发展互联网应用服务，现阶段重点推动关键技术与电子商务融合发展，建设一批商品销售类、消费服务类和跨境贸易类电子商务平台，力争到××××年全省电子商务交易额达到3万亿元规模以上企业应用电子商务比例达80%以上。二是探索商业经营新模式。近年来，互联网平台经济作为一种借助特定交易空间或场所，促成双方或多方客户高效交易、共享共赢的新型商业模式，凭借其强大的"交叉外部性"和快速成长性特征，成为创造和集聚价值的桥梁，被誉为"服务经济的皇冠"。目前，我省已专门成立了发展平台经济工作推进小组，正在抓紧研究制定相关政策意见，重点鼓励电子商务、社交网络、搜索引擎、第三方支付等领域的互联网平台企业发展，打造新的服务业增长高地。我省一些企业也进行了积极探索和实践，比如苏宁集团推出以互联网零售为主体，打造融线上线下资源为一体的O2O全渠道、全开放运营模式，形成产品定制包销服务、物流供应链服务、商品和消费者数据化服务、品牌和促销社会化推广服务、资金增值管理服务等多个价值链条。三是强化公共服务新支撑。今年6月底，我省已建成国家级互联网骨干直联点，在化解影响互联网产业快速发展的瓶颈制约上有了新突破。最近，省政府将出台《关于推进智慧××建设的实施意见》和智慧××七大行动方案，我省将进一步加强互联网基础设施建设，全面提高网络速率和宽带普及率，大幅提升传输交换能力和智能调度能力，积极推进新一代信息网络建设，向下一代互联网平滑过渡。同时，重点推进"智慧城市"建设，在中心城市率先打造智能交通、电子政务、智慧物流、智慧旅游等领域的信息公共服务平台，为服务业创新发展提供有力支撑。

…………

主任，副主任，秘书长，各位委员，省人大常委会专题听取全省现代服务业发展情况报告，并进行专题询问，对省政府及相关部门深入实施转型升级工程、进一步做好现代服务业发展工作是有力的指导、支持和推动。各级国家行政机关由人大产生，对人大负责、受人大监督。恳请大家对我们的现代服务业发展工作多提宝贵意见和建议，多加指导和帮助，共同推动全省现代产业体系构建，努力开创××改革发展新局面，谱写好"中国梦"的××篇章。

二、相关知识

（一）适用范围

报告适用于向上级机关汇报工作、反映情况，回复上级机关的询问。

（二）公文特点

报告具有汇报性和陈述性的特点。

三、写作训练

（一）训练题目

×××制药有限公司申请再融资，省环保厅核查环保情况如下：

×××制药有限公司为贵州×××股份有限公司的全资子公司，于××××年××月纳入××××上市架构。该公司位于我省×××市，主要从事片剂、硬胶囊剂、颗粒剂、丸剂、散剂、煎膏剂、糖浆剂、中药前处理及提取的生产。本次再融资在我省没有募投项目，核查时段为××××年××月至××××年××月。

×××制药有限公司前身为×××药酒厂，具有100多年生产历史，没有查到相关环保手续。公司××××年实施搬迁时进行了《环境污染综合治理项目评估报告》，××××年通过了×××市环保局验收。验收意见中未对公司提出进一步环保要求。在公司实施搬迁至今，公司履行了相关排污申报及排污许可制度，且根据公司的相关证明，其产能均维持搬迁时的状况。

×××核查时段内对废水、废气和噪声采取了一定的治理措施。排放的主要污染物基本达到国家或地方规定的标准，主要污染物满足总量控制要求，无主要污染物减排任务。已投产项目的一般工业固废能按规定处置。废药品和粉尘暂存厂内，目前正在办理危废转移手续，承诺今年底前全部按要求转移到有资质单位处置。

×××制药已开展清洁生产审核，承诺今年底前申请环保部门的验收。

×××制药核查时段内没有发生重大环境污染事故，无突发环境事件，制订有环境风险防范措施和应急预案。××××年因为废药品和污泥露天放置受到×××环保局处以3万元罚款的行政处罚。

×××制药未能及时全面地向社会公开企业的环境信息，其承诺今后将按照上市企业要求每年编制并公布环境报告书。

试结合上述材料，撰写环保核查报告。

（二）写作指导

报告的写作格式包括标题、主送单位、正文和落款。

综合性报告的正文包括五个部分：情况简述、主要成绩、经验体会、存在的问题和工作方向。

情况报告首先写明事情的经过、原因、结果和评价等；其次写明存在问题、管理上缺陷、工作疏漏等；最后写明具体的处理意见和建议。

检查报告必须写清"情况、原因和措施"三个方面。首先报告错误及其性质、程度、危害；然后分析原因，对造成错误的原因进行系统深入地分析；最后提出措施，要清楚地写明处理情况或处理意见。

回复报告一般开头要引叙来件，然后根据要求报告有关内容。

报告写作要求一事一报，中心突出；陈述清楚，分析恰当。

（三）示范例文

省环保厅关于×××制药有限公司申请再融资环保核查情况的报告

××环办〔××××〕××号

环保部办公厅：

按照《关于对申请上市的企业和申请再融资的上市企业进行环境保护核查的规定》（环发〔××××〕××号）、《关于进一步规范监督管理严格开展上市公司环保核查工作的通知》（环办〔××××〕××号）及《关于进一步优化调整上市环保核查制度的通知》（环发〔××××〕××号）要求。我厅对×××制药有限公司申请再融资进行了环保核查，情况如下：

一、企业基本信息

×××制药有限公司为贵州×××制药股份有限公司的全资子公司，于××××年××月纳入贵州信邦上市架构。该公司位于我省×××市，主要从事片剂、硬胶囊剂、颗粒剂、丸剂、散剂、煎膏剂、糖浆剂、中药前处理及提取的生产。本次再融资在我省没有募投项目，核查时段为××××年××月至××××年××月。

二、环境影响评价和"三同时"制度执行情况

×××制药有限公司前身为×××药酒厂，具有100多年生产历史，没有查到相关环保手续。公司××××年实施搬迁时进行了《环境污染综合治理项目评估报告》，××××年通过了常州市环保局验收。验收意见中未对公司提出进一步环保要求。在公司实施搬迁至今，公司履行了相关排污申报及排污许可制度，且根据公司的相关证明，其产能均维持搬迁时的状况。

三、达标排放、总量控制、工业固体废物处置情况

×××核查时段内对废水、废气和噪声采取了一定的治理措施。排放的主要污染物基本达到国家或地方规定的标准，主要污染物满足总量控制要求，无主要污染物减排任务。已投产项目的一般工业固废能按规定处置。废药品和粉尘暂存厂内，目前正在办理危废转移手续，承诺今年底前全部按要求转移到有资质单位处置。

四、清洁生产实施情况

×××制药已开展清洁生产审核，承诺今年底前申请环保部门的验收。

五、环保处罚及突发环境事件情况

×××制药核查时段内没有发生重大环境污染事故，无突发环境事件，制订有环境风险防范措施和应急预案。××××年因为废药品和污泥露天放置受到××环保局处以3万元罚款的行政处罚。

六、环境信息披露情况

×××制药未能及时全面地向社会公开企业的环境信息，其承诺今后将按照上市企业要求每年编制并公布环境报告书。

经审议，我厅原则同意×××制药有限公司通过本次再融资环保核查，同时对该

公司提出以下环保要求：

一、严格遵守环保法律法规，认真履行建设项目"环境影响评价"与"三同时"制度。加强环保设施运行管理与正常运行，确保废水、废气和噪声等稳定达标，防止扰民。

二、加快清洁生产审核验收，进一步提升公司现有项目的技术和环保水平。

三、进一步采取有效措施，控制废水、废气排放。全面开展并规范日常环境监测工作。

四、公司环境风险大，应加强对原辅材料在使用和贮运过程中的监控与管理，加强事故风险防范与演练，加强危废物的管理和安全处置，防止事故性排放对周边环境的影响。

五、做好信息披露工作，定期发布年度环境报告书。

×××省环境保护厅

××××年××月××日

四、课后练习

（一）练习题目

××××年××月××日在第××届全国人民代表大会常务委员会第×××次会议上审计署审计长×××受国务院委托向全国人民代表大会常务委员会做《国务院关于××××年度中央预算执行和其他财政收支的审计工作报告》内容包括：

按照审计法及相关法律法规，审计署对××××年度中央预算执行和其他财政收支情况进行了审计。重点审计了中央财政管理和决算草案、部门预算执行、重大政策措施落实、扶贫等重点专项资金管理使用情况，以及部分金融机构和中央企业，共审计 7900 多个单位。

一、中央财政管理及决算草案审计情况

（一）部分预算分配和管理还不够规范。

（二）转移支付管理还不完全适应改革要求。

（三）财税领域部分事项改革亟待深化。

二、中央部门预算执行审计情况

（一）预算及资产资金管理还有薄弱环节。

（二）个别部门公务用车、会议管理和办公用房清理等工作还不够到位。

（三）利用部门影响力或行业资源违规收费问题仍然存在。

三、国家重大政策措施落实跟踪审计情况

（一）"放管服"改革有些具体措施尚未完全落地。

（二）涉企收费管理机制还不够健全。

（三）个别地方和企业未严格落实淘汰化解产能相关要求。

（四）有的政府投资基金和支持小微企业措施未达预期效果。

（五）部分地方政府债务增长较快，有的还违规举债。

四、扶贫资金审计情况

（一）有些地方精准识别等基础工作还不够扎实。

（二）有的地方存在追求短期效应倾向。

（三）基层扶贫资金统筹和监管还未完全到位。

五、重点专项资金审计情况

（一）全国医疗保险基金审计情况。

（二）全国保障性安居工程跟踪审计情况。

（三）水利和粮食收储等涉农专项资金审计情况。

（四）自然资源资产管理和节能环保资金审计情况。

六、金融审计情况

（一）资金投向仍需进一步优化。

（二）信贷发放和资产管理中存在违规操作问题。

七、中央企业审计情况

（一）部分企业业绩不实、负担较重。

（二）部分企业投资经营风险管控比较薄弱。

八、审计移送的重大违纪违法问题线索情况。上述各项审计中，发现并移送重大违纪违法问题线索 600 多起，涉及公职人员 1100 多人。这些问题有以下特点：

（一）国有资产资源和公共权力集中领域问题较多。

（二）农副产品、黄金、药品等领域偷逃税问题呈多发态势。

（三）非法集资、洗钱等问题影响范围广。

（四）民生领域"小官贪腐"问题较为突出。

九、审计建议

（一）继续深化财税领域改革。

（二）切实加强重点领域监管和风险防控。

（三）着力提高财政管理水平和绩效。

请撰写一份国务院关于××××年度中央预算执行和其他财政收支的审计工作报告。

（二）参考答案

国务院关于××××年度中央预算执行和其他财政收支的审计工作报告

全国人民代表大会常务委员会：

我受国务院委托，报告××××年度中央预算执行和其他财政收支的审计情况，请审议。

按照审计法及相关法律法规，审计署对××××年度中央预算执行和其他财政收支情况进行了审计。重点审计了中央财政管理和决算草案、部门预算执行、重大政策措施落实、扶贫等重点专项资金管理使用情况，以及部分金融机构和中央企业，共审

计 7900 多个单位。我们牢固树立政治意识、大局意识、核心意识、看齐意识，认真落实十二届全国人大四次会议有关决议以及全国人大财经委审查意见，始终坚持依法审计、客观求实、鼓励创新、推动改革，揭露重大违纪违法问题，揭示重大风险隐患和结构性矛盾，反映体制机制问题，在促进政策落实、维护国家经济安全、推动深化改革和经济发展、推进民主法治和反腐败等方面积极发挥作用。

××××年，在以习近平同志为核心的党中央坚强领导下，各地区各部门坚持稳中求进工作总基调，坚持以新发展理念引领经济发展新常态，坚持以推进供给侧结构性改革为主线，适度扩大总需求，扎实推进各项工作，经济社会保持平稳健康发展。从审计情况看，中央预算执行情况总体较好，中央财政一般公共预算收入完成预算的100.02%，保障了发展需要。

——积极的财政政策力度加大。中央财政一般公共预算支出增长 4.4%，坚持盘活存量、用好增量，增加的财政赤字主要用于减税降费和支持实体经济发展。实行大规模减税降费，全面推开营改增试点。实施"一带一路"建设、京津冀协同发展、长江经济带发展三大战略，区域城乡协调协同发展质量提升。

——民生保障持续加强。全面推进脱贫攻坚，中央财政专项扶贫资金超过600亿元。深化创新驱动，中央本级科技、教育支出分别增长 8.4%、6.6%。着力提升公共服务水平，中央本级医疗、农林水支出分别增长 7.9%、5.1%，低保、优抚、退休人员基本养老金等标准提高，实现大病保险全覆盖。

——财税领域改革不断推进。持续深化"放管服"改革，取消 165 项国务院部门及其指定地方实施的审批事项，调整取消部分政府性基金。深化资源税改革，制定非税收入管理办法。推进中央与地方财政事权和支出责任划分改革，制定实施中央与地方增值税收入划分过渡方案。健全地方政府举债融资机制，加强债务风险分类处置。

——预算管理进一步规范。健全预算管理制度，开展全国行政事业单位资产清查，初步建立中央部门项目支出绩效指标体系，大力推进中央和地方预算公开。有关部门和地方财经法纪观念明显增强，全面整改上年审计查出的突出问题，依法行政、依法理财水平不断提高。

一、中央财政管理及决算草案审计情况

重点审计了财政部具体组织中央预算执行和编制中央决算草案、发展改革委组织分配中央基建投资情况。从审计情况看，财政部和发展改革委认真落实积极的财政政策，围绕推进供给侧结构性改革要求，加强财政和投融资管理，深化预算管理制度改革，优化财政支出结构，加大关键领域和薄弱环节投入，财政资金使用绩效进一步提高。

…………

从财政管理和预算执行具体组织实施情况看，还存在一些需要改进的问题。主要是：

（一）部分预算分配和管理还不够规范。

一是部分项目预算安排未充分考虑上年执行情况。在财政部代编的预算中，对中央节能支出等上年执行率不足30%的 6 个项目，××××年仍安排预算 27.45 亿元、执行率仍不足 30％，其中 2 个项目预算连续两年未执行。批复的部门预算中，对 50 个部门 5696 个项目的结转结余 434.86 亿元，有 46％未统筹纳入年初预算安排，其中 16 个项目结转结余 7.24 亿元全部未纳入；在 14 个部门 24 个项目结转 41.94 亿元的情况下，继续安排 74.85 亿元，年底结转增至 53.8 亿元。

二是部分预算安排方式与政策要求和实际情况不完全相符。有的直接投向了竞争性领域，其中财政部将文化产业发展专项 21.17 亿元、发展改革委将物流业转型升级专项 2.5 亿元直接投向了竞争性领域的 781 个项目。有的预算安排时项目尚未确定或不具备实施条件等，财政部批复 10 个部门的 14 个项目预算 12.02 亿元，由此当年仅执行 1％；对 5 个已确定实施部门的项目，财政部仍代编预算 62.17 亿元。

....

（二）转移支付管理还不完全适应改革要求。

一是一般性转移支付与专项转移支付界限还不够清晰。一般性转移支付的 7 大类 90 个子项中，有 66 个具有指定用途，安排预算总额比上年增长 13％；体制结算补助和固定数额补助中有 76％指定了用途。对专项转移支付的认定也缺乏明确标准，如发展改革委负责分配的中央基建投资，××××年对地方转移支付预算 3776 亿元，执行中细分为 84 个子项、涉及 19 个类级科目，按 72 个具体办法分配，但长期作为 1 个专项转移支付管理。

二是专项转移支付退出机制还不健全。财政部上报 2016 年专项转移支付有 94 个，其中 84 个未明确实施期限或退出条件，已明确期限的 10 个中有的未按期退出。清理整合也不到位，94 个专项转移支付执行中实际细分为 279 个具体事项，部分专项整合后仍按原渠道、原办法分配和管理。

....

（三）财税领域部分事项改革亟待深化。

一是营改增相关配套措施还不够完善。全面推开营改增试点对减轻企业负担、增强市场活力发挥了积极作用，但一些配套措施还不够完善，如随着增值税可抵扣范围扩大，有的行业或企业出现增值税进项与销项税率倒挂，导致新增进项留抵税额超过销项税额，从而占压企业资金；由于向个人采购难以获得增值税专用发票，一些企业无法实现税款抵扣；对旨在减轻建筑施工企业税负的简易计税优惠政策，往往会造成业主单位可供抵扣进项税减少，执行中难以全面落实。

二是政府购买服务改革部分措施不到位。此项改革 2014 年即已启动，但至×××× 年××月底，中央部门政府购买服务指导性目录尚未出台；抽查的 73 家中央单位有 44 家未在预决算中反映政府购买服务情况；大多数省（本报告对省级行政区统称为省，地市级行政区统称为市，县区级行政区统称为县）仅出台本级的指导性目录。

....

二、中央部门预算执行审计情况

审计 73 个部门（含 61 个中央部门、10 家人民团体和中国邮政集团公司、中国对外文化集团公司。）及其 332 家所属单位，抽查财政拨款预算 2517.61 亿元（占其财政拨款预算的 42％）。审计结果表明，这些部门××××年度预算执行情况总体较好，预算管理的规范化程度和财政资金使用绩效明显提高，"三公"经费和会议费持续压减，公务接待、因公出国(境)费用管理基本规范，但个别部门和一些所属单位预算管理还不严格、部分事项处理还不够规范，主要是：

（一）预算及资产资金管理还有薄弱环节。预算管理方面，三峡办等18个部门和中国交通通信信息中心等50家所属单位预决算编制不够准确，涉及12.87亿元；科技部等11个部门和中国医学科学院等8家所属单位为提高预算执行率等，虚列支出2.67亿元。资产管理方面，知识产权局等11个部门和中国测绘科学研究院等38家所属单位违规出租出借办公用房或设备等，取得收入8.86亿元。资金管理方面，国家信息中心等2个部门和国资委机械机关服务中心等19家所属单位使用虚假发票套取或账外存放9386.26万元；北京四海一家文化传播有限责任公司等8家所属单位将5.28亿元用于违规出借或购买理财产品等，存在安全隐患。此外，还发现未严格执行政府采购规定、会计核算不规范等问题金额59.14亿元。

（二）个别部门公务用车、会议管理和办公用房清理等工作还不够到位。公务用车方面，沈阳铁路监督管理局等38家所属单位未按期完成公车改革，海南省国税局等16家单位无偿占用或超编超标配置公务用车69辆、超预算列支运行费114.51万元。会议管理方面，未编制年度会议计划或计划外召开会议1033个，其中国家中医药局等8个部门262个，水利水电规划设计总院等10家所属单位771个；在非定点饭店召开会议37个，其中银监会7个，环境保护部5个所属单位14个；转嫁或超标准列支会议费481.77万元，其中人力资源社会保障部123.62万元、住房城乡建设部信息中心74.83万元。办公用房方面，有3个单位存在未经批准新建或改扩建办公楼、办公用房超标等问题。

············

三、国家重大政策措施落实跟踪审计情况

各项审计都关注了国家重大政策措施落实情况，并全力做好跟踪审计。从审计情况看，有关部门和地方能够贯彻落实党中央、国务院决策部署，加大简政放权力度，加快转方式调结构，加强资金盘活和统筹使用，推进供给侧结构性改革和"三去一降一补"任务落实，取得显著成效。我们坚持边跟踪审计、边督促整改，按季度报告和公告审计结果，推动大部分问题在审计中得到纠正，促进完善措施812项，取消、下放行政审批和资格认证等315项，停止或取消收费239项；纠正违规收费、收回沉淀资金等667.71亿元，处理处分4113人。近期审计发现的主要问题：

（一）"放管服"改革有些具体措施尚未完全落地。"放管服"改革极大激发了市场活力和社会创造力，但有些具体措施推进力度需进一步加大。审计发现，至××××年3月底，电力安全培训机构资格认可、信息系统工程监理工程师资格认定等21项审批认证等事项未按要求取消、下放；基本医疗保险定点零售药店资格审查等11项行政审批和中介服务事项下放或取消后，未能有效承接或监管未及时跟进，如限额以上项目进口设备免税确认事项取消后，有的企业仍需先缴纳税款担保金再通关，至××××年3月税款担保金余额21.24亿元，不利于企业及时抵扣进口环节增值税；部分能源项目审批、医院管理已建成网上办事系统，但在线办理效率不高，实际很多事项仍线下办理。

（二）涉企收费管理机制还不够健全。有关地方和部门近年不断加强涉企收费治理，乱收费、乱摊派问题得到一定遏制，政府收费规范性有所提高，但有些领域收费的种类较多、标准偏高。有的地方违规自行设立项目收费，或对明令取消、停征、免征的项目继续收费，或未按规定标准和范围收费等，审计发现此类问题涉及收费 1.97 亿元。在收费管理上，经营服务类收费目录清单还不够细化，审批前置中介服务事项尚未建立完整的目录清单。

…………

四、扶贫资金审计情况

持续跟踪审计扶贫资金管理使用和扶贫政策落实情况，并重点抽查 20 个省的 158 个国家扶贫开发工作重点县和集中连片特困地区县，抽查扶贫资金 336.17 亿元，占这些地区×××年财政扶贫投入的 44%，涉及 1216 个乡镇、3461 个行政村和 2508 个单位，还走访贫困家庭 1.66 万个。总体上，全国各地贯彻落实中央脱贫攻坚部署，坚持精准扶贫、精准脱贫，加大扶贫投入和资金整合力度，农村贫困人口减少 1240 万，易地扶贫搬迁人口超过 240 万，贫困发生率下降到 4.5%，贫困地区农村居民收入增幅高于全国平均水平，贫困群众生活水平明显提高，贫困地区面貌明显改善。从重点抽查的 158 个县看，脱贫攻坚任务还十分艰巨，扶贫资金在一些地方具体使用中尚需进一步精准聚焦，个别地方存在扶贫举措不实等问题。

（一）有些地方精准识别等基础工作还不够扎实。有 105 个县的 11.34 万名建档立卡贫困人口基本信息不准确或未及时更新，有的已置办高档轿车、商品房等却未及时退出，个别村干部还采取分户拆户等方式将亲属纳入建档立卡对象。有些扶贫措施与困难学生资助、低保、医疗等政策衔接不够或数据不共享，有 43 个县的 2.99 万名贫困家庭子女未能按规定享受助学金等教育扶贫资助；有 58 个县的 22.12 亿元扶贫贷款和贴息补助未按规定使用；有 55 个县的 367 个易地搬迁和以工代赈项目存在前期论证不充分、扶助对象不精准、执行政策不严格等问题；健康扶贫政策在 54 个县未得到完全落实。

（二）有的地方存在追求短期效应倾向。有 53 个县的 189 个项目因脱离实际、管护不到位等，建成后改作他用或废弃，涉及扶贫资金 1.41 亿元；有 24 个县的 56 个项目与贫困户利益联结较弱，集中在龙头企业或合作社，存在"垒大户"、"造盆景"现象，涉及扶贫资金 5643.68 万元；有 32 个县的 81 个项目在资金分配中搞简单"平均主义"，涉及补助 1.33 亿元；19 个县已脱贫人口中，有 1.7 万人存在多计预期收益或义务教育、基本医疗、住房安全"三保障"未落实等被提前脱贫问题。

…………

五、重点专项资金审计情况

（一）全国医疗保险基金审计情况。各地持续加强全民医疗保险工作，异地就医结算等服务管理不断完善，医疗保障能力稳步提高，但一些地方落实政策还不到位，基金管理仍存在薄弱环节。审计发现，至×××年 6 月，有 2.65 万家用人单位和 47 个征收机构少缴少征医疗保险费 30.06 亿元，还有 95.09 万名职工未参加职工医保；

基金管理方面，有 923 家定点医疗机构、药店及少数个人涉嫌通过伪造诊疗资料、分解住院等骗取套取基金 2.17 亿元，有关单位还违规出借基金等 1.2 亿元；药价和收费也不尽合理，有 474 家医疗机构超过规定幅度加价销售药品和耗材 5.37 亿元，还有 1330 家医疗机构自定项目或重复收费等 5.99 亿元，加重了医保负担。

审计指出问题后，有关地方和单位追回或补充安排资金 15.64 亿元，调整会计账目 14.07 亿元。

（二）全国保障性安居工程跟踪审计情况。××××年，各地各部门积极推进安居工程及配套基础设施建设，通过创新棚户区改造融资方式、增加专项建设资金和信贷资金投放规模等措施，筹集资金规模同比增长 37%，货币化安置力度持续加大，城乡居民居住条件明显改善，但一些地方仍存在资金使用和项目管理不规范问题。审计发现，至××××年底，因安居工程资金筹集拨付与建设进度不匹配等，有 532.3 亿元超过 1 年未及时安排使用，其中 321.49 亿元（占 60%）是通过贷款、债券等筹集的；有 10.31 亿元被违规用于商品房开发、弥补办公经费、出借等；有 4.21 亿元被套取骗取或侵占。项目建设管理方面，有 744 个项目未严格执行设计、施工等招投标规定；有 333 个项目未严格执行监理、建筑强制性标准等要求，部分项目存在屋顶渗漏、墙面开裂等质量缺陷。

审计还发现，一些地方对保障对象的资格审核和后续监管不到位，有 5.49 万户不符合条件家庭得以通过审核，违规享受保障性住房 1.57 万套、补助 1.61 亿元；有 3.36 万户不再符合条件的家庭未及时退出，违规享受住房 2.63 万套、补贴 1197.44 万元；有 5949 套住房被违规转借、出租、销售或用于办公经营；还有 12.87 万套基本建成的住房因配套基础设施建设滞后，搁置 1 年以上无法交付使用。

审计指出问题后，有关地方和单位追回资金 9.05 亿元，取消或调整待遇 1.91 万户，清理收回住房 3183 套，处理处分 315 人。

············

六、金融审计情况

从跟踪审计工商银行、农业银行等 8 家重点商业银行信贷投放情况看，这些银行加大重点领域信贷支持力度，加强风险监测预警和防控，金融服务能力进一步提升。审计发现的主要问题：

（一）资金投向仍需进一步优化。8 家商业银行××××年信贷规模增长 8.9%，但与企业生产经营联系密切的贸易融资有所下降，涉农贷款下降 3.27%。办理续贷时部分银行出于风险控制的需要，要求先"还旧"再"借新"，贷款企业只得另行高息自筹资金过渡，延伸调查 20 家企业筹得过渡资金的年化利率平均 27%。

（二）信贷发放和资产管理中存在违规操作问题。审计发现，8 家银行的分支机构违规放贷和办理票据业务 175.37 亿元。在资产质量管理中，有些分支机构采用不及时调整贷款分类、新旧贷款置换、兜底回购式转让等方式，使不良资产信息披露不够充分。

此外，审计还发现，由于跨市场监管规则和标准还不衔接，个别保险公司与其他金融机构合作，通过万能险等筹资入市，影响资本市场秩序。

审计指出问题后，相关金融机构采取清收贷款、加固抵质押、完善手续等措施进行整改，修订制度和工作流程13项，处理处分70人。

七、中央企业审计情况

主要审计了中国石油、中化集团、中船集团等20户中央企业。这些企业加快转型升级，改进经营管理，推动低效无效资产退出，竞争力和影响力明显增强。审计发现的主要问题：

（一）部分企业业绩不实、负担较重。审计20户企业发现，有18户企业采取虚构业务、人为增加交易环节、调节报表等方式，近年累计虚增收入2001.6亿元、利润202.95亿元，分别占同期收入、利润的0.8%、1.7%。至×××年10月，9户企业认定的下属187家"僵尸"和特困企业处置难度较大；抽查所属企业"三供一业"（家属区供水、供电、供热和物业管理）分离移交事项中，有1348项未有实质进展。

（二）部分企业投资经营风险管控比较薄弱。抽查20户企业842项境内重大投资、股权收购、工程建设等业务发现，因决策失误、管理不善等，造成风险605.88亿元；抽查155项境外业务发现，因投资决策和管理制度不完善、调研论证不充分、风险应对不到位等，有61项形成风险384.91亿元；还发现超标准办会、购车、高档消费等问题5.19亿元。

审计指出问题后，有关企业通过整改，增收节支和挽回损失6.9亿元，建立完善规章制度651项，处理处分309人。

八、审计移送的重大违纪违法问题线索情况

上述各项审计中，发现并移送重大违纪违法问题线索600多起，涉及公职人员1100多人。这些问题有以下特点：

（一）国有资产资源和公共权力集中领域问题较多。上述问题中有70%发生在财政资金分配、投资并购、信贷发放、上市融资等审批决策和管理中，多与以权谋私、违规操作有关。如广东省经信委产业发展处原副处长景修元与乡镇业务经办人员等3人，利用审核申报材料之便，骗取并私分中央财政关闭小企业补助1200多万元。

（二）农副产品、黄金、药品等领域偷逃税问题呈多发态势。审计中发现涉嫌偷逃税65亿多元。这类问题多具有团伙化、跨区域特点，通常涉及上下游企业上百家，有的短期集中套票虚开后迅速注销，另设空壳企业或走逃异地继续实施，如在广东、海南等地注册的153家企业，涉嫌冒用其他企业的农产品等海关进口缴款书信息，申报抵扣增值税14亿多元。

....

九、审计建议

（一）继续深化财税领域改革。建议：一是结合"放管服"改革推进，进一步合理划分中央与地方收入范围，推动形成权责清晰、更加有利于调动中央和地方两个积极性的财税体制。二是完善营改增相关政策措施，推动结构性减税效应充分显现；清理规范政府性基金，加大涉企收费清理力度。三是完善转移支付分配办法，明确转移支付分类标准和退出机制，继续清理整合专项转移支付。

（二）切实加强重点领域监管和风险防控。建议：一是加强跨部门、跨区域监管协作和信息数据共享，增强监管规则的协调性和监管标准的一致性，利用大数据技术提高监管效能。二是依法加强对化解过剩产能、脱贫攻坚、环境保护、境内外重大投资等领域的事中事后监管，确保重大政策措施落实到位。三是重点防范地方政府债务、不良资产、债券违约、影子银行、互联网金融等风险隐患，强化风险评估、预警和应急处置。

…………

委员长、各位副委员长、秘书长、各位委员，我们将更加紧密地团结在以习近平同志为核心的党中央周围，全面贯彻落实党的十八大和十八届三中、四中、五中、六中全会精神，深入学习贯彻习近平总书记系列重要讲话精神和治国理政新理念新思想新战略，自觉接受全国人大的指导和监督，开拓进取、尽责担当，依法履行审计监督职责，更加扎实地把党中央、国务院各项决策部署贯彻好落实好，以优异成绩迎接党的十九大胜利召开！

第三节　议　案

一、机关例文

×××关于提请审议《国务院机构改革方案》的议案

全国人民代表大会：

中国共产党第××次全国代表大会明确提出，要加快行政管理体制改革，抓紧制定行政管理体制改革总体方案。根据党中央的部署，经过认真调研，广泛听取意见，反复研究论证，形成了《关于深化行政管理体制改革的意见》和《国务院机构改革方案（草案）》，并先后经国务院常务会议、中央政治局常务委员会会议、中央政治局会议讨论和修改。党的××届××中全会审议通过了这两个文件。现将《国务院机构改革方案》提请第十一届全国人民代表大会第一次会议审议。

国务院总理　×××

××××年××月××日

二、相关知识

（一）适用范围

议案适用于各级人民政府按照法律程序向同级人民代表大会或者人民代表大会常务委员会提请审议事项的公文样式。

（二）公文特点

议案具有法定对象、法定主体、法定内容、法定效力和法定时间等特点。

（三）公文类型

（1）按议案的内容可分为法律案、质询案、罢免案、任免案、重大事项决定决议案。

（2）按议案的作者可分为人大常委会议案、人大专门委员会议案、人民政府议案、人大代表议案。

三、写作训练

（一）训练题目

国家××××××局在总结保护消费者权益经验的基础上，草拟了《中华人民共和国消费者权益保护法》，现在向全国人民代表大会常务委员会提请审议。

试以国家工商行政管理局名义撰写议案。

（二）写作指导

议案的写作格式包括标题、主送机关、正文、议案提出单位的名称或领导人名字、议案的提交时间。

（1）议案的正文分四个层次：第一，说明审议事项的意义或缘由；第二，要求审议的事项；第三，议案提出部门的处理意见；第四，议案提出部门的相关请求。

（2）写作注意事项：一事一案；议案需要以调查研究作为基础；议案的写作要严格遵守有关规定的格式。

（三）示范例文

×××关于提请审议《中华人民共和国消费者权益保护法》的议案

全国人民代表大会常务委员会：

为了保护消费者的合法权益，维护社会主义市场经济秩序，国家工商行政管理局在总结保护消费者权益经验的基础上，草拟了《中华人民共和国消费者权益保护法》。这个草案已经×××同意，现提请审议。

×××

××××年×月×日

四、课后练习

（一）练习题目

区政府向区人大常委会提请议案，对×××等同志职务调整，公文编号为××××年

××号文。具体职务调整如下×××同志为×××市×××区民政局局长人选；×××同志为×××市×××区物价局局长人选；×××同志不再担任×××市×××区民政局局长职务；×××同志不再担任×××市×××区农业局局长职务。

试撰写议案。

（二）参考答案

关于提请×××等同志职务调整的议案

×政〔××××〕××号

区人大常委会：

根据×委〔××××〕××号文件精神，经区政府党组研究，同意提名：

×××同志为×××市×××区民政局局长人选；

×××同志为×××市×××区物价局局长人选；

×××同志不再担任×××市×××区民政局局长职务；

×××同志不再担任×××市×××区农业局局长职务。

请审议决定。

附件：×××等提名人选基本情况

×××市×××区人民政府区长：×××

××××年××月××日

第四节　批　复

一、机关例文

国家×××总局关于同意中国××××联合会换届的批复

××××字〔××××〕××号

××××指导中心：

你中心《关于召开中国××××联合会第三届全国代表大会的请示》（××字〔××××〕××号）和《关于中国××××联合会副秘书长建议人选的请示》（××字〔××××〕××号）收悉。经研究，同意中国××××联合会换届，新一届协会领导人选建议如下：

顾问：×××、×××、×××

主席：×××

副主席：×××、×××、×××、×××、×××、×××

> 特邀副主席：×××
>
> 秘书长：×××
>
> 副秘书长：×××、×××、×××、×××、×××
>
> 请按章程规定认真做好协会换届的组织实施工作。换届后，应在 30 天之内到××部办理备案手续，并将协会换届情况报人事司备案。
>
> 国家×××总局
>
> ××××年××月××日

二、相关知识

（一）适用范围

批复适用于答复下级机关请示事项。

（二）公文特点

批复具有针对性、指示性和简要性等特点。

（三）公文类型

批复可分为事项性批复和政策性批复。

事项性批复是针对具体单位的公务事宜；政策性批复是针对方针政策问题。

三、写作训练

（一）训练题目

×××市上报省政府：×××市及所辖××街道、××街道、××街道、××街道、××镇、××镇、××镇、××镇、××镇、××镇、××镇、××镇、××镇、××镇、××镇、××镇、××镇、××镇、××镇、××镇、××镇、××镇等 25 个镇(街道)土地利用总体规划(××××—××××年)修改方案。

省政府给出批复，同意上述方案，要求：切实加大耕地保护力度，强化建设用地空间管制，认真组织规划实施。

试结合上述材料，以省政府名义写一份批复。

（二）写作指导

批复的写作格式包括标题、称呼、正文和落款。

1. 标题

批复的标题可以不表明态度，如"××××(批复机关)关于××(事项)的批复"或"××××(批复机关)关于××(事项)给××××(请示机关)的批复"；也可以直接在标题上表明态度，标注"同意"或"不同意"。

2. 正文

批复的正文包括批复的根据、批复的内容、批复的要求、批复的结尾用语。

（1）批复根据是批复所根据国家规定和相关文件。

（2）批复内容是批复的主要部分，同意或者不同意，如同意下级请示，怎么开展工作。

（3）批复要求是批复后希望，必要时可加"希望注意总结经验"。

（4）批复结尾语可另起一行空两格写上"此复"或"特此批复"，也可以自然结束。

3. 注意事项

及时作出答复，有利于工作开展；批复有理有据，令人信服；态度明朗，措词恰当，不能让人无所适从。

（三）示范例文

省政府关于调整××市土地利用总体规划的批复

×××复〔××××〕×××号

××市人民政府：

你市《关于修改××市土地利用总体规划的请示》(××报〔××××〕××号)收悉。现批复如下：

一、原则同意××市及所辖××街道、××街道、××街道、××街道、××镇、××镇、××镇、××镇、××镇、××镇、××镇、××镇、××镇、××镇、×××镇、××镇、××镇、××镇、××镇、××镇、××镇、××镇、××镇、××镇、××镇等25个镇(街道)土地利用总体规划(××××—××××年)修改方案。在上述25个镇(街道)土地利用总体规划(××××—××××年)确定的基本农田面积不减少、建设用地规模不增加的前提下，将1212.3004公顷允许建设区调入限制建设区；将130.5162公顷有条件建设区调入允许建设区；将847.4324公顷限制建设区调入允许建设区，130.5162公顷限制建设区调入有条件建设区。规划修改后，××市及所辖××镇等25个镇(街道)土地利用总体规划(××××—××××年)确定的允许建设区减少234.3518公顷，限制建设区增加234.3518公顷，有条件建设区规模保持不变。

二、切实加大耕地保护力度。你市要指导××市依据经批准的规划修改方案，对规划确定的允许建设区、有条件建设区、限制建设区进行规划空间布局形态调整，确保××市耕地保有量和基本农田面积不减少、质量有提高，确保规划城乡建设用地规模不增加，确保最严格的耕地保护制度和节约用地制度落到实处。

三、强化建设用地空间管制。你市要指导××市依据调整后的允许建设区规模边界，加强对建设项目用地的规划审查，从严控制城镇村建设用地布局和规模。充分发挥规划的整体控制作用，统筹土地利用。城镇村建设用地必须在土地利用总体规划确定的允许建设区内选址，不得擅自突破。

四、认真组织规划实施。土地利用总体规划事关国家和人民群众的长远利益，关系经济社会全面协调可持续发展，必须高度重视规划实施工作，切实维护规划的严肃性。你市要指导××市依据经批准的规划修改方案，及时做好土地利用总体规划及数据库更新，认真落实规划提出的各项任务和措施，确保实现规划目标。

×××省人民政府
××××年××月××日

四、课后练习

（一）练习题目

国务院收到《×××省人民政府关于设立×××新区的请示》（××政发〔××××〕××号），同意设立×××新区，提出相关要求：要全面贯彻党的十八大和十八届二中、三中、四中全会精神，按照党中央、国务院决策部署，坚持规划先行、改革先行、法治先行和生态先行，积极参与长江经济带和"一带一路"建设，更加注重自主创新，加快构建现代产业体系，推进新型城镇化建设，完善现代化基础设施，加强生态文明建设，扩大对外开放合作，与上海浦东新区、浙江舟山群岛新区、中国（上海）自由贸易试验区等联动发展，逐步建设成为自主创新先导区、新型城镇化示范区、长三角地区现代产业集聚区、长江经济带对外开放合作重要平台，努力走出一条创新驱动、开放合作、绿色发展的现代化建设道路。

×××省人民政府要切实加强对×××新区建设的组织领导，明确工作责任，完善工作机制，加大支持力度，积极探索与现行体制协调、联动、高效的管理方式，积极稳妥扎实推进×××新区建设发展。要认真做好×××新区发展总体规划编制工作，规划建设必须符合土地利用总体规划、城市总体规划、镇总体规划、环境保护规划、水资源综合规划等相关专项规划的要求。要推动探索与行政区融合发展的体制机制，尽快建立权责明确、运转高效的新区管理体制。要着力优化空间布局，节约集约利用土地，严格保护耕地和基本农田，切实保护和节约水资源。涉及的重要政策和重大建设项目要按规定程序报批。

请撰写一份批复。

（二）参考答案

国务院关于同意设立×××新区的批复

国函〔××××〕××号

×××省人民政府：

《×××省人民政府关于设立××××新区的请示》（××政发〔××××〕××号）收悉，现批复如下：

一、同意设立×××新区。×××新区位于××省××市长江以北，包括×××

市×××区、×××区和×××街道，规划面积788平方公里。×××新区是长江经济带与东部沿海经济带的重要交汇节点，区位条件优越、产业基础雄厚、创新资源丰富、基础设施完善、承载能力较强，具备了加快发展的条件和实力。要把建设×××新区作为实施区域发展总体战略、贯彻落实《国务院关于依托黄金水道推动长江经济带发展的指导意见》(国发〔××××〕×××号)的重要举措，充分发挥×××新区在创新驱动发展和新型城镇化建设等方面的示范带动作用，推动苏南现代化建设和长江经济带更好更快发展。

二、×××新区建设，要全面贯彻党的十八大和十八届二中、三中、四中全会精神，按照党中央、国务院决策部署，坚持规划先行、改革先行、法治先行和生态先行，积极参与长江经济带和"一带一路"建设，更加注重自主创新，加快构建现代产业体系，推进新型城镇化建设，完善现代化基础设施，加强生态文明建设，扩大对外开放合作，与上海浦东新区、浙江舟山群岛新区、中国(上海)自由贸易试验区等联动发展，逐步建设成为自主创新先导区、新型城镇化示范区、长三角地区现代产业集聚区、长江经济带对外开放合作重要平台，努力走出一条创新驱动、开放合作、绿色发展的现代化建设道路。

三、×××省人民政府要切实加强对×××新区建设的组织领导，明确工作责任，完善工作机制，加大支持力度，积极探索与现行体制协调、联动、高效的管理方式，积极稳妥扎实推进×××新区建设发展。要认真做好×××新区发展总体规划编制工作，规划建设必须符合土地利用总体规划、城市总体规划、镇总体规划、环境保护规划、水资源综合规划等相关专项规划的要求。要推动探索与行政区融合发展的体制机制，尽快建立权责明确、运转高效的新区管理体制。要着力优化空间布局，节约集约利用土地，严格保护耕地和基本农田，切实保护和节约水资源。涉及的重要政策和重大建设项目要按规定程序报批。

四、国务院有关部门要按照职能分工，加强对×××新区建设发展的支持和指导，在有关规划编制、政策实施、项目安排、体制机制创新等方面给予积极支持，帮助解决×××新区发展过程中遇到的困难和问题，营造良好的政策环境。

设立并建设好×××新区，对于推进长江经济带建设、培育东部沿海地区率先转型发展的新增长极具有重要意义。各有关方面要统一思想，密切合作，勇于创新，扎实工作，共同推动×××新区持续健康发展。

国务院

××××年××月××日

第七章 奖惩和商洽性公文

第一节 奖惩性公文——通报

一、机关例文

中共国家×××局党组关于巡视整改情况的通报

根据中央统一部署，××××年××月××日至××月××日，中央第七巡视组对中共国家旅游局党组进行了巡视。××月××日，中央巡视组向中共国家旅游局党组反馈了巡视意见。根据《中国共产党巡视工作条例》有关规定，现将巡视整改情况予以公布。

一、坚决落实中央要求，把做好巡视整改工作作为一项重大政治任务抓紧抓实

（一）深刻领会中央精神，全面学习习近平总书记系列重要讲话精神，不断深化思想认识。××月××日下午中央第××巡视组向国家旅游局党组反馈巡视意见后，局党组书记×××立即主持召开党组会议，学习习近平总书记关于巡视工作的重要讲话精神，对照巡视反馈意见研究部署整改工作。××月××日，局党组召开专题民主生活会，针对巡视中发现的突出问题，从思想上进行深刻剖析，查找思想根源。局党组深刻认识到，习近平总书记系列重要讲话特别是关于巡视工作的重要讲话，充分彰显了党中央坚持党要管党、从严治党，严肃党的纪律，改进党的作风，坚决反对腐败的坚定决心，为我们进一步落实全面从严治党要求，强化党的领导和党的建设，抓好巡视整改工作，指明了方向，提供了遵循。我们要深入学习领会，全面贯彻落实。中央第七巡视组指出国家旅游局党组所存在的问题严肃中肯、切中要害，催人警醒、发人深省；提出的整改意见和要求，实事求是、客观公正、准确把脉、对症下药，指导性、针对性非常强，完全符合实际，对于国家旅游局在新时期加强党的领导和党的建设，推动旅游业持续健康发展有着极其重要的作用。局党组完全赞同并诚恳接受中央巡视组的反馈意见，明确要以最坚决的态度、最有力的举措、最迅速的行动抓好巡视整改，向党中央交出一份合格的巡视整改答卷。

（二）即知即改出实招，立行立改求实效。在××月××日至××月××日中央第七巡视组进驻期间，局党组本着对党负责、对×××事业负责的态度，实事求是、客观全面地向中央巡视组汇报工作，不回避、不遮掩、不虚假、不护短。牢固树立"整改不力是失职，不抓整改是渎职"的观念，即知即改，立行立改，并把整改工作贯穿于

接受巡视的全过程。2个月内，局党组连续召开7次党组会，7次集中查摆问题，并动员机关司室和直属单位帮助查摆问题。对先期查摆出的存在领导职数超配、办公用房超标、基层党组织改选不及时，以及国内出差接机等问题进行立即整改。

…………

二、按照中央巡视组反馈意见，紧紧抓住问题不放，逐条逐项抓好整改落实

（一）在加强党的领导和建设方面

1. 坚持党组带头，认真贯彻落实中央决策部署

2. 专项整治党的建设缺失问题

（二）在全面从严治党责任落实方面

1. 切实担负起全面从严治党主体责任

2. 落实监督责任，大力支持纪检监察机构履职尽责

3. 严格落实中央八项规定精神，坚持不懈反对"四风"

（三）认真清理评比达标，管好用好宣传推广资金，加强国有资产监管

1. 创新监管方式，切实减少资质资格许可认定和评比达标事项

2. 专项整治旅游宣传推广资金管理使用

3. 加强国有资产监督管理，切实解决国有资产监管不力问题

三、持续抓好巡视整改，深入推进全面从严治党和旅游业改革发展

在中央第×巡视组、中央巡视办和中央纪委驻×××部纪检组的监督指导下，在局党组和各基层党组织和广大党员干部共同努力下，巡视整改工作取得了初步成效和阶段性成果，但深层次整改任务还很重，与党中央全面从严治党的要求还有很大差距，与×××业发展和全行业干部职工的要求和期待还有很大差距。下一步，局党组将继续深入学习贯彻习近平总书记系列重要讲话精神特别是习近平总书记关于巡视工作的重要讲话精神，恪守"整改落实永远在路上"的观念，党组带头、全员参与，将巡视整改工作引向深入，确保措施落地、责任落实、效果落地。

（一）坚定政治方向，牢固树立"四个意识"。坚持运用党组中心组带机关的学习模式，深入学习贯彻十八大和十八届三中、四中、五中全会精神，学习贯彻习近平总书记系列重要讲话精神，特别是关于全面从严治党、加强党的建设的重要论述，强化"四个意识"，始终保持高度的政治定力和政治敏锐性，始终与以习近平同志为总书记的党中央保持高度一致。紧密联系党和国家事业全局和×××业改革发展实际，深入思考研究推动×××业改革发展的方案举措，思考研究加强全局党的领导和党的建设的思路办法，思考研究落实全面从严治党主体责任、巩固深化巡视整改成果的制度机制，不断提高党的建设科学化水平，确保旅游业和全局各项工作始终沿着正确有序的轨道发展。

（二）履行主体责任和监督责任，全面加强党的领导和党的建设。一是牢固树立"抓好党建是本职、不抓党建是失职、抓不好党建是不称职"的理念，不断强化党政同责、"一岗双责"的思想意识。二是坚持把加强党的领导和党的建设摆在突出位置，坚持"一岗双责"，层层明确责任，层层传导压力。三是重视发挥局党建工作领导小组、党风廉政建设领导小组及其工作机构的职能作用，积极支持直属机关党委履行对机关和直属单位党组织的领导职责。四是高度重视党组班子自身建设，带头落实党的组织

生活制度、严肃党内政治生活，深入开展批评与自我批评，始终置身于党组织和党员群众的监督之下。五是严格干部选拔任用条件和程序，切实配齐配强各级领导干部，保持班子稳定和统一。六是规范落实"三会一课"、民主评议党员等制度，加大党建工作提醒督办、党务干部培训和党员教育管理力度，使党组织、党务干部和党员的作用更加突出。七是进一步加强对重点岗位和关键环节的检查，认真开展党性党风党纪教育和警示教育，严密组织廉政风险自查自纠和督查检查；把纪律和规矩挺在前面，积极运用监督执纪"四种形态"，严肃查处腐败问题，突出抓早抓小，紧盯年节假期，切实把廉政风险降到最低。

....

国家×××局党组将紧密团结在以习近平同志为总书记的党中央周围，按照"四个全面"的要求，强化"四个意识"，做到"四个服从"，严格"六项纪律"，不断强化党的领导和党的建设，坚持落实全面从严治党主体责任，巩固深化管党治党成果，切实发挥局党组领导核心作用和各基层党组织战斗堡垒作用，按照"创新、协调、绿色、开放、共享"五大发展理念要求，结合×××业工作实际，以整改促改革、以改革促发展，真正把中央重大决策部署落实落细落地，为实现旅游业两大战略目标、推动×××业持续健康发展提供坚强的组织保证和政治保证。

欢迎广大干部群众对巡视整改落实情况进行监督。如有意见建议，请及时向我们反映。联系方式：×××××××；邮政信箱：北京市××区××××大街××××号，邮编×××××××；电子邮箱：×××××××。

中共国家×××局党组

××××年××月××日

二、相关知识

（一）适用范围

通报适用于表彰先进、批评错误、传达重要精神和告知重要情况。

（二）公文特点

通报具有真实性、典型性和教育性等特点。

（三）公文类型

通报可分为四种类型：情况通报、表彰通报、批评通报和事故通报。

三、写作训练

（一）训练题目

××××年，×××市各乡镇（街道）、部门切实规范依申请公开受理机制，积极地为公民、企业和社会组织提供了大量高质量的政府信息，较好地保障了公众对政府工作的知情权、参与权和监督权。先后涌现出了×××局等 25 家先进单位和×××等 60 位先进个人。

试以×××市人民政府名义对上述单位和人员进行通报表扬。

（二）写作指导

通报的写作格式包括标题、主送机关、正文和落款。

情况通报的正文是对有关事实作客观叙述，也可以对情况加以分析说明，有时提出对策意见。

表彰通报的正文包括先进事迹或经验；评价分析；决定事项以及要求或号召等。

批评通报的正文包含主要错误事实；分析评价；对当事人的处理意见，以及要求各方面从中汲取的教训。

事故通报包括事故概况；分析原因；原则性要求、措施、处理决定。

（三）示范例文

×××市政府关于表彰××××年度政府信息公开工作
先进单位和先进个人的通报
×政发〔××××〕××号

各乡镇人民政府（街道办事处），市各有关部门：

××××年，各乡镇（街道）、部门以科学发展观为指导，以建设服务型政府为目标，不断深化主动公开内容，切实规范依申请公开受理机制，积极地为公民、企业和社会组织提供了大量高质量的政府信息，较好地保障了公众对政府工作的知情权、参与权和监督权，政府信息公开和动态信息报送工作呈现出稳步推进的良好态势，涌现出了市×××局等 25 家先进单位和×××等 60 位先进个人，现予以通报表彰。

希望受表彰的单位和个人戒骄戒躁，再接再厉，争取更大成绩；各单位要学习先进，奋发进取，切实做好政府信息公开和动态信息报送工作，为建设幸福美好新泰兴作出不懈努力。

附：××××年度×××市政府信息公开工作先进单位和先进个人名单

×××市人民政府
××××年××月××日

四、课后练习

（一）练习题目

近年来，全市金融机构和各类新型金融组织积极开展金融创新，支持实体经济发展，有效发挥了金融在构建现代产业体系和推动产业结构转型升级中的核心作用，为满足多层次多元化融资需求和区域金融中心建设作出了重要贡献。根据《×××市金融创新奖励暂行办法》(××政规字〔××××〕××号)，经研究，现决定对"××文化——××银行文创贷"等20个金融创新项目予以奖励。

　　附件：××××年度×××市金融创新奖励项目名单

　　请以市政府名义，以各区人民政府，市府各委办局，市各直属单位，各有关金融机构为主送机关发文。

（二）参考答案

市政府关于对××××年度×××市金融创新项目予以奖励的通报

×政发〔××××〕××号

各区人民政府，市府各委办局，市各直属单位，各有关金融机构：

　　近年来，全市金融机构和各类新型金融组织积极开展金融创新，支持实体经济发展，有效发挥了金融在构建现代产业体系和推动产业结构转型升级中的核心作用，为满足多层次多元化融资需求和区域金融中心建设作出了重要贡献。根据《×××市金融创新奖励暂行办法》(××政规字〔××××〕××号)，经研究，现决定对"××文化——××银行文创贷"等20个金融创新项目予以奖励。

　　希望获得奖励的金融机构进一步开拓创新、锐意进取、再接再厉。希望全市金融机构以此为榜样，强化创新意识，加大创新力度，提高创新能力，释放创新潜力，共同为加快推进全市金融产业发展和区域金融中心建设作出更大的贡献！

　　附件：××××年度×××市金融创新奖励项目名单

×××市人民政府

××××年××月××日

第二节　商洽性公文——函

一、机关例文

关于同意×××经济出版社网站登记的函

×××函〔××××〕××号

省××管理局：

　　近日，我局收到×××经济出版社开通网站的申请，根据《互联网信息服务管理办法》《互联网站管理协调工作方案》，经我局核查，所办网站拟设页面及主要内容涉及

互联网出版信息服务。该社网站已在我局登记，登记号：晋网登〔××××〕××号。网站具体信息如下：

　　网站主办单位名称：×××经济出版社

　　网站名称：×××经济出版社

　　负责人姓名：×××

　　办公电话：××××××

　　网址：http://×××.×××.×××

×××省××××××局

××××年××月××日

二、相关知识

（一）适用范围

函用于不相隶属机关之间商洽工作、询问和答复问题、请求批准和答复审批事项。

（二）公文特点

函具有商洽性和询问性特点。

（三）公文类型

函可分为公函和便函两种类型。其中公函又可进一步分为问函和复函；问函又可进一步分为商洽性函和询问性函。复函即回复商洽函和询问性函的公文。

三、写作训练

（一）训练题目

国务院同意建立由发展改革委牵头的促进×××××××××建设部际联席会议制度。联席会议不刻制印章，不正式行文，请按照国务院有关文件精神，认真组织开展工作。×××××××建设部际联席会议同时撤销。

请以国务院办公厅名义发一份复函给发改革委。

（二）写作指导

函的写作格式包括标题、公文编号、主送机关、正文和落款。

1. 标题

函的标题一般由发文机关、事由、文种构成，如《国务院办公厅关于同意建立促进广东前海南沙横琴建设部际联席会议制度的复函》。

2. 正文

函的正文包括开头、主体和结尾。

问函的正文包括行文的目的和原因；需要询问或批准事项；介绍己方方案、背景、理由、希望。

复函的正文包括针对来函表明的态度和理由，并提出存在疑问和希望要求。

3. 注意事项

一函一事；态度恳切。

（三）示范例文

国务院办公厅关于同意建立促进×××××××× 建设部际联席会议制度的复函

国办函〔××××〕××号

发展改革委：

　　你委《关于建立促进××××××××建设部际联席会议制度的请示》（发改地区〔××××〕××号）收悉。经国务院同意，现函复如下：

　　国务院同意建立由发展改革委牵头的促进××××××××建设部际联席会议制度。联席会议不刻制印章，不正式行文，请按照国务院有关文件精神，认真组织开展工作。深圳前海深港现代服务业合作区建设部际联席会议同时撤销。

　　附件：促进××××××××建设部际联席会议制度

国务院办公厅

××××年××月××日

四、课后练习

（一）练习题目

　　全市将于××××年××月××日起正式启动不动产统一登记并颁发不动产权证书，经请示省物价局同意，并与市财政局会商，按照××××年××月××日×府办文〔××××〕××号上的批示要求，在国家、省未出台新的不动产登记收费政策之前的临时过渡期，市物价局对市不动产登记中心有关收费问题需要告知市国土局：① 市房产局房屋登记费和市国土资源局土地登记费，由市不动产登记中心收取。涉及国有土地上房屋所有权及相应土地使用权的不动产登记，暂按原房屋登记收费标准收取，其中，住宅不动产登记80元/套，非住宅不动产登记550元/件，不再收取土地登记费。向多个权利人共有的房屋核发证书（证明）时，每增加一本证书（证明），加收工本费10元。自行申请将原房屋所有权证和土地使用证换发为不动产权证书，以及已经持有房屋所有权证但未办理土地使用证申请换发为不动产权证书时，每本证书收取工本费 10 元。② 除上述涉及国有土地房屋所有权及相应土地使用权的不动产登记外，其他情形的不动产登记原有效收费政策及收费减免政策按原标准继续执行。国家若出台新的不动产登记费标准，将按新的标准执行。③ 市国土资源信息中心建设用地调查勘丈服务费移交到市不动产登记中心，继续执行原收费标准。④ 办理不动产登记时，规范收费程序，在收费现场及政务网站做好收费公示，并做好相关收费政策解释工作。⑤ ×××区、×××区、×××区、×××区、×××按以上规定执行。

请以市物价局名义发一份函给市财政局

（二）参考答案

关于×××市不动产登记中心有关收费的函

××价函〔××××〕××号

市国土资源局：

全市将于××××年××月××日起正式启动不动产统一登记并颁发不动产权证书（不动产登记证明，以下简称证书、证明），经请示省物价局同意，并与市财政局会商，按照××××年××月××日×府办文〔××××〕××号上的批示要求，在国家、省未出台新的不动产登记收费政策之前的临时过渡期，对市不动产登记中心有关收费问题函告如下：

（1）市房产局房屋登记费和市国土资源局土地登记费，由市不动产登记中心收取。

涉及国有土地上房屋所有权及相应土地使用权的不动产登记，暂按原房屋登记收费标准收取，其中，住宅不动产登记 80 元/套，非住宅不动产登记 550 元/件，不再收取土地登记费。向多个权利人共有的房屋核发证书（证明）时，每增加一本证书（证明），加收工本费 10 元。

自行申请将原房屋所有权证和土地使用证换发为不动产权证书，以及已经持有房屋所有权证但未办理土地使用证申请换发为不动产权证书时，每本证书收取工本费 10 元。

（2）除上述涉及国有土地房屋所有权及相应土地使用权的不动产登记外，其他情形的不动产登记原有效收费政策及收费减免政策按原标准继续执行。国家若出台新的不动产登记费标准，将按新的标准执行。

（3）市国土资源信息中心建设用地调查勘丈服务费移交到市不动产登记中心，继续执行原收费标准。

（4）办理不动产登记时，规范收费程序，在收费现场及政务网站做好收费公示，并做好相关收费政策解释工作。

（5）×××区、×××区、×××区、×××区、×××按以上规定执行。

此函。

×××市物价局
××××年××月××日

第三篇 事务类公文写作

　　事务类公文即对某个事项做好充分的调查之后，用大量充实的文字材料进行论述、概括、总结的书面语言形式。它是应用写作重要的研究文体。事务类公文是从通用公文文种划分出来的，具有总结性、宣传性、鼓舞性等特点。

第八章 计划类文书

第一节 计 划

一、机关例文

国家职业病防治规划(××××—××××年)

为贯彻落实党的××大和《中共中央国务院关于深化医药卫生体制改革的意见》(中发〔××××〕××号)精神,进一步加强职业病防治工作,保护劳动者健康,根据《中华人民共和国职业病防治法》,制定本规划。

一、职业病防治现状与问题

职业病防治事关劳动者身体健康和生命安全,事关经济发展和社会稳定的大局。党中央、国务院历来高度重视职业病防治工作。党的十七大提出贯彻落实以人为本的科学发展观,要求坚持预防为主,完善重大疾病防控体系。《中共中央国务院关于深化医药卫生体制改革的意见》明确提出,要加强对严重威胁人民健康的职业病等疾病的监测与预防控制。职业病防治法实施以来,各地区、各有关部门加大工作力度,开展职业病危害源头治理和重点职业病专项整治,规范用人单位职业健康管理和劳动用工管理,严肃查处危害劳动者身体健康和生命安全的违法行为,全社会职业病防治意识逐步增强,大中型企业职业卫生条件有了较大改善,职业病高发势头得到一定遏制。但是,当前职业病防治形势依然严峻,突出问题是:一是职业病病人数量大。改革开放30年来,我国累计报告职业病50多万例,近年新发病例数仍呈上升趋势。由于职业病具有迟发性和隐匿性的特点,专家估计我国每年实际发生的职业病要大于报告数量。……近几年发生的河北省高碑店市农民工苯中毒、福建省仙游县和安徽省凤阳县农民工矽肺病等事件,一次性造成几十人甚至上百人患病,已成为影响社会稳定的公共卫生问题。

产生上述问题的原因:一是用人单位责任不落实。……三是防治工作基础比较薄弱。许多工业企业特别是中小企业生产工艺落后,设施、设备简陋,职业病防治管理水平低,投入不足。职业病防治相关法律法规和技术标准不够完善,信息网络不健全,职业病预防、控制技术急需提高,宣传教育培训力度不够,应急救援能力有待加强。

我国长期处于社会主义初级阶段，工业生产装备水平不高和工艺技术相对落后的状况将长期存在，在煤炭、冶金、化工等职业病危害较严重的行业，改善工作环境需要一个过程。在城镇化、工业化过程中，大量农民进城就业，他们流动性大，健康保护意识不强，职业病防护技能缺乏，加大了职业病防治监管的难度。随着经济和科技的发展，新技术、新工艺、新材料广泛应用，新的职业危害风险以及职业病不断出现，防治工作面临新的挑战。

二、指导思想、基本原则和规划目标（略）

（一）指导思想

以邓小平理论和"三个代表"重要思想为指导，深入贯彻落实科学发展观，以保护劳动者健康为根本目的。落实用人单位责任，加强政府领导，强化行政监管，依靠科技进步，立足国情，突出重点，全面推进职业病防治工作，促进经济持续健康发展。

（二）基本原则

（1）预防为主，防治结合。坚持标本兼治、重在治本，控制职业病危害源头，采取工程技术、个体防护和健康管理等综合治理措施，预防控制职业病危害。

（2）统筹规划，分步实施。既着眼长远，不断完善制度和监管体系，又立足当前，着力解决目前防治工作中的突出问题。

（3）宣传动员，社会参与。广泛开展职业病防治宣传教育，增强用人单位的法律意识和社会责任感，提高劳动者的自我保护意识，充分发挥社会监督作用。

（三）规划目标

建立政府统一领导、部门协调配合、用人单位负责、行业规范管理、职工群众监督的职业病防治工作体制，显著提高综合防治能力，增强用人单位和劳动者防治意识，改善工作场所作业环境，基本遏制职业病高发势头，保障劳动者健康权益。到2015年，新发尘肺病病例年均增长率由现在的8.5％下降到5％以内，基本控制重大急性职业病危害事故的发生，硫化氢、一氧化碳、氯气等主要急性职业中毒事故较2008年下降20％，主要慢性职业中毒得到有效控制，基本消除急性职业性放射性疾病。

…………

三、主要任务

（一）落实职业病防治责任

（1）建立健全防治责任制。存在职业病危害的用人单位要根据相关法律规定，设置或指定职业卫生管理机构或组织，配备专职或兼职专业人员，设立职业健康监督管理人员，制定职业病防治计划和实施方案，建立健全职业卫生管理制度，采取切实可行的管理措施。

（2）认真落实预防、控制措施。用人单位要依法如实申报职业病危害项目，优先采用有利于防治职业病和保护劳动者健康的新技术、新工艺和新材料，逐步替代危害严重的技术、工艺和材料。加强作业场所职业病危害因素监测、评价与控制，为劳动者提供符合职业卫生标准和要求的工作场所、环境和条件。产生职业病危害的用人单位要在醒目位置设置公告栏，公布有关规章制度、操作规程、事故应急救援措施和工作场所职业病危害因素检测结果；在产生严重危害的作业岗位设置警示标识和警示说明。使用有毒物品作业的用人单位要取得职业卫生安全许可证，配备应急救援人员和必要的救援器材、设备，制定应急救援预案。任何单位和个人不得将产生危害的作业转移给不具备防护条件的单位和个人。

………………

（二）强化对重点职业病的防治

（1）尘肺病防治。以防治煤工尘肺、矽肺、石棉肺为重点，实施粉尘危害综合治理工程，开展尘肺病防治技术和发病规律调查研究。提高生产机械化水平，推进清洁生产技术的研发和推广。逐步淘汰不符合国家产业政策的工艺、设备和材料，关闭粉尘危害严重、不具备防治条件的小矿山、小水泥厂、小冶金厂、小陶瓷厂等。

（2）重大职业中毒防治。实施硫化氢、一氧化碳、氯气、氨气、苯、重金属等重大职业中毒隐患防范治理工程，开展中毒隐患排查，对生产设施、设备、场所进行治理。加快有毒化学品生产、销售、使用行业、企业的技术改造。开展职业中毒发病规律、健康损害机理、危害因素检测、职业健康监护及防护技术研究，制定重大职业中毒防治指南。

（3）职业性放射性疾病防治。实施放射性职业病危害治理工程，开展危害控制试点，研究放射性职业病发病机理及关键防治技术和措施，降低因放射线造成的矿工肺癌等疾病发病率。加强对核技术应用行业的职业病危害评价和放射卫生监督管理，完善安全防护措施，降低作业场所的放射性危害；落实接触放射线工作人员个人剂量监测和健康监护管理制度。

（三）加强职业病防治能力建设

（1）加强对重点职业病的监测与预警。开展对煤工尘肺、矽肺、石棉肺、铅中毒、苯中毒、镉中毒、锰中毒、汞中毒、职业性肿瘤和放射性职业病危害等的监测，及时掌握职业病在高危人群、高危行业和高危企业的发病特点和发展趋势，研究重大职业病危险源的分布情况，开展职业健康风险评估和预警。

（2）健全防治技术支撑体系。充分利用现有资源，加强专业人才队伍建设，逐步完善覆盖城乡的职业病危害因素检测和评价、职业健康检查、职业病诊断治疗等职业病防治网络。加强化学中毒和核辐射医疗救治的能力建设和管理，提高重大职业病危害事故应急处置能力。加强相关专业人才培养，重点培养与基本职业卫生服务相适应的基层专业人才。

（3）推进信息化建设。制定全国职业病防治信息采集标准和相应信息的采集、传输、管理规范，依托已有信息传输网络或国家电子政务网络，及时收集、分析相关动态信息，逐步实现职业病防治信息互联互通、数据共享和规范管理。

………………

四、保障措施

（一）加强防治工作领导

地方各级政府要把职业病防治工作放到更加突出的位置，将职业病防治重要指标、主要任务纳入经济社会发展计划。要制定本地区职业病防治规划，层层分解目标，明确具体措施，建立健全责任追究制。探索建立政府部门、用人单位和劳动者三方代表组成的职业病防治工作机制。

（二）加大监管力度

国务院职业病防治监督管理部门要按照职责分工，依法认真履行职业卫生监管职责。各地区要针对本地区职业病危害特点，加大重点行业、重点企业、重点人群的监督检查力度。严肃查处违反职业病防治法、损害劳动者健康及其相关权益的违法行为。对不履行或不认真履行工作职责的，要依法依纪追究相关责任人和负责人的责任；对因失职、渎职导致重大职业病危害事件发生，或者造成重大人员伤亡和经济损失、社会影响恶劣的，要依法追究主要负责人的责任。各地区、各有关部门要加强信息沟通，相互配合，形成监管合力。

（三）完善法律法规和标准

进一步健全职业病防治法配套法规、规章。制订、修订职业病危害风险评估与风险管理、工作场所职业病危害因素检测与评价、危害防护设施与个人防护用品性能评价、职业健康监护与职业病诊治等技术标准和规范，研究制定高危行业、中小企业职业病防治标准、指南和规范，完善职业病防治技术标准体系。

…………

国务院有关部门要适时开展《规划》实施的督查和评价工作。

二、相关知识

（一）适用范围

计划是为了实现一定时期的目标决策而制定出总体和阶段的任务及其实施方法、步骤和措施的行政公文。

（二）公文特点

计划具有指导性、预想性和可行性等特点。

（三）公文类型

按范围分，计划可分为国家计划、省市计划、单位计划、部门计划、个人计划等。
按时间分，计划可分为长期计划、中期计划、短期计划，或年度计划、月度计划等。
按内容分，计划可分为工作计划、教学计划、科研计划、学习计划、宣传计划等。

三、写作训练

（一）训练题目

为积极贯彻实施国家体育总局、江苏省政府《建设公共体育服务体系示范区合作协议》

和江苏省政府办公厅《关于推进公共体育服务体系示范区建设的实施意见》，省体育局群众体育处准备编制××××年工作计划。

背景材料：

××××年是全省体育工作改革年，全年重点工作如下：

一、推进公共体育服务体系示范区建设

一是组织实施省级公共体育服务体系示范区创建工作。全年分批推动苏南80％、苏中、苏北60％的市、县（市、区）创建成省级公共体育服务体系示范区。

二是做好全省示范区建设推进会、全国示范区建设现场会筹备工作。

三是编制好《江苏省公共体育服务发展报告（绿皮书）》和《国家体育总局江苏省政府共建公共体育服务体系示范区全民健身场地设施建设成果汇编》。

二、做好全省群众体育工作顶层设计

一是着手编制《江苏省全民健身实施计划（××××—××××年）》，2015年底完成初稿，为××××年省政府印发做好充分准备。

二是争取省政府将公共体育服务体系示范区建设，完成城市社区"10分钟体育健身圈"建设，新建500千米健身步道纳入省政府年度重点民生工作。

三是根据新形势制定完善群众体育相关政策。

三、推进各项群众体育重点工作

一是推进基层全民健身设施均等化。采用以奖代补的形式，引导扶持全省5000个行政村升级改造以篮球场为主的体育设施，257个乡镇建设一个内含灯光篮球场、健身路径两套以上设施的多功能运动场，推动两个市建设四连片的门球场。继续在20个中心城镇试点推广拆装式游泳池建设。根据国家体育总局试点工作部署，试点推广40个笼式足球场。

二是推动全民健身活动深化改革。会同民委、残联等部门共同做好全国第十届少数民族传统运动会、第九届全国残运会参赛工作。办好省全民健身日活动，继续打造沿江体育带全民健身大联动、将军与农民、职工乒乓球赛等品牌活动。指导各地举办丰富多彩、群众喜闻乐见的活动，进一步转变活动举办方式，提高有组织体育锻炼人口，提升活动效益。

三是加强体育社会组织建设。进一步转移职能，会同相关部门单位加大政府向社会组织购买服务工作力度，扶持体育社团发展。引导各地为一线社会体育指导员配发服装、办理意外伤害保险，对2000名晋升一级的社会体育指导员进行升等升级培训，对10000名一线社会体育指导员进行技能再培训，充分发挥社会体育指导员在全民健身中的作用。

四是加强全民健身宣传和科学健身指导。完成9个国家级、25个省级、35个市级体质测定与运动健身指导站试点工作，探索建立集体质测定、健身指导、项目推广于一体的服务体系。继续与《扬子晚报》合作开办健身专版，加强与广电、新闻出版等单位合作。扶持无锡市创建"全国全民健身示范城市"。积极探索推广计算机、互联网、大数据等技术，加强智慧体育建设，提升公共体育服务能力和水平。

试结合上述材料，以省体育局群众体育处名义编制××××年工作计划。

（二）写作指导

计划的写作格式包括标题、正文和结尾。

计划的正文包括指导思想、基本情况、任务要求、具体措施等几个部分。

注意事项：结合上级要求和本单位实际；注意顶层设计和吸收群众意见；保证计划的严肃性并注意动态调整。

（三）示范例文

省体育局群众体育处××××年工作计划

××××年是全省体育工作改革年，全省群众体育工作将深入贯彻中央全面深化改革的总体要求，在局党组的正确领导下，积极贯彻实施国家体育总局省政府《建设公共体育服务体系示范区合作协议》和省政府办公厅《关于推进公共体育服务体系示范区建设的实施意见》，精心谋划、认真实施，努力推进江苏群众体育工作再上一个新台阶。全年重点工作如下：

一、推进公共体育服务体系示范区建设

一是组织实施省级公共体育服务体系示范区创建工作。全年分批推动苏南80％、苏中、苏北60％的市、县（市、区）创建成省级公共体育服务体系示范区。

二是做好全省示范区建设推进会、全国示范区建设现场会筹备工作。

三是编制好《江苏省公共体育服务发展报告（绿皮书）》和《国家体育总局江苏省政府共建公共体育服务体系示范区全民健身场地设施建设成果汇编》。

二、做好全省群众体育工作顶层设计

一是着手编制《×××省全民健身实施计划（××××—××××年）》，2015年底完成初稿，为××××年省政府印发做好充分准备。

二是争取省政府将公共体育服务体系示范区建设，完成城市社区"10分钟体育健身圈"建设，新建500千米健身步道纳入省政府年度重点民生工作。

三是根据新形势制定完善群众体育相关政策。

三、推进各项群众体育重点工作

一是推进基层全民健身设施均等化。采用以奖代补的形式，引导扶持全省5000个行政村升级改造以篮球场为主的体育设施，257个乡镇建设一个内含灯光篮球场、健身路径两套以上设施的多功能运动场，推动两个市建设四连片的门球场。继续在20个中心城镇试点推广拆装式游泳池建设。根据国家体育总局试点工作部署，试点推广40个笼式足球场。

二是推动全民健身活动深化改革。会同民委、残联等部门共同做好全国第十届少数民族传统运动会、第九届全国残运会参赛工作。办好省全民健身日活动，继续打造沿江体育带全民健身大联动、将军与农民、职工乒乓球赛等品牌活动。指导各地举办丰富多彩、群众喜闻乐见的活动，进一步转变活动举办方式，提高有组织体育锻炼人口，提升活动效益。

三是加强体育社会组织建设。进一步转移职能，会同相关部门单位加大政府向社会组织购买服务工作力度，扶持体育社团发展。引导各地为一线社会体育指导员配发服装、办理意外伤害保险，对2000名晋升一级的社会体育指导员进行升等升级培训，对10 000名一线社会体育指导员进行技能再培训，充分发挥社会体育指导员在全民健身中的作用。

四是加强全民健身宣传和科学健身指导。完成9个国家级、25个省级、35个市级体质测定与运动健身指导站试点工作，探索建立集体质测定、健身指导、项目推广于一体的服务体系。继续与《××晚报》合作开办健身专版，加强与广电、新闻出版等单位合作。扶持无锡市创建"全国全民健身示范城市"。积极探索推广计算机、互联网、大数据等技术，加强智慧体育建设，提升公共体育服务能力和水平。

第二节　实施方案

一、机关例文

国家×××总局党的群众路线教育实践活动实施方案

围绕保持党的先进性和纯洁性，在全党深入开展以为民务实清廉为主要内容的党的群众路线教育实践活动，是党的十八大作出的一项重大部署。按照中央要求和部署，国家×××总局机关及其直属单位参加第一批教育实践活动。根据《中共中央关于在全党深入开展党的群众路线教育实践活动的意见》，结合××工作实际，对×××总局机关及直属单位开展教育实践活动制订如下实施方案。

一、指导思想

高举中国特色社会主义伟大旗帜，坚持以马克思列宁主义、毛泽东思想、邓小平理论、"三个代表"重要思想、科学发展观为指导，紧紧围绕保持党的先进性和纯洁性，以为民务实清廉为主要内容，以总局党组班子及其成员、机关和直属单位领导班子及其成员以及处级以上领导干部为重点，切实加强全体党员马克思主义群众观点和党的群众路线教育，把贯彻落实中央八项规定精神作为切入点，进一步突出作风建设，坚决反对形式主义、官僚主义、享乐主义和奢靡之风，着力解决人民群众反映强烈的突出问题，提高做好新形势下群众工作的能力，保持党同人民群众的血肉联系，发挥党密切联系群众的优势，为推动经济持续健康发展、全面建成小康社会、实现中华民族伟大复兴的中国梦提供坚强保证。

二、任务目标及原则要求

党的群众路线教育实践活动主要任务目标是教育引导党员、干部树立群众观点，弘扬优良作风，解决突出问题，保持清廉本色，使党员、干部思想进一步提高、作风进一步转变，党群干群关系进一步密切，为民务实清廉形象进一步树立。要坚持围绕中心、服务大局，全面贯彻落实党的十八大提出的各项任务要求，把作风建设放在突出位置，以作风建设的新成效凝聚起建设××强国的强大力量。

党的群众路线教育实践活动全过程，要贯穿"照镜子、正衣冠、洗洗澡、治治病"的总要求。"照镜子"，主要是学习和对照党章，对照廉政准则，对照改进作风要求，对照群众期盼，对照先进典型，查找宗旨意识、工作作风、廉洁自律方面的差距。"正衣冠"，主要是按照为民务实清廉的要求，严明党的纪律特别是政治纪律，敢于触及思想，正视矛盾和问题，从自己做起，从现在做起，端正行为，维护良好形象。"洗洗澡"，主要是以整风精神开展批评和自我批评，深入分析出现形式主义、官僚主义、享乐主义和奢靡之风的原因，坚持自我净化、自我完善、自我革新、自我提高，既要解决实际问题，更要解决思想问题。"治治病"，主要是坚持惩前毖后、治病救人方针，区别情况、对症下药，对作风方面存在问题的党员、干部进行教育提醒，对问题严重的进行查处，对与民争利、损害群众利益的不正之风和突出问题进行专项治理。

…………

三、范围对象

党的群众路线教育实践活动在全体党员中开展，重点是总局党组班子及其成员、机关和直属单位领导班子及其成员以及处级以上领导干部。

×××总局机关、党组织关系隶属×××总局直属机关党委的各直属事业单位和企业，以及×××大学、×××学校、×××学校、×××学校、×××训练基地均参加第一批党的群众路线教育实践活动。

四、方法步骤

×××总局教育实践活动从××××年××月开始筹备，××月至××月集中开展。具体到每个单位，集中教育时间一般不少于3个月。在教育实践活动全面启动前，要认真做好思想准备、组织准备、工作准备，重点做好传达学习中央精神，成立教育实践活动领导小组和工作机构，制定教育实践活动实施方案等项工作。教育实践活动着力抓好以下三个环节：

（一）学习教育、听取意见(××月中旬至××月中旬)。重点是搞好学习宣传和思想教育，深入开展调查研究，广泛听取干部群众意见。

×××总局定于××××年××月××日召开教育实践活动动员大会，对教育实践活动进行全面动员和部署，并开展民主评议。各部门各单位应于××××年××月××日前召开动员大会，由主要领导作动员。动员大会上，由总局督导组组织开展对单位领导班子及其成员评议，参加评议人员按照年度考核评议范围，可根据情况扩大范围。评议的主要内容为：对领导班子及其成员作风方面情况进行总体评价；领导班子及其成员在形式主义、官僚主义、享乐主义和奢靡之风等方面存在的突出问题；对搞好教育实践活动的意见建议等。

要采取多种形式进行学习和教育。组织党员、干部认真学习中国特色社会主义理论体系，学习党章和党的十八大报告，学习习近平总书记在中央党的群众路线教育实践活动工作会议上的讲话等一系列重要讲话精神，学习党的光辉历史和优良传统，开展中国特色社会主义宣传教育，开展马克思主义群众观点和党的群众路线专题学习讨论。重点研读《论群众路线—重要论述摘编》、《党的群众路线教育实践活动学习文件选编》、《厉行节约、反对浪费—重要论述摘编》三本学习材料。

总局党组中心组开展专题学习，并适时邀请有关专家学者来总局作报告。各级党组织要结合工作实际安排集中学习和个人自学，集中学习每周至少一次，学习中要联系思想工作实际谈体会谈认识，鼓励党员、干部撰写学习体会。

要组织党员、干部走进基层、贴近群众，充分征求意见，为对照检查、开展批评和解决问题打好基础。总局党组将采取多种形式征求各部门各单位的意见。各部门各单位采取多种形式征求对班子及其成员的意见。总局督导组将采取书面和谈话等形式，征求对班子及其成员的意见，并反馈给班子及其成员。

（二）查摆问题、开展批评。重点是围绕为民务实清廉要求，通过群众提、自己找、上级点、互相帮，认真对照党章，对照廉政准则，对照改进作风要求，对照群众期盼，对照先进典型，以及对照×××局长在动员大会上提到的学风不正、工作不实、创新不足、精神不振、守纪不严、是非不分、为政不勤、风格不高和民主集中制贯彻不好等9个方面的具体表现，切实查摆形式主义、官僚主义、享乐主义和奢靡之风方面的问题，进行党性分析和自我剖析，开展批评和自我批评。

要组织召开一次高质量的专题民主生活会。各党委、支部要切实负起责任，主要负责同志要带头查摆问题，带头开展批评和自我批评。

总局督导组要全程参与所联系的部门、单位领导班子的专题民主生活会。在民主生活会准备阶段，督导组要向党政主要负责同志和班子成员通报掌握的党员、群众的意见和存在的突出问题。也可对班子成员进行个别谈话提醒。

基层党组织要认真组织党员参加教育实践活动。每个党员都要参加所在党支部或党小组召开的专题组织生活会，针对存在问题，提出改进措施和办法。

（三）整改落实、建章立制。重点是针对作风方面存在的问题，提出解决对策，制定和落实整改方案；对一些突出问题，进行集中治理。每个部门每个单位都要抓住重点问题，制定整改任务书、时间表，实行一把手负责制，并在全体干部职工中公示。

（1）要强化正风肃纪。

（2）要提高群众工作能力。

（3）要加强制度建设。

五、工作要求

（一）要进一步提高认识。开展党的群众路线教育实践活动，是我们党在新形势下坚持党要管党、从严治党的重大决策，是顺应群众期盼、加强学习型服务型创新型马克思主义执政党建设的重大部署，是推进中国特色社会主义的重大举措，对保持党的先进性和纯洁性、巩固党的执政基础和执政地位，对全面建成小康社会，具有重大而深远的意义。开展党的群众路线教育实践活动，是实现党的十八大确定的奋斗目标的必然要求，是保持党的先进性和纯洁性、巩固党的执政基础和执政地位的必然要求，是解决群众反映强烈的突出问题的必然要求。各级党组织和广大党员要切实提高对教育实践活动重大意义和现实紧迫性的认识，自觉把思想和行动统一到中央要求和党组部署上来，以好的作风确保教育实践活动取得实效。

（二）各级党组织是抓好本部门本单位教育实践活动的责任主体，要高度重视，认真负责。党政主要领导要承担起第一责任人的责任，有关部门要密切配合，形成工作合力。

（三）各部门各单位开展教育实践活动要与落实中央八项规定精神和总局党组贯彻落实中央八项规定及实施细则 24 条规定结合起来，要与总局近年来开展"反腐倡廉、奋发敬业"专题教育活动、"四查四纠"教育整顿工作、"保纯洁、查风险、强监管、净行风"专项教育整治活动成果结合起来，要与认真做好各项工作和党员、干部履职尽责结合起来，做好两手抓、两不误、两促进。既要认真落实中央统一部署，坚持教育实践活动的基本环节不能少、不变通，把"规定工作"做到位；又要结合各自实际，灵活安排各个环节的工作，在解决问题上下工夫，有什么问题就解决什么问题，使"自选工作"有特色。

…………

二、相关知识

（一）适用范围

方案是对某项工作从目标、内容、方法及步骤等做出全面具体安排的计划类文书。

（二）公文特点

方案具有广泛性、具体性、规定性等特点。

三、写作训练

（一）训练题目

交通运输部、发展改革委、财政部、监察部、国务院纠风办通过重大节假日免收小型客车通行费实施方案。

一、实施范围

（一）免费通行的时间范围为春节、清明节、劳动节、国庆节等四个国家法定节假日，以及当年国务院办公厅文件确定的上述法定节假日连休日。免费时段从节假日第一天00:00开始，节假日最后一天24:00结束（普通公路以车辆通过收费站收费车道的时间为准，高速公路以车辆驶离出口收费车道的时间为准）。

（二）免费通行的车辆范围为行驶收费公路的7座以下（含7座）载客车辆，包括允许在普通收费公路行驶的摩托车。

（三）免费通行的收费公路范围为符合《中华人民共和国公路法》和《收费公路管理条例》规定，经依法批准设置的收费公路（含收费桥梁和隧道）。各地机场高速公路是否实行免费通行，由各省（区、市）人民政府决定。

二、工作要求

（一）加强收费站免费通行管理。

（二）完善收费站应急处置预案。

三、保障措施

（一）加强领导，明确责任。

（二）深化研究，完善政策。

（三）注重宣传，正面引导。

试结合上述材料，以多部委名义出台工作方案。

（二）写作指导

方案的写作格式包括标题、成文时间和正文三部分内容，不用落款。

1. 标题

方案的标题可以由发文机关、方案内容和文种三部分组成，如《北华大学五年发展规划总体方案》；也可以由方案内容和文种组成。

2. 成文时间

方案的成文时间一般注在标题下。

3. 正文

正文一般包括以下几个部分：指导思想、工作目标、政策措施、实施步骤以及具体要求。当然，也可以依据工作重点，适当调整写作方法。

（三）示范例文

重大节假日免收小型客车通行费实施方案

交通运输部　发展改革委　财政部　监察部　国务院纠风办

为进一步提升收费公路通行效率和服务水平，方便群众快捷出行，现就重大节假

日期间免收 7 座及以下小型客车通行费有关问题制定如下实施方案：

一、实施范围

（一）免费通行的时间范围为春节、清明节、劳动节、国庆节等四个国家法定节假日，以及当年国务院办公厅文件确定的上述法定节假日连休日。免费时段从节假日第一天00:00开始，节假日最后一天24:00结束（普通公路以车辆通过收费站收费车道的时间为准，高速公路以车辆驶离出口收费车道的时间为准）。

（二）免费通行的车辆范围为行驶收费公路的 7 座以下（含 7 座）载客车辆，包括允许在普通收费公路行驶的摩托车。

（三）免费通行的收费公路范围为符合《中华人民共和国公路法》和《收费公路管理条例》规定，经依法批准设置的收费公路（含收费桥梁和隧道）。各地机场高速公路是否实行免费通行，由各省（区、市）人民政府决定。

二、工作要求

（一）加强收费站免费通行管理

为确保免费政策实施后车辆有序通行，各地区要对公路收费站现有车道进行全面调查，结合重大节假日期间 7 座及以下小型客车免费通行的要求，合理规划和利用现有收费车道和免费专用通道，确保过往车辆分类分车道有序通行。

（二）完善收费站应急处置预案

地方各级交通运输主管部门和收费公路经营管理单位要全面分析本辖区公路收费站的运营管理状况，特别是交通拥堵等有关情况，督促收费站制定并完善重大节假日期间应对突发事件的应急预案。一旦出现突发事件，要迅速启动应急响应，及时采取有针对性的应对措施，确保收费站正常运行和车辆有序通行。

三、保障措施

在重大节假日期间免收 7 座及以下小型客车通行费是调整和完善收费公路政策的重要举措，对于提高重大节假日公路通行能力和服务水平，降低公众假日出行成本具有重要意义，各省（区、市）人民政府和国务院有关部门要高度重视，切实抓好贯彻落实。

（一）加强领导，明确责任

重大节假日免收 7 座及以下小型客车通行费的具体工作，由各省（区、市）人民政府负责统一组织实施。各省级交通运输、发展改革（价格）、财政、监察、纠风等部门要在省级人民政府统一领导下，制订方案，落实责任，明确分工，密切配合，共同做好实施工作。交通运输部、发展改革委、财政部、监察部、国务院纠风办要成立联合工作小组，加强对各地区的指导、协调和督查，及时帮助解决出现的问题。

（二）深化研究，完善政策

各省（区、市）人民政府及国务院各有关部门要深入研究分析、科学评估该政策实施效果及影响，不断完善相关措施，妥善解决实施过程中出现的问题；要切实做好与收费公路经营者的沟通，争取其理解和支持，确保各项工作顺利开展。同时，要加快研究完善收费公路管理、提高公路服务水平、促进收费公路健康发展的长效机制和政策措施，更好地服务经济社会发展。

（三）注重宣传，正面引导

各地区要通过政府及部门网站、新闻媒体等多种渠道，加强舆论引导和政策宣传，及时发布相关信息，使社会公众及时、全面了解本方案的重大意义及具体内容，为公路交通健康持续发展创造良好的舆论氛围。

第三节　工作要点

一、机关例文

×××部××××年工作要点

××××年教育工作的总体要求是：全面贯彻党的十八大和十八届三中、四中、五中全会精神，以邓小平理论、"三个代表"重要思想、科学发展观为指导，深入学习贯彻习近平总书记系列重要讲话精神，按照"五位一体"总体布局和"四个全面"战略布局，牢固树立和贯彻落实创新、协调、绿色、开放、共享的发展理念，全面贯彻党的教育方针，紧紧围绕提高教育质量这一战略主题，以立德树人为根本任务、以促进公平为基本要求、以优化结构为主攻方向、以深化改革为根本动力、以健全法制为可靠保障、以加强党的领导为坚强保证，加快推进教育现代化，为全面建成小康社会发挥关键支撑作用。

一、切实加强党的建设，全面维护教育系统和谐稳定

（1）深入学习贯彻习近平总书记系列重要讲话精神。把讲话精神作为党委（党组）中心组学习重要内容，纳入干部培训教学计划。按照中央统一部署，组织开展专题党性教育。巩固深化"三严三实"专题教育成果，推动践行"三严三实"要求制度化常态化长效化。认真落实《教育部直属机关党员干部遵守党的政治纪律的规定》，切实加强对政治纪律和政治规矩执行情况的监督检查。

（2）切实加强学校党建工作。加强党对高校的领导，专项督查党委领导下的校长负责制落实情况，健全高校党建工作责任体系。制订加强高校基层党支部建设的意见，制订高校学生党建工作标准。制订关于加强高校统一战线工作的意见。召开全国高校党建工作年度会议。出台关于加强民办高校、中小学党建工作的意见。召开全国中小学党建工作会议。

（3）加强教育系统政风行风学风建设。聚焦全面从严治党，全面落实中央巡视组专项巡视工作各项要求，保证巡视后的整改落实工作取得成效。落实中央巡视组巡视中管高校的工作要求。强化对被巡视单位党组织的巡视，突出政治巡视。结合教育巡视工作实际，制订《贯彻巡视工作条例实施办法》。出台高等学校学术不端行为处理办法，严厉打击学术造假行为。切实加强高校科研经费管理。落实窗口服务单位首问负责制，优化工作流程，提高服务意识。健全完善群众来信来访接待受理工作机制。进一步加强教育重点领域信息公开。

（4）加强教育管理干部队伍建设。做好各级各类干部选拔任用工作，加大培养选拔年轻干部、女干部、少数民族干部和党外干部力度。积极推进教育系统内外干部交流，选派优秀干部到中西部地区特别是西藏、新疆、青海等艰苦边远地区挂职、任职。研究制订高校、直属单位领导人员管理办法。坚持从严管理监督干部，开展选人用人专项检查。规范直属高校、直属单位领导班子薪酬管理。全面做好离退休干部工作。

（5）加强党风廉政建设。认真落实中央八项规定，切实执行"六大纪律"。举办学习贯彻《中国共产党廉洁自律准则》、《中国共产党纪律处分条例》专题培训班。把廉洁从政作为专门的教学单元纳入党员干部培训计划，坚持廉政谈话提醒制度。全面落实教育部党组《关于落实党风廉政建设主体责任的实施意见》和《关于落实党风廉政建设监督责任的实施意见》，举办专题培训班。加大对违纪和腐败案件的查处力度，严格实行问责"一案双查"。认真做好廉政风险点的动态监控。

（6）切实维护学校安全稳定。加强学生安全教育，开展安全教育教学能力展示活动。深化平安校园建设，研究制订加强高校安全稳定综合防控体系建设、中小学校安全防控及评估指标体系等文件，开展校园安全稳定隐患排查和依法整治、强化校园反恐防范工作。健全职业院校学生实习责任保险制度。推动各地制订省级校车服务方案。继续开展"护校安园"行动。

二、始终贯彻落实立德树人根本任务，着力提高教育质量

（7）加强和改进德育工作。把培育践行社会主义核心价值观、增强学生社会责任感、创新精神、实践能力作为重点任务贯彻到国民教育全过程。推动中小学文明校园创建活动。加强中小学劳动教育。印发《教育系统深入开展爱国主义教育的实施意见》，推动各级各类学校深入开展爱国主义教育。组织好××××年全国"开学第一课"。促进中小学班主任工作经验交流，推动区域性班主任工作共同体建设。启动实施大学生思想政治教育质量提升工程。修订《普通高等学校辅导员队伍建设规定》，完善《高等学校辅导员职业能力标准(暂行)》，落实《普通高等学校辅导员培训规划》。实施"思想政治教育中青年杰出人才支持计划"。启动新一轮全国大学生思想政治教育测评工作。指导支持关心下一代工作。

（8）深化课程改革。抓紧义务教育品德、语文、历史教材的编写、修订和审查，推动社会主义核心价值观教育融入教育教学全过程，加强中华优秀传统文化、法治教育等内容。组织开展新编三科教材使用工作。印发《中小学教材管理办法》。加快推进普通高中课程方案、课程标准修订工作。印发《新形势下进一步做好基础教育装备工作的意见》，研制基础教育装备管理办法。启动建立基础教育课程实施监测机制。印发新修(制)订的中职部分公共基础课程标准。加快推进"马工程"重点教材编写审议和统一使用。实施《马克思主义理论学科发展规划(××××—××××年)》。全面实施高校思政课建设体系创新计划，实施好思政课教学方法改革择优推广计划和教学科研团队择优支持计划，研究制订高校马克思主义学院建设标准。加强高校出版阵地管理，提高教材等出版物质量。

…………

三、坚持改革创新，不断为教育事业发展注入动力活力

（15）制订实施教育"十三五"规划。做好教育"十三五"规划编制工作，明确"十三五"时期教育改革发展的指导思想、目标任务和重大政策举措。组织开展宣传和解读，推进规划的实施及监测。

（16）推进民办教育分类改革。进一步修改并出台鼓励社会力量兴办教育促进民办教育健康发展的若干意见。研究制订民办学校分类登记实施细则、营利性民办学校监督管理实施细则等，有序实施民办学校分类管理。召开全国民办教育工作会议。

（17）深化考试招生制度改革。指导各地落实考试招生制度改革实施方案。印发进一步做好义务教育招生入学工作文件。加强普通高中教学管理和学生综合素质评价工作指导。加快推进高职分类考试改革，突出"文化素质＋职业技能"考核评价方式，进一步扩大高职分类考试录取的比例。推进考试内容改革，充分发挥高考命题的育人功能和积极导向作用。确保国家教育考试平稳安全有序进行。扩大重点高校面向农村贫困地区学生定向招生计划。加强对特殊类型招生的规范管理。探索研究生招生计划分类管理改革办法，推进专业学位硕士研究生考试招生改革试点，进一步扩大博士研究生招生"申请—考核"和"分流淘汰"机制。研究制订成人高校考试招生制度改革指导意见。落实和完善随迁子女在当地参加中考、高考政策。加大对高校招生的监管力度，落实招生信息"十公开"，严肃查处各类违规招生行为。

（18）深入推进教育管办评分离。深化教育行政审批制度改革，进一步规范教育行政审批行为，推进教育行政审批网上平台建设，进一步落实和扩大省级政府教育统筹权，进一步落实和扩大高校办学自主权。推进中小学章程和现代学校制度建设，推进高校完善内部治理结构，健全学术委员会、理事会等制度，建立健全高校章程实施的监督机制。加快完善国家教育标准体系，做好教育管办评分离改革试点工作，推进部属事业单位分类改革和机构布局优化调整。

…………

四、坚持协调发展，不断优化教育结构

（24）发展普惠性学前教育。全面推进实施第二期学前教育三年行动计划和国家学前教育重大项目。推进学前教育改革国家实验区建设，完善普惠性幼儿园发展机制，出台新修订的《幼儿园工作规程》。研究制订第三期学前三年行动计划。

（25）统筹城乡义务教育一体化发展。印发《关于新型城镇化背景下统筹推进城乡义务教育一体化发展的若干意见》，加快缩小城乡教育差距。贯彻落实《国务院关于进一步完善城乡义务教育经费保障机制的通知》，建立城乡统一、重在农村的义务教育经费保障机制。会同有关部门印发《城乡义务教育补助经费资金管理办法》《关于全面实施义务教育教科书免费提供和做好部分免费教科书循环使用工作的意见》等配套文件，确保城乡义务教育经费保障机制相关政策落地。深化《义务教育学校管理标准（试行）》贯彻实施。加强义务教育基础信息管理工作。

…………

五、坚持共享发展，切实保障广大人民群众接受教育的权利

（30）进一步扩大优质教育资源覆盖面。继续扩大实施"支援中西部地区招生协作计划"等专项计划，对民族自治县实现全覆盖，畅通农村和贫困地区学子纵向流动的渠道。扩大优质教育资源教学成果对中西部省份教学改革的覆盖。实施《加快中西部教育发展行动计划(2016－2020年)》。深入实施中西部高等教育振兴计划，继续做好对口支援西部地区高等学校工作。推动《京津冀协同发展教育专项规划》落实，建立京津冀教育协同发展工作推动机制。

（31）努力实现家庭经济困难学生资助全覆盖。督促各地进一步健全学前教育资助政策。继续组织实施好农村义务教育学生营养改善计划。会同有关部门研究制定逐步分类推进中等职业教育免除学杂费。率先从建档立卡的家庭经济困难学生实施普通高中免除学杂费等相关政策。落实国家助学贷款政策、研究生奖助政策，推动出台基层就业学费补偿贷款代偿政策。加大宣传力度，确保资助政策家喻户晓。

二、相关知识

（一）适用范围

工作要点是对未来一定时期工作的简明扼要的安排，多用于上级机关对下级单位布置工作。

（二）公文特点

工作要点具有指导性、预见性、可行性和约束性等特点。

三、写作训练

（一）训练题目

×××市打击侵犯知识产权和制售假冒伪劣商品工作总体要求是：按照国家、省统一部署和市委、市政府要求，紧紧围绕深化改革创新、保障改善民生和维护公平正义，着力解决我市市场秩序中突出问题，进一步建立健全长效工作机制，为加快完善现代市场体系、建设法治化营商环境提供有力保障。

具体做法如下：

一、着力解决突出问题。例如打击利用网络侵权假冒行为；推进行政执法与刑事司法衔接；推进软件正版化。

二、深入开展专项整治。例如开展打击假劣汽柴油专项行动；开展农资打假专项治理；开展"质检利剑"打假行动；打击制售假劣药品违法行为；打击流通领域违法售假行为；打击进出口侵权假冒货物违法行为。

三、有力打击侵权行为。例如打击侵犯商标权违法行为；打击侵犯著作权违法行为；打击侵犯专利权违法行为。

四、保持高压严打态势。开展集群战役；加强检察监督；依法开展审判。

五、完善长效工作机制。夯实工作基础；强化绩效考核；切实加强宣传引导；做好维权法律服务。

请结合上述材料，以×××市政府办名义撰写××××年×××市打击侵犯知识产权和制售假冒伪劣商品工作要点。

（二）写作指导

工作要点包括标题和正文两部分。

1. 标题

工作要点的标题可以是"发文机关＋时间＋文种"，如《教育部2016年工作要点》；也可以是"发文机关＋时间＋事由＋文种"，如《泰州市2014年打击侵犯知识产权和制售假冒伪劣商品工作要点》。

2. 正文

工作要点的正文要内容全面、重点突出。最好既有定性要求，也有定量指标，并且每个事项的做法、程序、要求均要交代清楚。

（三）示范例文

××××年×××市打击侵犯知识产权和制售假冒伪劣商品工作要点

××××年，全市打击侵犯知识产权和制售假冒伪劣商品工作（以下简称打击侵权假冒工作）总体要求是：按照国家、省统一部署和市委、市政府要求，紧紧围绕深化改革创新、保障改善民生和维护公平正义，着力解决我市市场秩序中突出问题，进一步建立健全长效工作机制，为加快完善现代市场体系、建设法治化营商环境提供有力保障。

一、着力解决突出问题

（一）打击利用网络侵权假冒行为。打击利用互联网和网络交易平台发布虚假违法广告、销售假冒伪劣商品行为，以大型购物网站为重点，加强对网络商品交易违法行为整治。

（二）推进行政执法与刑事司法衔接。完善案件咨询、信息报送、数据统计、跟踪督促等工作制度。推进打击侵权假冒行政执法与刑事司法信息共享平台建设，实现与网上权力公开运行系统对接互联，确保案件的有效移送和反馈。

（三）推进软件正版化。认真落实《国务院办公厅关于印发政府机关使用正版软件管理办法的通知》（国办发〔××××〕××号），完善软件正版化工作长效机制。加强对各市（区）党政机关软件正版化工作的督促检查，提高正版软件使用率，巩固政府部

门软件正版化工作成果，鼓励和指导企业加强软件资产管理。

二、深入开展专项整治

（一）开展打击假劣汽柴油专项行动。严厉打击汽柴油生产、储运、销售等环节中存在的以不合格品冒充合格品、掺杂使假、缺斤短两等违法行为。

（二）开展农资打假专项治理。强化对农资批发市场、专业市场、集散地和经营门店的日常监管，围绕重点品种、重点地区、重点农时，重点查处无证照经营、挂靠经营、超范围经营农资违法行为。加强农资质量检测，严厉打击制售假冒伪劣农资违法行为。

（三）开展"质检利剑"打假行动。围绕建筑材料、汽车配件、家用电器、儿童用品等重点产品，部署开展专项执法行动，打击汽车行业、汽摩配件产品违法生产行为。

（四）打击制售假劣药品违法行为。进一步规范食品、药品、保健食品、化妆品、医疗器械市场秩序，严厉打击制售假冒国内外知名品牌产品违法违规行为，打击违法违规生产。

（五）打击流通领域违法售假行为。以家用电器、车用商品、燃气灶具、压力锅、笔记本电脑、眼镜等为重点，强化流通环节商品质量抽查检验，严厉打击销售质量不合格商品行为。扎实开展电视购物专项整治，遏制电视购物行业违法违规多发势头，规范电视购物经营者经营行为。

（六）打击进出口侵权假冒货物违法行为。完善口岸风险监管措施，严厉查处进出口侵权货物违法行为，打击伪造、变造、买卖检验检疫证书违法行为。

三、有力打击侵权行为

（一）打击侵犯商标权违法行为。以驰名商标、涉外商标等为重点，查办跨区域、大规模、社会公众反映强烈的侵权案件。打击仿冒他人知名商品特有名称、包装装潢等不正当竞争行为。

（二）打击侵犯著作权违法行为。围绕网络文学、音乐、影视、游戏、动漫、软件等重点领域和产品，开展打击网络侵权盗版"剑网"行动。加强对印刷复制企业和出版物市场的指导检查，打击生产和流通领域的侵权盗版行为。

（三）打击侵犯专利权违法行为。突出民生领域、重大项目和优势产业，加大专利纠纷调处力度。

四、保持高压严打态势

（一）开展集群战役。针对严重危害民生和社会公共安全的制售假劣药品、农资、日化用品、机电产品犯罪活动，严厉查处大案要案。深化警企协作，增强打假溯源技术应用，探索通过物流运单信息、网络交易信息等交易记录挖掘、排查犯罪线索。

（二）加强检察监督。严厉打击侵害民生民利的犯罪行为，突出监督重点，强化监督实效。充分发挥行政执法与刑事司法衔接信息共享平台的作用，深挖有案不移、有案不立、以罚代刑背后的职务犯罪线索，促进公正廉洁执法。

（三）依法开展审判。加强对重点行业、重点领域侵权假冒犯罪案件的审判工作，加大罚金刑适用力度，剥夺侵权人再犯罪能力和条件。

五、完善长效工作机制

（一）夯实工作基础。加强各级打击侵权假冒工作领导小组办公室自身建设，加快落实市(区)领导小组办公室机构编制、人员、经费和办公场所。加强举报服务体系建设，落实举报奖励措施。探索建立违法违规经营主体及其法定代表人、经营者、直接责任人的"黑名单"制度。

（二）强化绩效考核。将打击侵权假冒工作纳入"平安泰州"建设重要内容和社会管理综合治理考评范围。

（三）切实加强宣传引导。充分发挥传统媒体、新兴媒体优势，及时报道打击侵权假冒决策部署和工作成效。在消费者权益保护日、世界知识产权日、全国法制宣传日等重要时间节点，集中开展宣传活动，增强群众识假辨假意识和能力，营造全社会关注打击侵权假冒的氛围。

（四）做好维权法律服务。积极推广企业法律顾问制度，帮助企业建立健全企业知识产权创造、运用、保护和使用的内部管理制度。加强对侵权假冒刑事案件和民事案件律师辩护代理工作的指导与监督。指导开展律师行业知识产权业务培训。

×××市政府办公室

××××年××月××日

第九章　总结类文书

第一节　总　结

一、机关例文

国家×××局机关党委××××年上半年工作总结

今年上半年，按照中央国家机关工委和局党组的要求，机关党委紧紧围绕党建工作和党风廉政工作重点，牢牢把握服务中心、建设队伍的核心任务，着力建设学习型服务型创新型党组织，积极推进机关党建工作和党风廉政建设工作，进一步增强了党员干部的政治意识、大局意识、守责意识，增强了基层党组织的凝聚力和战斗力。

一、完成的主要工作

（一）组织开展了十八大精神和习近平总书记系列重要讲话精神的学习

一是深化十八大精神的学习。坚持学以致用、用以促学，教育引导党员干部切实把党的十八大精神落实到推动×××业科学发展、开创旅游工作新局面、全面推进机关党的建设上来。二是深入学习贯彻习近平总书记系列重要讲话精神。以中央统一编印的《习近平总书记系列重要讲话读本》、《习近平关于全面深化改革论述摘编》、《党委中心组学习贯彻习近平总书记系列重要讲话精神座谈会文集》和《学习习近平同志关于机关党建重要论述》为主要教材，组织了党组中心组学习和处以上党员干部集中轮训，用讲话精神统一思想、凝聚力量、指导实践、推动工作。三是创新学习形式。充分利用宣传展板增强学习宣传贯彻党的十八大精神和习近平总书记系列重要讲话精神的针对性和实效性，确保学习宣传取得实效。结合工作实际，改版了"机关党建工作"网页，突出了学习交流功能。

（二）健全完善了推进党内政治生活常态化、长效化的相关制度规定

根据党的群众路线教育实践活动整改落实的要求和我局"两方案一计划"的任务分工，起草制定了《国家×××局党组理论学习中心组学习制度》、《国家×××局党员领导干部基层联系点制度》、《国家×××局党组织领导班子及党员领导干部定期党性分析制度》和《关于强化落实"三会一课"制度的意见》。完善了党组中心组学习的计划安排、学习形式、主要内容、组织实施等事项，进一步提高学习的质量。健全了领导干部带头学习、改进作风、深入基层调查研究的机制，以及直接联系和服务群众的机制。针对近年来党员干部在理想信念、宗旨意识、组织纪律、思想观念和工作作风等方

面存在的问题，把党性分析列为各级党组织的一项"规定动作"，明确了党性分析的工作目标、主要内容、方法步骤和具体要求。为进一步健全党内组织生活，研究提出了强化落实"三会一课"制度的意见，把落实"三会一课"制度作为党性锻炼的必修课，不断强化各级党组织对党员教育监督管理的作用，着力建设一支政治坚定、作风优良、素质过硬的党员干部队伍。

（三）积极开展了学习型、服务型、创新型党组织建设的各项工作

一是开设了"机关大讲堂"。截至目前，已经组织了4场讲座。内容包括《智慧旅游》启示、《干部任用条例》解读、《青年行为规则》交流、《深化改革市场创新》等，受到了机关党员干部的好评。二是推广运用支部工作法。根据中央国家机关工委的要求，组织开展了践行群众路线支部工作法的宣传推广运用，进一步总结提炼以党建工作带动业务工作的经验和做法，推广可学可用、便于借鉴的支部工作法，着力强化组织功能，增强组织活力，发挥示范带动作用。三是认真落实党章规定。按照《中国共产党党和国家机关基层组织工作条例》的要求，上半年，结合各单位领导班子人员变动，及时对3个基层党组织进行了调整补充。举办了入党积极分子培训班，有48名入党积极分子参加了培训。发展了2名新党员，有1名预备党员转正。四是开展主题党日活动。结合"党的纪律学习教育月"活动，"七一"前后，各单位党组织开展了以"坚定理想信念、弘扬优秀传统、严明党的纪律"为主题的党日活动。通过上党课、讲党史、重温入党誓词，缅怀革命先烈、现场体验红色经典，走访慰问老党员老干部，座谈交流心得体会等方式，发挥了基层党组织的战斗堡垒作用。

（四）进一步推动了转变机关工作作风和党风廉政建设工作的落实

一是开展了主题学习教育月活动。今年6月份，在全局组织开展了以知纪、守纪、执纪为主题的"党的纪律学习教育月"活动。通过开展正面教育和自我教育，重点解决局机关和直属单位不同程度存在的观念淡薄、纪律松弛、作风不实等问题。二是完成了党风廉政建设工作角色转换。根据中纪委对派驻纪检监察机构提出的"三转"要求，局党组决定党风廉政建设领导小组办公室的日常工作由机关党委承担。按照党组要求，调整了党风廉政建设领导小组办公室成员单位，明确了主要工作职责。按时报送贯彻落实"中央八项规定"的情况。制定了《国家×××局××××年党风廉政建设工作要点》及任务分工。组织召开了2014年党风廉政建设工作会议。举办了旅游廉政文化作品展示，促进机关廉政文化建设，营造了廉洁从政的良好氛围，取得了良好效果。三是落实党风廉政建设主体责任。牵头制定了《国家旅游局贯彻落实中央〈建立健全惩治和预防腐败体系××××—××××年工作规划〉实施办法》，从指导思想和工作目标、坚持不懈抓好作风建设、坚决有力惩治腐败、科学有效预防腐败、加强对党风廉政建设和反腐败工作的组织领导等五个方面细化了13项具体任务，并明确了牵头单位和责任单位。

（五）充分发挥了党团工青妇组织在推进和谐机关建设中的积极作用

一是组织开展文明创建活动。按照中央的部署，深入开展创建文明单位和人民满意公务员活动，今年我局港澳台司台湾处、规划财务司产业发展处被评为中央国家机关"创建文明机关，争做人民满意公务员"活动先进集体；办公室秘书处和旅游报社品

牌推广部获得中央国家机关"青年文明号"荣誉；综合司沈虹获得中央国家机关"五一劳动奖章"；国际司徐海军获得中央国家机关"五四青年奖章"；规划财务司杜功伟获得中央国家机关"优秀共青团干部"荣誉。二是组织开展主题演讲比赛和青年读书学习交流活动。举办了"青春·足迹"主题演讲活动，有 17 名同志获奖，使青年同志得到了锻炼。三是组织开展青年干部下基层活动。积极参加中央国家机关团工委组织的"根在基层，走进一线"活动，上半年有 9 名青年同志参加。四是组织开展学雷锋献爱心志愿者活动。组织青年志愿者赴北京市通州区关爱中心开展结对帮扶活动。五是组织开展文体娱乐活动。机关工会组织了春节游艺活动、拓展健身活动、庆祝"三八节"活动、8 个文体兴趣小组活动，举办了太极拳普及班，每月安排一场电影，既丰富了机关的业余文化生活，又促进了干部职工锻炼身体的积极性。同时组织开展了送温暖活动，加强人文关怀和心理疏导，有针对性地开展互帮互助工作，解决干部职工的实际困难，收到了很好的效果。

二、下半年工作打算

一是深入学习十八届三中、四中全会精神。发挥党组中心组示范作用，通过学习教育、专题辅导、学习交流等形式，把十八届三中全会精神宣传教育引向深入，凝聚改革共识，推动全面深化改革各项任务落实。十八届四中全会召开后，迅速兴起学习贯彻全会精神的热潮。与此同时，努力办好"机关大讲堂"讲座和青年干部读书交流活动。围绕培育和践行社会主义核心价值观，以及旅游行业核心价值观，开展践行核心价值观先进典型宣传教育，在创建学习型组织方面见到成效。

二是落实好党风廉政建设的主体责任。抓好"两个责任"落实，强化党风廉政建设责任制，进一步落实党组的主体责任、机关纪委的监督责任，强化司级领导班子和领导干部的具体责任。加强党风党纪、廉政法规、廉洁自律教育，加强对重点工作、重点环节廉政风险点的动态监控和对防控措施落实情况的监督检查。继续抓好惩治和预防腐败体系的贯彻落实，加强对驻外办等重点单位的廉政风险防控工作。

三是推进党内政治生活制度常态化。根据教育实践活动整改落实要求，下半年重点抓好有关制度的落实，使党内政治生活制度化，形成长效机制。按照中央国家机关工委的要求，继续抓好支部工作法的提炼、交流、推广和运用工作，使之成为机关党建工作服务中心、建设队伍的有力抓手。做好迎接中央组织部和中央国家机关工委今年下半年，对中央国家机关开展落实《中国共产党党和国家机关基层组织工作条例》情况全面检查的各项工作。

四是坚持不懈抓好机关作风建设。这项任务是机关党建工作的重要抓手，一方面，认真贯彻落实中央八项规定精神和我局制定的实施办法，深化机关作风建设，形成作风建设长效机制。另一方面，按照我局教育实践活动"两方案一计划"的要求，督促抓好整改落实工作。按照习近平总书记提出的"三严三实"要求，进一步在改进机关作风方面下工夫，推动作风建设常态化、长效化，努力在改进完善服务群众、服务基层方面见到成效。

二、相关知识

（一）适用范围

总结是对前一阶段的工作或一项活动，进行全面系统的回顾、分析研究，从中找出经验教训，明确今后实践的方向而写成的行政公文。

（二）总结特点

（1）人称固定。总结都是以第一人称，从自身出发。它是单位或个人自身实践活动的反映，其内容行文来自自身实践。

（2）理性客观。对前一阶段工作的回顾要符合客观事实，不允许弄虚作假，东拼西凑。

（3）理论分析。总结前一阶段工作，从中提炼出有规律性的东西，上升到理论高度，更好地指导今后的实际工作。

（三）总结类型

（1）按内容分，总结可分为综合性总结和专题性总结。综合性总结是对某一单位、某一部门工作进行全面性总结。专题性总结是围绕工作中的某一方面或某一问题进行的专门性总结。

（2）按时间分，总结可分为年度总结、季度总结、月度总结等。

三、写作训练

（一）训练题目

×××市物价局××××年的工作重点是全力以赴稳控物价，除此以外还完成了下述工作：

一、多措并举促进发展

一是围绕项目建设，主动对接提供服务；二是围绕新兴产业，重点加大扶持力度；三是围绕环境优化，着力打造付费洼地；四是围绕结构调整，发挥价格杠杆作用。

二、积极创新利民惠民

打造民生信息发布新载体；探索教育收费管理新模式；落实公交惠民新办法；拓展价格利民便民新途径。

三、加大力度强化监管

大力推进专项整治，在征求社会各界意见的基础上，将明码实价、停车场收费、餐饮业价格行为、物业收费确定为全年四大整治重点，全力打造"12358"价格举报服务品牌。

试结合上述材料，为×××市物价局撰写××××年工作总结。

（二）写作指导

1. 标题

总结的标题有种种形式，最常见的是由"单位名称＋时间＋主要内容＋文种"组成，如

《×××市民政局××××年关于××工作的总结》。标题中既可以不出现单位名称，也可以不标明"总结"，还可以采用双标题，即加副标题。

2. 正文

总结的正文也分为开头、主体、结尾三部分，各部分均有其特定的内容。

（1）总结的开头概述基本情况，包括单位名称、总结目的、主要内容提示等。

（2）主体分四个层次，即基本情况、成绩和经验、问题和教训、任务和措施以及今后方向。

（3）结尾是在总结经验教训的基础上，表明决心。

（三）示范例文

×××市物价局××××年工作总结

今年以来，全市价格系统认真贯彻市委、市政府的决策部署，以科学发展观为指导，紧紧围绕稳定价格总水平这一首要任务，把握"稳中求进"的工作总基调，围绕"稳物价惠民生、推改革促发展、强监管建机制"的工作主线，着力强化价格监管调控，稳妥推进价格改革，积极促进经济转型升级，切实服务民生，圆满完成既定工作目标，为镇江率先基本实现现代化做出了积极贡献。

一、全力以赴稳控物价

今年以来，我市物价涨幅回落，市场价格形势总体向好。消费价格总水平总体呈现"V"形走势，在7月份的最低点后开始略有回升，1至10月份，CPI累计上涨2.4%，低于全省0.2个百分点，低于全国0.3个百分点，在13个省辖市中逆序排名第二。预计全年CPI累计涨幅将控制在3%以内，可望完成年初确定的目标。

（1）分解目标责任，形成调控合力。坚持价格调控联席会议制度，定期召开联席会议成员单位会议，分析价格形势，研究价格调控措施。提请市政府办公室出台《关于×××市××××年价格调控目标责任制的实施意见》，分解价格调控目标任务，从生产、储备、监管等多个环节，落实辖市区和各部门责任，形成齐抓共管的调控工作体系。进一步完善社会救助和保障标准与物价上涨挂钩的动态联动机制，会同市民政局、国家统计局镇江调查队继续做好低收入群体物价补贴工作，根据今年的价格指数情况，先后5次为全市5.4万名困难群众，发放临时价格补贴逾983万元。

（2）完善价格监测，加强成果应用。共在全市设立价格监测点313个，326名专兼职价格监测人员负责对主副食品、日用消费品、农业生产资料、工业生产资料、水泥、煤炭、钢材等12个大类1125个品种的商品开展价格监测。每日对欧尚、大润发等主要商品流通企业定点定时监测，及时掌握粮油、肉蛋、菜等主要农副产品库存及价格，为领导决策提供了重要的参考依据。充分发挥监测预警功能，在食盐抢购、水污染等突发事件当中，及时发现异动情况，及时启动应急预案，及时开展应急监测，为在短时间内稳定市场、平抑价格争取到了主动权。

（3）建设平价商店，稳固调控载体。去年全市在已建成35家平价商店的基础上，继续扩大平价商店规模，规范平价商店运营。目前，全市已建成三批64家平价商店，预计年内可发展到80家左右，基本实现主要社区全覆盖。平价商品品种由单一的蔬菜逐步扩大到粮、油、肉、蛋，20个品种的蔬菜每天售价低于市场平均价15%，粮、油、肉、蛋售价低于市场平均价5%。公开征集了平价商店标识，并被省物价局确定为全省统一标识。召开平价商店产销对接洽谈会，推动了实质性的产销对接。从去年8月底第一批平价商店认定以来，全市平价商店共销售平价商品1243万千克左右，减少群众支出约650万元，有效减轻了百姓的"菜篮子"负担，成为实实在在的"民生幸福工程"。

二、多措并举促进发展

（1）围绕项目建设，主动对接提供服务。建立"价格服务进重大项目"制度，以政府年度重大项目为服务对象，由局领导、相关处室分领任务，明确职责，定期上门走访、征求意见。在全市集中开展的"为企服务月"活动中，我们排定重点服务企业、领导带队挂钩联系、逐一上门，向企业提供点对点的价格政策、价格信息、价格协调和价格维权服务。在×××新区大学生创业园等15个专业园区建立价费服务网络，开展全程直通服务，既配合招商部门介绍价费政策，鼓励吸纳项目入户，又帮助企业提供大宗商品、原材料、水、电、气等价格变动行情，为企业资产转让、投资等提供价格鉴证服务，受到了企业的欢迎和好评。

（2）围绕新兴产业，重点加大扶持力度。认真落实《关于充分发挥价格职能作用促进新兴产业发展的意见》，从企业减负、产业扶持、价格服务等方面全方位提供支持。对新兴产业实行收费准入保护，共有111家新能源、海洋工程、航空等新兴产业企业纳入收费准入保护范围，凡是未经价格部门认可的收费，企业有权拒缴。

（3）围绕环境优化，着力打造付费洼地。以"收费标准全省最低"为目标，重点围绕行政许可前置性中介服务收费开展调查。会同优化办、监察局、法制办、行政服务中心对所有前置性中介服务项目进行梳理，草拟《×××市行政许可审批前置性中介服务及收费管理暂行办法》，对中介机构的资质要求、操作流程、服务行为和收费规范等作了规定。积极落实涉企收费优惠政策，深入开展"清费、减负、治乱"活动，对37家涉企收费主管部门和56家协会进行督查。取消了22项行政事业性收费，5项经营性收费，降低4项收费标准，免征小微企业16项收费。预计全市当年可减轻企业负担2.3亿元。

（4）围绕结构调整，发挥价格杠杆作用。严格执行淘汰类电价和惩罚性电价政策，通过价格的倒逼作用，今年××省×××集团、×××铁矿等8家企业通过技术改造、设备更新实现了转型升级。适时调整××、××两大公园的门票价格，为5A级景区创建成功，为推动全市旅游业的大发展提供了保障。审慎推进民用天然气价格改革，合理疏导气价矛盾。积极推进医药价格综合改革，制定、修改、完善并按步骤实施了医药价格综合改革方案。适时启动油运价格联动机制，通过燃油附加费的加收和取消，促进了公路客运和出租车行业的良性发展。根据国内煤炭价格持续下跌的实际，降低热汽基准价，月均为用汽企业减负200万元。针对市区商业用门面房在租赁过程中漏税比较严重的实际，开展了对中山路、解放路两条主要街道沿街商业用房租金价格信息的采集、认定工作，为扩征税源提供了有力的支持。

三、积极创新利民惠民

（1）打造民生信息发布新载体。通过报纸、电视、广播等媒体开展民生价费公示。与×××合作，设立"一网知物价、惠民千万家"互动版块，定期更新主副食品、常用药品和市区所有开发楼盘价格，市民足不出户，即可价比多家，增强了民生价格信息对消费的引导作用。在全省率先构建了"智慧物价"系统，运用现代通信网络技术的支持，建立"三网合一"的综合信息发布体系，市民通过电视、网络、手机即可随时查询民生价格信息，增强了民生价格的透明度。该系统将于××月××日正式开通运行。

（2）探索教育收费管理新模式。积极开展价格服务进课堂活动，认真落实义务教育阶段免费政策。加强中小学学生食堂伙食费的管理，大力推广食堂统购、集约服务、财务监督等成本控制方法，让学生在食堂"吃得好，花得少"，家长和学生对食堂的投诉大幅度降低，平均满意率在90%以上。在全省率先出台中小学校服收费管理暂行办法，通过公开招投标、实行最高限价等方式，使校服收费更公开透明，填补了中小学校服收费管理空白。进一步明确幼儿园收费政策，减轻了家长负担。

（3）落实公交惠民新办法。深入调研，对市区现有94条公交线路票价进行重新梳理，对50%的线路票价进行了核减，确保×××市民公交出行成本全省最低。对部分线路进行延伸或变更，使线路设置更加科学，更加人性化。重新核定IC卡工本费，决定由原来的30元/卡降为20元/卡，推动公交优先战略的实施。在全省率先牵头制定了《×××市公交成本规制办法》，规定了公交成本的内涵、主营收入的范围和具体成本指标，帮助公交企业进一步控制成本、推行精细化管理，促进城市公交的可持续发展。

（4）拓展价格利民便民新途径。出台市区计时收费医院停车收费新标准，进入市区实行计时停车收费医院的就诊病或住院病人凭医院发放的有效凭证在1小时内免交停车费，减轻了驾车就诊患者的负担。初步估算，市区四家实行计时收费的市区医院一年将减收停车服务费100余万元。努力规范涉房价格行为，重点规范商品房明码标价，确保全市商品房销售明码标价率达100%。积极推进我市物业全覆盖，按行政区域，将物业收费、住宅停车服务收费等标准的审批和备案权限全部下放到区级价格部门。从严审核拆迁安置房价格，今年对新城花园新增地块、狮子山1号地块共计62.1438万平方米拆迁安置房的政府回购价进行了核定。坚持保障措施与定调价政策同步出台，在市区民用天然气价格改革方案中，将对困难家庭给予每月每户5个立方的气价减免。

四、加大力度强化监管

（1）大力推进专项整治，在征求社会各界意见的基础上，将明码实价、停车场收费、餐饮业价格行为、物业收费确定为全年四大整治重点。在全省率先启动明码实价试点，全市31家试点单位商业促销行为进一步规范，虚假打折、虚假让利得到禁止。对市区13家存在违法、违规行为的停车场依法进行了处理，纠正违法行为，规范经营秩序，维护了群众利益。

（2）全力打造"12358"价格举报服务品牌。通过领导接待日、广场宣传、网络论坛等途径，接受群众的咨询和举报。在大市口地下商业街设立了全省首部"12358"免费价格举报专用电话，极大地方便了消费者维权。1—10月份，全市价格系统共接受群众举报咨询228件，为消费者挽回经济损失10.97万元，举报案件按期办结率和回复率均达100%。

五、强抓效能夯实基础

（1）全面开展"对标找差、创先争优"活动。通过会议部署、汇报交流、自查互查等途径，认真落实市委、市政府"对标找差、创先争优"活动的各项要求。制订了实施方案，明确了找差方向，细化了创先争优的目标和途径，为全市价格工作的进一步提档升位奠定了基础。

（2）建立健全各项工作机制。围绕自来水、天然气等资源价格改革重点，围绕粮食、蔬菜、生猪等涉及民生的热点，分别开展成本监审和成本调查，成本的基础性、前置性功能进一步发挥。出台《重大价格决策社会稳定风险评估暂行办法》及执法程序、纠纷排查、权力公开等多项工作制度，进一步健全和完善了依法行政的工作机制。

（3）进一步树立求真务实的工作作风。针对价格形势的变化，针对具体商品价格波动，积极思考、主动分析，小麦成本收益情况调查、成品油价格上涨影响调查、物业服务收费调查等多个调研报告，反映情况真实、及时，数据翔实、准确，受了了政府主要领导、分管市长的批示和表扬。在全市开展的"三解三促"活动中，局副处级以上干部带头深入一线，努力"化难题、解矛盾"，充分发挥了领导干部的表率作用，激励了干部职工的工作热情。响应市委市政府行政审批改革号召，××月××日起市物价局窗口正式在中心挂牌办公，进一步拓展业务，提高工作效率，更好地为企业服务。

××市物价局
××××年××月××日

第二节　述职报告

一、机关例文

××副主席述职述廉报告

根据组织要求，现将本人的思想、工作及廉洁自律情况述职如下：

一、强化学习，提升能力

认真学习党的十八大和十八届三中全会精神，积极参加群众路线教育实践活动，不断提高自身政治理论素养，坚定理想信念；立场坚定，与县委、镇党委保持高度一致，遵守党的纪律，时时维护班子的团结和威信；认真学习法律法规，提高依法行政能力；认真学习农业、水利等专业知识，深入农村和农户，认真开展调查研究，掌握实情，注重理论联系实际，在实践中总结提高。

二、扎实工作，突出成效

（一）抓好人大工作。认真抓好"一个载体、两项制度"建设，新建专用型活动室3个；积极开展代表小组活动，围绕群众关注的热点难点问题，积极开展调研，并提出意见和建议；认真开展"江淮普法行"活动，进一步弘扬法治理念；开展城市建设与管理工作调研，提出加强市政建设，强化管理养护的建议；开展集中式饮用水水源地保护工作调研，提出加强水源地保护的建议；开展物业管理情况调研，提出加强物业企业培育，规范小区物业管理的建议；开展代表接待选民活动，了解社情民意；开展代表培训，提高代表履职能力；积极联系代表，收集处理有关议案、批评意见和建议，并归口落实办理。

（二）抓好特色农业工作。积极推进省级农业示范区建设，在和沈路两侧进行一代棚体改造升级。目前已改造大棚70亩，1200平方米的连栋温室大棚正在建设。投入600万元，推进成康片高效农业示范区建设，投入320万元开展了沟渠清淤和道路建设；进一步扩大蔬菜产业规模，编制蔬菜产业投资储备项目，开展招商引资，推行土地流转，实行规模化生产，产业化经营。编制招商引资项目16个，引进项目13个，总投资7.1亿元。全镇新增蔬菜生产面积1600亩，其中，600亩胜利绿源现代农业园、500亩皖江大市场五星现代农业示范园、400亩城西失地农民再就业园均已建成投产达效，1000亩德生望江生态农业示范园、300亩桃花农庄、300亩茅圩桃花岛农业示范园项目正在建设。

（三）抓好水利兴修和安全饮用水工作。依托"一事一议"项目，镇配套300万元，开展农村道路、水利等基础设施建设；按质按量完成得胜河、双桥河、丰山河、太阳河中小河流整治地方任务。开挖万方以上的当家塘10口，万方以下的当家塘15口；沟渠清淤22公里，土方量30余万方，投入资金240多万元；更新改造农村小型集体泵站8座；解决了城西、五星、胜利三个村3000多人的安全饮水问题。

（四）抓好美好乡村示范点建设。投入400万元，将沈家山大郑村打造成具有伊斯兰风格的民族村；投入200万元，将五星坝塘村建成新农村的示范村，并通过市级验收；积极规划建设戚镇新村、南滩新村两示范点。

（五）抓好动物防疫工作。继续完善"以钱养事"动物防疫工作新机制，重点落实督查和考核，保证了全镇家畜和家禽免疫率都达到100%。

（六）抓好征地拆迁工作。推进和沈路拓宽项目地拆迁工作，征地110亩，拆迁17户，保证了项目的正常施工建设。

（七）抓好分工包村工作。分工联系龙潭社区、万寿村、指导村开展工作，安排落实党委政府布置的各项任务，重点工作亲自到位，确保各项重点工作都能及时完成。

三、廉洁自律，树立形象

认真执行中央的"八项规定"和"六项禁令"，带头反对"四风"；认真贯彻党员干部廉洁从政的各项规定，严于律己，廉洁奉公；淡泊名利，不计较得失。正确把握自己，用好权力，秉公办事；加强道德修养，强化社会公德，做一个有道德的社会公仆。

> ××××年，我在工作中取得了一定的成绩，但还存在一定不足，在今后的工作中，我将严格要求自己，加倍努力工作，争取更大的成绩。

二、相关知识

（一）适用范围

述职报告是指工作人员，主要是领导干部向上级主管部门和下属群众陈述任职情况，包括履行岗位职责、取得工作成绩、存在经验教训，对工作进行自我回顾和反思的书面报告。

（二）公文特点

述职报告具有自述性和报告性特点。

（三）公文类型

（1）从时效上分，述职报告可分为任期述职报告、试聘期述职报告、年度述职报告等。
（2）从内容上分，述职报告可分为综合性述职报告和专题述职报告。
（3）从表达方式上分，述职报告可分为书面述职报告和口头述职报告。

三、写作训练

（一）训练题目

我的工作简要概述为以下几项：
一、着力加大人才队伍建设和人力资源开发力度，狠抓三个环节：一是抓引进；二是抓培养；三是抓服务。
二、着力营造有利于人才脱颖而出的良好环境，推进三项改革：一是推进事业单位人事制度改革；二是推进事业单位分配制度改革；三是推进事业单位产权制度改革。
三、着力强化人事计划和机构编制管理，落实三套制度：一是落实公务员教育管理制度；二是落实机构编制管理制度；三是落实人事计划管理制度。
一年来，在区委、区政府的领导下，在同志们的支持下，虽然做了一些工作，但仍然存在着一些缺点和不足，一是人才资源开发的力度不够大，二是事业单位综合配套改革推进的力度有待进一步加强。这些问题将在今后的工作中加以克服改进。
试以"我的述职报告"为题撰写述职报告。

（二）写作指导

述职报告的写作格式包括标题、主送机关、正文和署名四部分。

1. 标题

标题主要有以下几种情况：只写文种，即《述职报告》；"述职人＋文种"，如《×××述职报告》；"时间＋文种"，如《2015 年度述职报告》。

2. 署名

署名一般写述职者的职务和姓名。一般在标题下或正文之后的落款处写上述职报告人的姓名和职务。

3. 主送机关

若呈送给专门机关，一般写"×××组织部"、"×××人事部"；若当场宣读，可以写"各位领导、同志们"。

4. 正文

述职报告的正文一般由引言、主体、结语三部分组成。主体部分一般具体陈述岗位职责、履职情况、成绩情况、存在问题、经验教训及努力方向。

（三）机关例文

我的述职报告

各位领导，同志们：

现将一年以来×××局的主要工作报告如下，敬请批评指正。

一、狠抓三个环节，着力加大人才队伍建设和人力资源开发力度

坚持把人才工作作为人事局工作的重中之重，紧紧围绕区委经济工作大局，抓住人才的引进、培养、服务三个环节，着力打造一支能为"两个率先"建功立业的人才队伍。

（一）抓引进。先后组织××××有限公司、××××有限公司、××××商城等××家用人单位，多次参加省、市组织的人才交流大会，并会同×××局等有关单位深入到××××大学、××××大学、××××大学、××××大学等名校直接洽谈引进优秀人才。全年共引进各类人才×××名，其中为公有制企业引进×××名，本科以上的××名。

（二）抓培养。开展针对性培训，与区科技局联合开设了×期计算机培训班，××人参加了培训；组织全区×××名机关干部分×批进行了普通话培训和水平测试；组织××人参加了市里组织的职称外语、计算机培训。组织有关人员报名参加国家及省相关考试，其中：全国经济类中、初级资格考试××人，省中、高级计算机考试×××人、全国职称外语等级考试××人及省中、高级职称外语考试××人。做好职称评审工作，向省、市、区各系列评委会推荐工程、卫生等六个专业职称评审材料×××份，其中高级×份、中级×××份、初级×××份；为×××人办理了专业技术职务任职资格的通知及证书，其中大中专毕业生初聘××人。

（三）抓服务。我们坚持把服务人才作为用好人才的重要途径。充分发挥人才流动服务中心的服务功能，积极拓展人事代理服务范围和项目，提高服务质量，全年，共为×××人新办档案代理、组织关系代理等人事代理项目。同时，加强与劳动和社

会保障部门、民政部门及公安部门的沟通协调，积极为人才提供养老保险、户籍登记管理等服务，解除他们的后顾之忧，让他们安心在××××建功立业。

二、推进三项改革，着力营造有利于人才脱颖而出的良好环境

××××年，我们继续贯彻落实省市区有关精神，努力进行事业单位综合配套改革的探索和实践，重点推进事业单位人事、分配、产权三项制度改革，取得了一定成效。

（一）推进事业单位人事制度改革。在全区范围内继续推行全员聘用制，巩固和扩大聘用制改革成果，目前，我区事业单位已基本实行了全员聘用制；继续推行中层干部竞聘上岗，以"有能则上，无绩则让"为原则，在乡镇、街道以及教育、民政等有条件的单位实行中层干部竞聘上岗，采取直接聘用、选举聘用、业绩考核聘用等多种形式确定中层干部；继续深化职称制度改革，进一步扩大职称工作的业务范围，积极推进个体、私营、合资、独资等非公经济组织的职称工作。

（二）推进事业单位分配制度改革。进一步下放了事业单位内部分配权限，指导各单位制定科学合理、自主灵活的内部分配制度。在有效调控津贴总量的前提下，按照劳酬相符、岗薪一致的总体目标，根据事业单位的客观实际，实行工资总量调控和内部分配权限相分离，职工实际收入与档案工资相分离。在伊斯兰幼儿园、东花园幼儿园、广陵中医院等×家单位进行了试点，指导他们初步建立起了重实绩、重贡献、向优秀人才和关键岗位倾斜、灵活自主的分配机制，拉开了分配档次。

（三）推进事业单位产权制度改革。坚持"以建立现代企业制度为目标，使之真正成为'自主经营、自负盈亏、自我发展'的法人实体和市场实体"的产权制度改革总体思路。今年上半年陆续召集各乡镇街道、各系统主要负责人座谈，要求各事业单位要相应地建立起改革工作班子，组织学习有关改革的文件以及法律法规，并进行调查摸底，汇总有关人员结构、思想状况、效益情况、运行机制、管理模式等方面的基本情况，结合本单位实际，拟定科学、合理、可行的改革方案。选择了区文化系统的大众影剧院、卫生系统的广陵中医院作为产权制度改革的试点单位，会同主管部门，就明晰产权关系和投资主体，依法确定责权，改革现行管理体制，实现行政管理向行业管理和资产管理的转变等方面进行了探索，目前这两家单位已改制到位。

三、落实三套制度，着力强化人事计划和机构编制管理

公务员教育管理制度、机构编制工作制度和人事计划管理制度是人事部门的主要办事依据，全年，我们紧紧围绕这三项制度，狠抓落实，使公务员教育管理、机构编制管理和人事计划管理逐步走上了法制化、规范化的轨道。

（一）落实公务员教育管理制度。以《国家公务员暂行条例》颁布实施十周年为契机，深入宣传公务员制度。结合《条例》颁布十周年纪念活动，在全区范围内开展了纪念《条例》颁布十周年知识竞赛活动，发放问卷×××份，回收率××％，合格率××％。深入开展"人民满意公务员"评选活动，×名同志分别被授予省"人民满意公务员"称号、被市委市政府记"二等功"、被推荐为"市优秀中青年专家"候选人。举办了×期初级公务员任职培训班，××名初级公务员参加了任职培训并通过考试。加大了年度考核的力度，较好地完成了我区机关事业单位工作人员的年度考核工作，区级

机关×××人、事业单位××××人参加了考核。

（二）落实机构编制管理制度。按照机构编制权限，严格执行《事业单位登记管理条例》和省市有关文件要求，对全区已初始登记单位的上报材料进行了拉网式整理。制发了《关于做好全区事业单位××××年度年检工作的通知》，对条件成熟、符合规定的，优先登记；条件不成熟，不符合规定的，暂缓登记或不予登记。全年共完成了××家法人事业单位的年检登记工作，年检率和年检合格率均为××％。同时，主动与财政、工商、税务、银行、审计、民政、土地、验资机构和中介服务机构等方面沟通协调，为事业单位提供优质服务，对×××家法人事业单位进行了初始登记。

（三）落实人事计划管理制度。工龄管理是人事计划管理的重要内容。针对机构改革过程中发现的部分系统和单位放宽工龄计算口径和自行更改工龄的现象，今年，我们集中精力对全区机关事业单位工作人员工龄进行了清理。制发了《关于加强机关事业单位工作人员工龄管理的通知》，采取先"自查"后"整查"的方法，下发《机关事业单位工作人员工龄情况登记表》，由各系统和各有关单位根据有关政策进行自查，并将结果上报，然后按照干部管理权限，组织专门力量对上报结果和实际情况进行核查。目前，我们已对初步核查出的问题进行了纠正。

一年来，在区委、区政府的领导下，在同志们的支持下，虽然做了一些工作，但仍然存在着一些缺点和不足，一是人才资源开发的力度不够大，二是事业单位综合配套改革推进的力度有待进一步加强。这些问题将在今后的工作中加以克服改进。

述职人：×××

××××年××月××日

第十章　信息类文书

第一节　调查报告

一、机关例文

全国××信息化重点工作调查报告

在今年的政府工作报告中，李克强总理提出要实施"互联网＋"战略，推动形成"全民创业、万众创新"的宏大局面。《国务院关于加快旅游业改革发展的若干意见》明确将旅游业与信息化融合发展，作为我国旅游业改革发展的重要方针。今年全国旅游工作会议所确定的"515战略"，将"让旅游业全面融入互联网时代，用信息技术武装中国旅游全行业"作为今后三年的十大重点任务之一。按照国家战略方针和行业统一部署，从旅游活动高度依赖信息资源的客观实际出发，旅游全行业加快推进旅游信息化，不断强化用信息化手段和互联网思维来推动将旅游业培育成为国民经济战略性支柱产业和人民群众更加满意现代服务业"两大战略目标"实现的思想观念与对策措施，形成了很好的工作局面并呈现出良好的发展态势。

为了解和交流各地旅游信息化工作情况与经验，国家旅游局信息中心采取统一发文布置、请各省级旅游局和10个重点城市旅游局书面报告的方式，于××××年第×季度开始进行全国旅游信息化工作调研。根据各地的报告，就旅游官网建设、新媒体应用、云计算和大数据中心建设、新媒体旅游宣传推广等重点工作情况以及对旅游信息化工作的意见和建议进行汇总分析，形成本报告。

一、高度重视××官网建设

（一）省级旅游部门官网中文版全覆盖，且向专业化和集群化方向发展

省级旅游部门共建设有官方网站68个。按网站数量分类，旅游政务和资讯等仍合为一个网站的有10个省份，将二者分设为两个网站的有16个，建设三个及以上网站、形成网站群的有6个（上海、浙江、广东均为5个，湖北和云南均为4个，兵团3个）。另外，还有一些地区通过其他方式形成网站集群，如四川尽管在省旅游局层面仅一个官网，但却建立起"1＋21（21个州市）＋N（多种语言）"的多语种网站群；河南省旅游局也仅有一个河南旅游资讯网，但其内部却涵盖政务、资讯、商务、视频、体验、外文等十余个子网站。

（二）适应旅游海外宣传推广需要，尝试建设外语网站与海外网站

各省市越来越重视应用网络对外开展旅游推广宣传，具体方式有两种。一是将官

方政务和资讯网站翻译成外语开展对外宣传展示。有 11 个省份报告了外语版网站情况，依次为北京 10 种，山西和四川 7 种，广西 5 种，山东、安徽、云南 3 种，湖北 2 种，河北、贵州、青海 1 种。其中，在西部地区的贵州，省旅游局政务网英文版于 2014 年 6 月 4 日正式上线运营，主要栏目有贵州简介（Overview of Guizhou，包括地理、历史、文化、气候概述），旅游资讯（News，包括轮播图、焦点新闻），景点地图（Scenic，用地图标识贵州重要景区地理位置及介绍），旅游招商（Investors，重点推介旅游景区项目以便国外旅游批发商和政府机构了解贵州旅游并采购推广），交通指南（Transport Guide，包括航空、铁路、公路），媒体（Media，贵州图片、宣传视频展示），酒店、餐饮、购物推介等一级栏目。二是在重点目的地国家和地区建立网站进行旅游推广宣传。例如，山东在美国、韩国、日本等主要入境旅游客源地先后建设开通了当地语言文字的旅游网站，连同山东旅游资讯网繁体网站、山东旅游英文网站、山东旅游韩文网站、山东旅游日文网站等不同语言版本，构成山东旅游海外营销网络系统，成为旅游宣传推广体系的重要组成部分。

···········

二、适应旅游业和信息化发展，旅游网络新技术新应用扩展迅速

（一）大部分省市开通运营××官方微博

据报告，有 18 个省级旅游局开通运营官方微博。分区域看，东部沿海有 8 个（北京、天津、河北、山东、上海、浙江、福建、广西），中部地区和西部地区各有 5 个（山西、吉林、江西、河南、湖北和四川、重庆、贵州、云南、陕西），东部水平明显高于中西部，中部和西部地区差异不明显，西部地区的西南仅缺一个省份而西北仅有一个省份。从开通微博数量看，西部地区更突出，居前三位的都是西部地区省份：广西旅游委在新浪、腾讯、搜狐、网易、天涯、人民网共开通 6 个微博，居首位；重庆旅游局开通 5 个，居第二位；陕西有新浪、腾讯、新华和央视 4 个微博，居第三位；其后天津、山西、吉林、云南都有 2 个，其中天津还汇聚市旅游局、区县旅游局和旅游企业等微博形成了旅游微博群；其余省份均有 1 个。

从微博粉丝数量看，区域差异不明显。居于前列地区的具体情况是：河北 436 万，居首位；广西 6 个微博粉丝数量超过 400 万，居第二位；其后依次为贵州 141 万、四川 140 万、陕西 130 万，均超过百万且差距不大，重庆和山西接近百万（分别是突破和接近 80 万），天津接近 50 万（44.5 万）。

从官方微博覆盖范围看，各区域差异也不明显。居于前列地区的情况是：山东全省 17 个设区市旅游局和 108 个县（市、区）开通官方微博；江西全省各设区市旅游局、重点旅游景区及旅游县市开通官方微博，实现行业全覆盖；重庆全部区县旅游局开通微博，80％以上的 A 级景区和星级酒店开通微博；陕西 80％设区市及部分重点县市旅游局开设微博和微信官方账号，85％的 4A 级以上景区实现微博和微信宣传覆盖。

从微博发布量看，也是中西部地区比较突出。贵州旅游局官方微博累计发布总微博数 15 794 条，微博总转发量 1 161 171 次，总评论数 437 148 条，点赞次数 31 809 次。重庆旅游局官方微博累计发布信息 9930 条。山西旅游局在新浪网官方微博累计发布信息 4322 条，在腾讯网微博累计发布信息 3902 条。陕西省旅游局官方微博累计

发布 3000 余条信息。

从微博内容看，各省市旅游局官方微博的内容主要侧重于以资讯内容传播为主，提供最新的旅游资讯、活动预告、景点攻略等，栏目内容丰富多彩，影响和效果比较突出。例如，河北旅游局官方微博配合整体宣传推广规划，结合网友喜好和关注点，从最初的 8 个栏目陆续增加到 14 个栏目，内容不断丰富，2013 年下半年推出《微游河北》《行游中国》《悠游四海》三个栏目并推荐为话题，阅读总数超过 3500 万；山西旅游局官方微博始终以服务游客为中心，推出山西风景名胜系列、山西美食名吃和特产系列、旅游景区动态、节假日出行、天气及路况提醒等提示类信息等话题，并加强与网友互动交流，推出以"有奖转发"、"风云三晋旅行侠"等参与性、互动性较强的活动，提高了微博粉丝活跃度，并利用微直播、微活动、微营销为矩阵整合发力，引爆官博关注度。

（二）有一半省份开通官方微信

共有 16 省市报告开通官方微信，其中东部沿海 7 个（北京、天津、河北、山东、上海、浙江、福建），中部 4 个（吉林、山西、湖北、江西），西部 5 个（四川、重庆、贵州、云南、陕西），区域差异与微博基本一致，西部仍有 4 个为西南省份，西北仅陕西 1 个，基本反映了旅游和旅游信息化的发展水平。

微信平台数量差异不大，但名称反映出其游客导向和公众视角非常鲜明。开通微信省市中，仅重庆和天津 2 个直辖市旅游局各有 2 个官方微信平台（天津分别开通市旅游局和市旅游信息咨询中心 2 个微信公众账号），其他均为 1 个；"乐游上海""悠游吉林""四川好玩"等名称体现出旅游官方微信平台的游客导向和公众视角。

微信发布数、订阅数与阅读量均很可观。北京旅游官方微信平台自 2013 年 8 月份正式运营以来，已有粉丝 50 万，旅游旺季日均阅读次数近 60 万。贵州旅游官方微信粉丝数 4492 人，平均每日群发 1～3 条图文资讯，图文阅读数日均 3000 人次，阅读次数 5000 次，并已开通自定义菜单模块，拥有"微政务"、"醉美贵州"、"旅发会"三大栏目。重庆旅游官方微信自 2014 年初开通以来，共发布微信 205 期，关注人数 5000人。河北旅游官方微信服务号粉丝数 1.7 万个，平均每天以 20～30 个的速度稳步攀升。山西旅游官方微信开通以来，推送图文信息 700 余条。四川旅游官方微信粉丝达6.8 万。陕西旅游官方微信 2014 年 4 月开通，粉丝数已达 5.6 万。福建旅游官方微信拥有用户 3 万多。

微信内容选择因地制宜，突出服务。北京旅游网官方微信旨在推荐北京吃喝玩乐实用攻略，集出游攻略查询和景区、线路在线预订于一身，同时还有目的地信息查询、导游查询、旅行社查询、景区舒适度查询、景区导游导览查询等功能，以及以"惠民"和活跃粉丝为目的的特惠活动、免费活动推荐。山西省旅游局官方微信平台包括最新推荐、旅游要闻、旅游超市、旅游咨询、旅游攻略、微社区等，开通以来推送图文信息700 余条，得到好评，订阅人数稳步增加，朔州、忻州、晋中、晋城和长治五市旅游局也开通官方微信进行推广宣传和服务公众。河北省旅游局官方微信以节日和社会热点为重点，每天推送图文消息和优惠景区信息。

· · · · · · · · · · ·

三、建设旅游云平台，应用大数据促进××业发展

有 19 个省份报告了旅游云平台、大数据建设情况，其中东部沿海地区 10 个（北京、天津、辽宁、河北、山东、江苏、浙江、福建、广东、海南），中部 3 个（吉林、河南、安徽），西部 6 个（四川、重庆、西藏、贵州、甘肃、新疆），东部沿海省市和西南几乎全覆盖（都仅缺 1 个），中部和西北覆盖近半，基本反映经济社会、旅游及旅游信息化水平。

（一）数据中心建设和应用

天津、辽宁、安徽、山东、广东、四川、西藏 7 个省份报告了旅游数据中心建设和应用情况。

山东省旅游产业大数据平台是以旅游产业运行发展的相关大数据为基础，采用信息技术进行实时信息收集、传递、分析处理和分享使用，实现对旅游产业运行监管、旅游客流实时监测和旅游服务质量监督检查等功能。系统可综合显示实时游客流量、住宿接待、全省天气、旅游区和旅游城市环境、旅游产品网络销售、游客反馈等情况，通过数据类比、整合、分析等准确了解全省旅游产业运行和发展态势，黄金周期间还可综合分析全省旅游接待情况、发布预警信息，指导游客出行。

…………

此外，辽宁省的旅游云数据中心开放数据接口，供其他旅游管理部门和旅游企业调用，实现全省旅游信息资源整合，保障基础旅游信息及时准确，为旅游管理部门和旅游企业提供基础旅游信息云服务；四川省旅游数据中心及大数据分析平台整合各方涉旅信息，为决策提供数据支撑服务；西藏总投资 1.5 亿元（国家投资 5000 万元，社会投资 1 亿元）的旅游综合信息服务试点工程项目中包括旅游数据中心；江苏省旅游电子政务重大项目《全省旅游产业大数据平台》建设于 2014 年启动。

（二）智慧旅游云服务平台建设

吉林、浙江、福建、河南、海南和贵州 6 省报告了智慧旅游云服务平台建设情况。

云平台所涵盖的内容比数据中心更加丰富，不仅包括数据中心或数据库，还包括利用互联网和物联网所构建的多形式电子数据平台。如重庆市征求多家研究机构意见后明确的近期智慧旅游建设总思路和原则，就确定以智慧旅游大数据中心为核心，以两个门户网站为载体，全面建设智慧服务、智慧管理、智慧营销三个功能板块，形成导航、导游、导览、导购"四导"服务体系，全面推进旅游信息查询和服务、智慧旅游数字互动营销、智慧旅游管理、旅游指挥调度、旅游诚信评价与监督"五大平台"建设等重点。福建省重点推进的"智慧旅游云集群服务采购项目可研及初步设计方案"，一期项目包括云数据中心、云信息采集发布系统、福建旅游资讯平台、旅游服务质量评价系统、移动端旅游 APP 等。

贵州省的旅游云平台建设认真谋划、务实推进。省旅游局按照省政府《关于加快大数据产业发展应用若干政策的意见》和《贵州省大数据产业发展应用规划纲要（2014—2020 年）》，抓住全省以电子政务云、工业云、环保云、智能交通云、电子商务云、智慧旅游云、食品安全云"7 朵云"为重点、带动全省大数据系统建设良机，认真研究编制和组织实施《智慧旅游云总体设计方案》，着力推进以智慧管理、智慧营销、智

慧服务三大主要模块为重点的智慧旅游云平台建设。目前，智慧服务模块完成以"多彩贵州云上旅游"APP、旅游公共信息服务应用、北斗卫星导航旅游应用为前端载体，具备旅游公共服务信息推送、旅游攻略、信息查询、提前预订、语音导览、视频点播和直播、天气资讯等功能的系统开发正在进行，可为游客提供本地化的贵州旅游信息化服务；智慧管理模块已完成智慧旅游云数据库、应急指挥服务系统、贵州旅游数据分析系统的搭建部署、标准化数据接口开发等工作；智慧营销模块已完成贵州旅游产品一体化分销平台搭建和测试。其中，作为重点先导云服务技术的智慧旅游云门禁闸机系统为实现景区点游客流量数据的实时采集，2015 年前将完成对全部 4A 级以上景区门禁闸机系统的铺设应用，初步完成与景区的示范合作，利用云技术建设无线网络覆盖、视频监控系统、停车场和车辆监控管理系统、LED 大屏、电子商务平台等信息系统，初步具备公共无线网络服务、景区情况实时监控、入园客流控制、停车场和车辆实时监控、景区门票电子分销等功能，并完成智慧旅游云工程应用示范 APP 建设。

....

四、积极应用网络新媒体开展旅游推广宣传

各地方旅游局日益重视网络新媒体宣传推广，围绕重大活动和重要节点，通过微信、微博等开展趣味性、互动性、及时性因而吸引力很强的新媒体推广宣传。

河北在 2013 年 4—6 月，由新浪河北策划和发起"我为长城添块砖"系列活动，省旅游局账号全程直播，带动粉丝直线上升，至活动结束有效粉丝数增长了 70 余万。2014 年"美丽中国梦，燕赵太行行"活动中，新浪微博开启"太行行"活动招募，为五个城市分别招募达人，直播活动进程，汇总摄影图集，发布微博文章，使活动曝光量剧增。利用官方微信平台，开展"摇啊摇，摇出春花草"、"我爱爸爸"、"变形金刚 4"送优惠电影票和"我们旅行吧"图片生成等活动。特别是"变形金刚 4"送优惠电影票活动，图文消息阅读人数为 1625 人，阅读次数为 3112 次，活动页面被转发 197 次，参与活动人数为 360 人，增加粉丝 459 人。2014 年 7—9 月"美丽中国梦——太行燕赵行"大型活动，在河北旅游微信平台集中推广和传播，活动前预热宣传和用户招募，活动中多维度、多形式现场报道，以及全过程多种多样互动游戏，也取得了很好的效果。

贵州省旅游局官方微博平台深入开展网络营销，与南方卫视策划推出"相约冬季·温情贵州——中华旅游名博贵州行"活动，邀请 20 位中华旅游名博走读冬季贵州，反响热烈。活动期间，新浪微博、腾讯微博开辟活动专博，发布博文 800 多篇，网络转载 5 万多次，评论 3400 多条，总影响人数 7918 万人次。"拍拍拍——2013 多彩贵州微摄影大赛"，以"多彩贵州"为主题，由电视媒体牵头，通过两个"微"平台征集贵州摄影作品，共接收 11 000 多幅参赛作品，活动页面浏览量达 2 亿多，参赛作品内容涵盖贵州自然风光、人文社会、民族文化以及美食佳肴等资源项目，涉及多彩贵州各个方面。

....

五、积极为旅游业加快融入互联网时代建言献策

24 个省级旅游局和 7 个重点城市旅游局报告了工作意见和建议，其中北京、湖北、贵州、甘肃和大连基本都是在认真总结工作经验和深入分析问题的基础上提出的，因

而比较系统全面且针对性强。如甘肃省旅游局分别就旅游业与信息化融合发展、12301旅游服务热线、旅游官网建设、网络推广营销、景区监控系统推广和旅游信息化其他工作提出了建议；大连市对问题的分析很透彻，提出的建议很有建设性和前瞻性。

各省市对旅游信息化反映比较多的问题和比较一致的意见是，尽管总体上看，旅游信息化起步早、推进快，全行业积极性普遍高涨，采取的政策、措施很多，越来越多的地区、城市、企业已经取得了明显成效，但全行业对旅游信息化的认识仍需要进一步统一和深化（认识不到位），工作定位需要明确和提升（定位不高），工作力度需要进一步加大并持续稳定（措施不够有力），人、财、物等各种投入需要增加并制度化和机制化（投入不足），体制、机制和制度建设要加强（组织领导和管理维护欠缺）。

各省市对旅游信息化工作比较集中的建议：第一，加强对旅游信息化的统筹谋划，如研究编制年度工作计划、中期发展规划和长期战略指导意见；第二，加强对旅游信息化的组织领导，如通过组织召开工作会、座谈会、现场会来加强对全行业信息化的统一布置、全面推进，避免单打独斗、各自为战，以提高效率和效益；第三，加强对旅游信息化的指导服务，如研究制定并推行旅游信息化的技术标准、工作规范，开展经常性、分层次、多主题的工作和业务培训；第四，加强旅游信息化的交流展示，如组织举办旅游信息化论坛、年会、峰会，利用旅游博览会、交易会展示、宣传旅游信息化工作成就；第五，加强基础支持，如建立全国统一的数据库和通用系统平台，系统布置推进涉及全国的旅游信息化系统建设以促进"一体化"发展；第六，在统一标准规范、统一平台支撑等基础上，加快旅游信息化系统的整合，逐步消除信息孤岛，加强互联互通；第七，加强队伍建设，利用事业单位改革、政府机构改革和全面深化改革的有利时机，实现旅游信息化工作、机构、队伍的准确定性、定位、定职能，并加快培养既懂旅游又懂信息化的复合型人才，实现增强旅游信息化队伍稳定性、专业性和整体素质的目标；第八，建立健全考核评价和激励机制，国家旅游局定期对各地区、城市和重点企业旅游信息化工作和发展水平进行考核，对成绩突出的予以表彰、奖励。

总之，旅游全行业对加大力度推进信息化、实现海量旅游信息在旅游消费者和生产经营者等有关各方更高效更便捷更充分地传输交流，以此提高旅游的便捷程度、产品和服务质量、游客感受和评价，通过应用信息化技术和互联网思维的武装将旅游业培育成为现代服务业、实现让人民群众更加满意的工作目标，已经形成共同认识和统一行动；随着我国旅游业的转型升级和信息化的持续发展，旅游信息化的作用将进一步突出，格局将进一步扩大，前景将更加光明。

二、相关知识

（一）适用范围

调查报告是对客观事物或具体问题进行实地调查研究后写成的反映其客观规律的书面报告。

（二）公文特点

（1）针对性。调查报告一般是针对客观事物和具体问题展开。

（2）写实性。调查报告必须认真调查大量现实和历史资料。

（3）逻辑性。调查报告要对核实无误的数据和事实进行严密的逻辑论证。

（4）时效性。调查报告具有一定的时效性，时间流逝，情况会发生变化。

（三）公文分类

调查报告可分为情况调查报告、典型经验调查报告和问题调查报告三种。

（1）情况调查报告是比较系统地反映本地区、本单位基本情况的调查报告。

（2）典型经验调查报告是分析总结工作中出现的新经验，从而推广经验，促进工作的调查报告。

（3）问题调查报告是针对某一问题的专项调查，弄清事实，探明原因，提出应对建议。

三、写作训练

（一）训练题目

××××年××月初，本市×××区××地区儿童在入园、入学前例行体检中陆续发现部分儿童血铅超标。市委、市政府对此高度重视，市委书记×××和市长×××等领导专门作出批示，要求×××区政府和相关部门本着对人民群众生命健康高度负责的态度，积极开展血铅超标儿童救治，依法彻底查清涉及血铅事件的污染源，确保人民群众健康安全不受影响。

××××地区儿童血铅事件联合调查组对康桥地区部分儿童血铅超标事件调查情况如下：

一、××××地区的基本情况

××××地区位于本市外环××东段的两侧，总面积为41.04平方千米，下辖24个居委会、12个行政村，常住人口176 713人。区域内有××工业园区，园区面积为26.88平方千米，主要产业包括汽车及零部件产业、电子信息产业、医疗器械和医疗服务产业等。

二、血铅超标儿童的情况

××××地区共有1306名儿童进行了血铅检测，根据卫生部《儿童高铅血症和铅中毒分级和处理原则（试行）》中的诊断标准，共有49名儿童血铅超标，其中住院治疗17人，门诊治疗32人，血铅超标儿童以1～3岁为主。

三、涉铅污染源的调查情况

经调查，××××地区主要涉铅企业有3家，分别是××××××有限公司、×××××××有限公司、××××××有限公司。其中，××××××公司和××××××公司两家企业有涉铅生产工艺；××××××公司局部土壤呈铅浓度异常。

四、事件的性质和原因

综合以上调查及专家的评估意见，认定：××××地区部分儿童血铅超标事件是一起因环境中铅含量升高而引起的突发公共卫生事件。主要原因如下：

（1）血铅超标儿童地理分布特征与土壤、大气铅含量分布特征基本吻合，因此儿童血铅超标与环境中铅污染相关。

（2）儿童血铅超标主要是因儿童接触环境中含铅灰尘经消化系统摄入体内所致。这与儿童尤其是1～3岁儿童的生理特点和生活习惯有关。

（3）××××地区环境中铅含量升高主要是由于×××××公司和×××××××等企业所排放的铅污染物在环境中长期积累所致，其中，×××××公司是该地区最主要的铅污染物排放源。

（4）根据血铅超标儿童分布、大气铅排放状况和土壤铅积累趋势，××××地区儿童血铅超标与×××××公司铅排放有较明显的关联，与×××××公司铅排放有一定的关联；此外，×××××公司等其他铅污染源也有影响。

试结合上述材料，写一份调查报告。

（二）写作指导

调查报告一般由标题和正文两部分构成，其中正文部分又包括前言、主体和结尾。

1. 标题

调查报告的标题一般由发文机关、事由、文种构成，如"××关于××××的调查报告"。或者采用陈述式标题，如《南京××学生消费情况调查》；或采用提问式标题，如《为什么大学生月消费逐年提高？》；也可采用正副标题相结合方式，如《当代大学生恋爱观调查——新时期大学生思想变迁探析》。

2. 正文

正文一般分前言、主体、结尾三部分。

（1）前言。前言有多种写法，但是考虑到前言起到画龙点睛的作用，建议选择直切主题的方式，直接说明调查概况和调查结果等。

（2）主体。这是调查报告最主要的部分，这部分详述调查研究的基本情况，分析调查研究所得材料中得出的各种具体结论。

（3）结尾。结尾的写法也比较多样，可以提出解决问题的方法、对策或下一步改进工作的建议；或总结全文的主要观点，进一步深化主题；或提出问题，引发人们的进一步思考；或展望前景，发出号召。

（三）示范例文

××××地区部分儿童血铅超标事件的调查报告

××××年××月初，本市××××区××××地区儿童在入园、入学前例行体检中陆续发现部分儿童血铅超标。市委、市政府对此高度重视，市委书记×××和市长×××等领导专门作出批示，要求××××区政府和相关部门本着对人民群众生命健康高度负责的态度，积极开展血铅超标儿童救治，依法彻底查清涉及血铅事件的污染源，确保人民群众健康安全不受影响。根据要求，××××区政府迅速成立调查组，对事件进行了调查。××××年××月××日，市政府组织市环保局、市卫生局、市科委、市政府法制办等成立了联合调查组，依法、依规对该事件进行了全面、客观、公正的调查，现事件的原因基本查清。现将事件调查和处置的有关情况报告如下：

一、基本情况

（一）××××地区的基本情况

××××地区位于本市外环线浦东段的两侧，总面积为41.04平方千米，下辖24个居委会、12个行政村，常住人口176 713人。区域内有××××工业园区，园区面积为26.88平方千米，主要产业包括汽车及零部件产业、电子信息产业、医疗器械和医疗服务产业等。

（二）血铅超标儿童的情况

××××地区共有1306名儿童进行了血铅检测，根据卫生部《儿童高铅血症和铅中毒分级和处理原则(试行)》中的诊断标准，共有49名儿童血铅超标，其中住院治疗17人，门诊治疗32人，血铅超标儿童以1～3岁为主。

（三）事件调查工作的基本情况

事件发生后，××××区政府立即开展了调查，制定了事件应急处置工作方案并组织实施。区环保部门对××××地区铅污染源进行了全面排查，对事发地周边区域的空气、土壤、水质、植物进行了全面的监测和调查。×××市环境科学研究院在对该区域污染状况调查的基础上，出具了《×××市××××地区环境铅污染调查报告》。卫生部门也积极开展了儿童血铅流行病学的调查，×××市疾病预防控制中心出具了《××××地区儿童血铅超标事件分析报告》。

为彻底查清事件原因，联合调查组在××××区政府前期工作的基础上，全面开展了××××地区铅污染状况、儿童血铅超标与环境中铅污染相关性等方面的调查。××××年××月××日，联合调查组还邀请国内环保、卫生领域的权威专家对有关单位出具的调查报告进行了科学、客观、公正的评估。

二、调查结果

（一）涉铅污染源的调查情况

经调查，××××地区主要涉铅企业有3家，分别是×××××××有限公司、××××××××有限公司、×××××××有限公司。其中，×××××××公司和××××公司两家企业有涉铅生产工艺；×××××××公司局部土壤呈铅浓度异常。

（1）×××××××公司。该公司系专业从事生产铅酸蓄电池的外资企业，是该地区铅污染的最大排放源。经调查，该公司主要存在以下问题：① 未报经环保部门批准，擅自扩大生产规模，增加了一条生产线，年生产用铅量超过了环保部门核定的用铅量。② ××××年以来曾出现数次废气铅排放超标现象，并受到了区环保部门的行政处罚。

（2）×××××××公司。该公司主要从事车用锌合金平衡块生产。经调查，该公司未经环保部门审批，擅自调整生产工艺，新增铅合金平衡块生产(主要工艺为铅块熔融、压铸)。

（3）×××××公司。该公司主要从事废旧物资的回收。经调查，该公司厂区内东北角区域的土壤中铅、锌浓度超过规定标准。

（二）事件的性质和原因

综合以上调查及专家的评估意见认定：××××地区部分儿童血铅超标事件是一起因环境中铅含量升高而引起的突发公共卫生事件。主要原因如下：

（1）血铅超标儿童地理分布特征与土壤、大气铅含量分布特征基本吻合，因此儿童血铅超标与环境中铅污染相关。

（2）儿童血铅超标主要是因儿童接触环境中含铅灰尘经消化系统摄入体内所致。这与儿童尤其是1～3岁儿童的生理特点和生活习惯有关。

（3）××××地区环境中铅含量升高主要是由于××××××公司、××××公司等企业所排放的铅污染物在环境中长期积累所致，其中，××××××公司是该地区最主要的铅污染物排放源。

（4）根据血铅超标儿童分布、大气铅排放状况和土壤铅积累趋势，××××地区儿童血铅超标与××××××公司铅排放有较明显的关联，与××××××公司铅排放有一定的关联；此外，××××××公司等其他铅污染源也有影响。

三、事件处置与整改情况

×××地区部分儿童血铅事件发生后，××××区政府立即组织力量，积极开展血铅超标儿童救治工作，治疗情况总体进展顺利，截至本月13日，尚有3人在住院治疗，病情稳定。

在抓紧血铅儿童救治工作的同时，本市有关部门和××××区政府也在积极开展事件原因调查，对涉铅排放的企业采取了应急措施。××××年××月××日，鉴于××××××公司年度用铅量已超过限定值，区环保部门对××××××公司下达了《关于责令××××××有限公司暂停生产的通知》；××××年××月××日，××区政府依据调查情况和专家评估意见，下达了《关于中止××××××有限公司涉铅蓄电池生产经营活动的通知》，责令其停止涉铅生产经营活动。针对××××××公司未批先建、擅自新增铅合金平衡块生产活动的行为，区环保部门于××××年××月××日作出了责令停止铅合金平衡块生产，并处罚款的行政处罚决定。上述企业已根据政府的决定，停止涉铅生产活动。××××××公司因市政动迁原因，也于××××年××月××日自行停止了在原场地的废品回收业务，并搬离了原场地。同时，为了避免××××××公司原受污染场地对公众健康造成影响，××区政府已对受污染场地进行了隔离。并将责成××××××公司限期修复原场地中已受污染的土壤。

下一步，××区政府将对×××地区环境状况作全面评估，对涉铅行业相关企业实施产业结构调整，并着手开展受铅污染土壤修复工作，确保居民环境安全。同时，本市将研究推进涉铅行业的产业结构调整，制定本市铅酸蓄电池行业大气污染物排放标准，完善铅污染物的监控体系，避免类似事件的再次发生。

××××地区儿童血铅事件联合调查组

××××年××月××日

第二节　简　报

一、机关例文

国家××局直属机关党委简报

（第××期）

××××编××××年××月××日

"两学一做"学习教育专刊

办公室、×××司、××业协会、研究院等单位

深入学习《中国共产党问责条例》

近日，办公室、×××司、××专业协会、研究院等单位结合"两学一做"学习教育，组织党员深入学习《中国共产党问责条例》。

办公室党支部召开支部党员大会，组织学习《问责条例》，大家认为，《问责条例》聚焦全面从严治党，突出管党治党的政治责任，对问责的对象、情形、主体、程序、方式等内容规定得很具体，学习好贯彻好《问责条例》，积极投身到××业"515战略"和全域××之中，进一步树立使命意识、责任意识和担当意识。党支部书记×××在学习时强调，支部班子成员要带头学习《问责条例》，以实际行动带动党员学懂学深学通。

×××司党支部组织第×次"两学一做"支部学习会，专题学习《问责条例》。大家在学习中认为，《问责条例》是新形势下解决党的领导弱化及懒政、庸政、怠政，加强干部队伍纪律建设和改进作风的有力举措。党支部书记×××在学习中讲道，学习好贯彻好《问责条例》，要结合正在进行的"两学一做"学习教育、结合《国家××局党建工作责任制》、结合×××工作实际，做到心中有责、心中有纪。

××专业协会党支部召开组织生活会，首先对《问责条例》进行学习，并对照工作开展讨论交流。党支部书记×××在讨论中讲道，《问责条例》的出台，表明我们党在基础制度建设更加完善，更加全面，实现了全面从严治党全覆盖。从另一个角度讲，也是对党员干部的一种保护。我们要以身作则，认真履职尽责，把责任意识和问责意识牢记于心。

研究院党支部召开支部扩大会，深入学习讨论《问责条例》，大家在讨论中谈道，《问责条例》的出台，不仅是一个制度创新，更是治党的利器，唤醒了党员干部的责任

意识和担当精神。党支部书记×××在学习中强调，《问责条例》的内容与每一位党员都息息相关，要深刻领会中央意图，自觉与党中央保持高度一致。要集智聚力做好××科研工作，对×××产业发展中的重点、难点、热点问题进行深入研究，及时提出有价值的对策建议，为中央和局党组进行科学决策提供有力支撑。

共印×××份

二、相关知识

（一）适用范围

简报又称"动态"、"简讯"，是用于传递某方面信息的简短的内部小报。

（二）公文特点

简报具有内容广泛、形式特殊、篇幅简短、内部交流等特点。

（三）公文类型

（1）按简报内容，其可分为工作简报和会议简报。
（2）按简报形式，其可分为综合性简报和专题性简报。
（3）按出刊日期，其可分为定期简报和不定期简报。

三、写作训练

（一）训练题目

1. 材料一

××月××日至××日，全国"扫黄打非"工作小组专职副组长×××率全国"扫黄打非""净网"行动督查组来×××省督导检查工作，并召开网络淫秽色情信息专项治理"净网"行动工作座谈会。省委常委、宣传部长、省"扫黄打非"工作领导小组组长×××主持座谈会。省"扫黄打非"工作领导小组副组长、省新闻出版局局长×××汇报全省"扫黄打非"工作和"净网"行动开展情况，并陪同检查。

省公安厅、省文化厅、省广电局、省通信管理局、省互联网信息办公室等相关成员单位负责人分别汇报本部门工作开展情况。督查组一行在×××市查看了公安、电信等现场，并赴×××市督导检查。

×××充分肯定×××省工作。他说，×××省各级党委政府高度重视"扫黄打非"工作，各有关部门各司其职、各负其责，措施硬、工作实、成效大，特别是在"净网"行动中，紧密结合工作实际，做到管理创新、方法创新、制度创新、技术创新，探索积累了许多宝贵经验。×××强调，各地各有关部门要从贯彻落实党的十八大精神、促进社会和谐稳定的高度，坚持网上网下相结合、建设与打击相结合，扎实做好"扫黄打非"的各项工作。

×××表示，×××省将根据中央关于"扫黄打非"工作部署和督查组的要求，积极应对网络时代出现的新情况、新问题，进一步强化认识，强化组织领导，强化责任落实，强化技术防范，把×××省"扫黄打非"工作和网络管理推上一个新台阶，为谱写中国梦的××篇章作出新的贡献。

今年以来，全省"扫黄打非"战线认真贯彻中央和省委、省政府决策部署，围绕中心、服务大局，扎实推进"扫黄打非"工作。全省共出动检查 2.9 万人次，检查出版物市场、店档摊点和印刷复制企业 1.9 万家次，先后侦破×××市"6·04"批销淫秽盗版光盘案等一批在全国有影响的重大案件。"净网"行动开展以来，各地各有关部门继续保持严打高压态势，共关闭淫秽色情网站 495 家，查办传播淫秽色情案件 56 起，抓获犯罪嫌疑人 80 余名，网络文化环境进一步净化。

（社文办）

2. 材料二

××月××日，省新闻出版局局长×××、副局长×××到×××市专题调研全民阅读工作。

×××一行实地考察了×××市××小学南校区"××书屋"、24 小时社区自助图书馆、×××××××有限公司阅读中心、××村图书馆（农家书屋），听取了×××市、×××市开展全民阅读、推进书香城市建设情况的汇报，并就书香××创建等有关事项进行了研究。

×××在调研中指出，居民综合阅读率纳入××省基本现代化指标体系，充分体现了省委省政府对全民阅读的高度重视。要深入推进全民阅读、加快建设书香江苏，必须把这项工作放到现代化建设特别是人的现代化建设，放到增强自主创新能力、加快转型升级中去认识，在放眼国际，学习借鉴深圳、上海等地区先进经验，总结张家港等首批四个书香之县经验的基础上，来思考、谋划、研究制定与经济社会发展相融合的书香××创建指导性文件，明确书香××创建的意义、目标、任务、重点工程及保障条件，从书香××创建先行，逐步向××、××推进，并积极探索、研究制定全民阅读促进条例、中长期规划、书香城市创建指标体系等，不断把书香江苏建设推向深入。

省局办公室、出版管理处、产业发展处以及×××市×××局、×××市委宣传部、×××市文广新局负责同志陪同调研。

（省全民阅读办）

试以××省×××局名义将上述两则材料做成简报。

（二）写作指导

简报的写作格式包括报头、标题、导语、正文和报尾。

1. 报头

报头分五个小部分，即密级、简报名称、期号、编发单位、发行日期。密级应印在报头的左上角顶格。报头部分与标题和正文之间，一般都用一条粗线拦开。

2. 标题

简报的标题类似于新闻的标题，要揭示主题、简短醒目。

3. 导语

导语通常用简明的一句话或一段话概括全文的主旨或主要内容，给读者一个总的印象。导语一般要交代清楚谁(某人或某单位)，在什么时间，干什么(事件)，结果怎样等内容。

4. 正文

正文是简报所刊的一篇或几篇文章。

5. 报尾

在简报最后一页下部，用一横线与正文隔开，横线下左边写明发送范围，在平行的右侧写明印刷份数。

简报基本格式如下：

×密 　　　　　　　　　　　　　　　　　　　　　　份号

××××××简报

第×期

(总××期)

×××(单位全称)编　　　　　　　　　　　　××××年×月×日

本期目录

× 　× 　× 　× 　× 　×

× 　× 　× 　× 　× 　×

× 　× 　× 　× 　× 　×

××××××××(标题)

×××。(导语)

×××。

×××。

(×××单位报告摘编/×××办公室)

报：××××(上级单位)

送：××××(同级或不隶属单位)

发：××××(下级单位)

共印×××份

（三）示范例文

××省×××简报

第××期

（总×××期）

××省×××局 ××××年××月××日

___

全国"扫黄打非""净网"行动督查组来苏督导检查工作

　　××月××日至××日，全国"扫黄打非"工作小组专职副组长×××率全国"扫黄打非""净网"行动督查组来××省督导检查工作，并召开网络淫秽色情信息专项治理"净网"行动工作座谈会。省委常委、宣传部长、省"扫黄打非"工作领导小组组长×××主持座谈会。省"扫黄打非"工作领导小组副组长、省新闻出版局局长×××汇报全省"扫黄打非"工作和"净网"行动开展情况，并陪同检查。

　　省公安厅、省文化厅、省广电局、省通信管理局、省互联网信息办公室等相关成员单位负责人分别汇报本部门工作开展情况。督查组一行在×××市查看了公安、电信等现场，并赴×××督导检查。

　　×××充分肯定××省工作。他说，××省各级党委政府高度重视"扫黄打非"工作，各有关部门各司其职、各负其责，措施硬、工作实、成效大，特别是在"净网"行动中，紧密结合工作实际，做到管理创新、方法创新、制度创新、技术创新，探索积累了许多宝贵经验。×××强调，各地各有关部门要从贯彻落实党的十八大精神、促进社会和谐稳定的高度，坚持网上网下相结合、建设与打击相结合，扎实做好"扫黄打非"的各项工作。

　　×××表示，××省将根据中央关于"扫黄打非"工作部署和督查组的要求，积极应对网络时代出现的新情况、新问题，进一步强化认识，强化组织领导，强化责任落实，强化技术防范，把江苏"扫黄打非"工作和网络管理推上一个新台阶，为谱写中国梦的××篇章作出新的贡献。

　　今年以来，全省"扫黄打非"战线认真贯彻中央和省委、省政府决策部署，围绕中心、服务大局，扎实推进"扫黄打非"工作。全省共出动检查2.9万人次，检查出版物市场、店档摊点和印刷复制企业1.9万家次，先后侦破××"6·04"批销淫秽盗版光盘案等一批在全国有影响的重大案件。"净网"行动开展以来，各地各有关部门继续保持严打高压态势，共关闭淫秽色情网站495家，查办传播淫秽色情案件56起，抓获犯罪嫌疑人80余名，网络文化环境进一步净化。

省×××局局长×××到×××市调研全民阅读工作

　　××月××日，省新闻出版局局长×××、副局长×××到×××市专题调研全民阅读工作。

　　×××一行实地考察了×××市××小学南校区"××书屋"、24小时社区自助图书馆、××××××有限公司阅读中心、××村图书馆（农家书屋），听取了×××市、×××市开展全民阅读、推进书香城市建设情况的汇报，并就书香××创建等有关事项进行了研究。

　　×××在调研中指出，居民综合阅读率纳入××省基本现代化指标体系，充分体现了省委省政府对全民阅读的高度重视。要深入推进全民阅读、加快建设书香××，必须把这项工作放到现代化建设特别是人的现代化建设，放到增强自主创新能力、加快转型升级中去认识，在放眼国际，学习借鉴深圳、上海等先进地区经验，总结×××市等首批四个书香之县经验的基础上，来思考、谋划、研究制定与经济社会发展相融合的书香××创建指导性文件，明确书香××创建的意义、目标、任务、重点工程及保障条件，从书香××创建先行，逐步向××、××推进，并积极探索、研究制定全民阅读促进条例、中长期规划、书香城市创建指标体系等，不断把书香江苏建设推向深入。

　　省局办公室、出版管理处、产业发展处以及×××市×××局、×××市委宣传部、×××市×××局负责同志陪同调研。

（省全民阅读办）

报送：×××部长、×××常务副部长、×××副部长。
分送：省委宣传部新闻出版处、××报业传媒集团、××××出版传媒集团、各市、县（市、区）文化广电新闻出版局、版权局。

共印 50 份

第十一章 讲话类文书

第一节 讲话稿

一、机关例文

×××在××××年国家×××总局系统××××工作会议讲话

同志们：

今天召开××××年国家×××总局系统××××工作会议，目的是深入学习贯彻党的十八大和十八届二中、三中全会和习近平总书记系列讲话精神，按照中央全面深化改革的要求和体育工作实际，推动进一步转变政府职能，强化体育公共服务，加强群众体育工作，推进建立总局层面"大群体"工作格局，促进群众体育、竞技体育、体育产业全面协调可持续发展。

刚才，几个部门和直属单位就落实总局印发的《全民健身计划》职责分工的措施、成效以及下一步工作思路进行了总结交流。总体感觉，过去一年，大家对全民健身工作的认识不断提高，重视程度也在加强。按照总局的要求和部署，结合本单位和本部门实际，认真履行工作职责，在进一步整合各方资源、发挥自身优势、推动全民健身工作方面做出了新成绩。在此，我代表总局党组，向大家并通过你们向总局系统为推动全民健身事业付出努力的同志们表示衷心感谢！

下面，我讲三点意见。

一、充分肯定××××年群众体育工作的成绩

××××年，全国的群众体育工作继续以深入贯彻落实《全民健身条例》和《全民健身计划》为主线，以构建全民健身公共服务体系为核心，进一步深化"政府主导、部门协同、全社会共同参与"的大群体工作格局，取得了新的成绩，呈现出新的特点：

（一）"大群体"工作格局取得新进展

在推进政府主导方面，总局连续第四年会同国家发改委、教育部、财政部、国务院法制办等部门组成联合检查调研组，赴全国四省、区实地检查调研《条例》和《计划》贯彻落实情况，并在其他省开展自查，重点检查各级政府主导履行全民健身公共服务职责的情况。从统计结果看，截至去年年底，全国地（市）层面"三纳入"总体覆盖率已达到97％，县（区）层面"三纳入"总体覆盖率接近93％，较以往又有所进步。××××年全国用于全民健身的经费共197.59亿元，总局用于全民健身的经费是20亿元，比上一年增长23.38％，其中彩票公益金19.68亿元，比前一年增长23.85％。

在推进部门协同方面，总局连续第三年召开中央、国务院28个部委参加并发言交流的贯彻实施《计划》工作座谈会，会后向国务院提交了专题报告。××××年总局还与发改委联合印发了《关于落实"十二五"公共体育设施建设规划有关事项的通知》；与全国政协教科文卫体委员会就在构建多元化全民健身公共服务体系中如何发挥体育社会组织的作用进行了专题调研，形成了调研报告；同发改委等8部委联合印发了《关于加强大型体育场馆运营管理改革创新提高公共服务水平的意见》，总局训练局、奥体中心、秦皇岛基地、安阳航校、湛江潜校等单位积极响应，加大场馆公益性开放力度，给全国做出了示范；联合教育部、卫计委、国家统计局等9部委启动了第四次全国国民体质监测；与教育部、全国总工会共同完成了《国家体育锻炼标准》修订工作；人事司会同教育部开展了国务院关于加强运动员文化教育文件落实情况检查；青少司和教育部联合印发了《关于加强全国青少年校园足球工作的意见》；科教司牵头与科技部联合实施"十二五"国家科技支撑计划相关项目，支持全民健身技术指导和公共体育服务的科技研发；人力中心联合全国总工会举办的全国体育行业职业技能大赛，推动了体育行业技能人才队伍建设；宣传司组织了7次中央媒体走基层群体活动报道小分队，引导中央媒体更加重视群体活动的报道。以上做法推动了国家层面"部门协同"工作机制日益健全。

在全社会共同参与方面，全国已有90.3%的地市成立了地市级体育总会，21个省的地市级体育总会实现了全覆盖。69.4%的县区成立了县区级体育总会。各级体育总会和单项体育协会积极开展全民健身活动，中国登山协会通过俱乐部带动更多群众参与户外运动；直属机关党委依靠工青妇群团组织广泛开展全民健身活动；总局去年多单位合作组织了第五个全国"全民健身日"活动；体操中心征集原创广场健身操作品，组织举办展示交流活动；武术中心加大了段位制推广工作；田径中心、健身气功中心、自行车击剑中心、排球中心、小球中心、棋牌中心不断完善业余竞赛和活动体系；冬运中心、水上中心、举摔柔中心、手曲棒垒中心、航管中心、青岛航校等积极开展青少年体育活动；体彩中心继续支持开展全民健身活动；乒羽中心、群体司与中央电视台联合举办了"谁是球王——乒乓球、羽毛球民间争霸赛"；一些单位指导社会力量举办了全民健身挑战日、城市乐跑赛等活动。以上工作促进了"全社会共同参与"全民健身活动。

（二）全民健身公共服务体系建设取得新成效

去年底，总局和×××省人民政府签署了《建设公共体育服务体系示范区合作协议》，总局将通过加大对×××省公共体育设施建设、活动开展、组织构建的指导和扶持力度，在制定基本公共体育服务体系建设规划、服务标准，开展绩效评估，共同破解制约群众体育发展的难题方面探索经验。

去年，总局会同发改委以推进实施《"十二五"公共体育设施建设规划》为重点，研究制定了规划建设项目组织实施方案，进行了部署和培训。共投入彩票公益金13.3亿元，支持地方建设农民体育健身工程近5万个、"雪炭工程"190个，采购符合新国标的健身路径器材1192套。装备中心完成全民健身器材和服务采购总预算达6000多万元，游泳中心颁布实施可拆装游泳池国家标准并联合群体司在部分省进行试点，基金中心资助高校及街道社区 120 万元购置体育健身器材，汽摩中心公布实施《汽车露营营地开发条件和要求》行业标准。

去年总局审定国家级社会体育指导员 2447 名，培训了 3803 名，社体中心承担了大量具体工作。目前全国注册培训的公益性社会体育指导员已达 143 万，职业社会体育指导员 7 万多人。北京体育大学发挥专业人才优势服务基层，健身气功协会等 10 个项目协会结合全国性赛事活动开展了全民健身志愿服务活动。

…………

二、深刻认识当前群众体育工作面临的形势和任务

党的十八大和十八届二中、三中全会对建设中国特色社会主义、全面深化改革提出了全新的要求。今年是贯彻落实三中全会精神的开局之年，认真学习、深刻领会、贯彻落实，全面深化体育事业改革创新，是摆在我们面前的一项重要任务。正确认识、准确把握当前群众体育工作面临的形势和任务，是全面深化群众体育改革的基础，也是总局系统各部门、各单位做好全民健身工作的前提条件。

（一）做好群众体育工作是切实转变政府职能，强化体育公共服务，全面深化体育事业改革的必然要求。

转变政府职能是本届中央政府的第一要务和重中之重，中央明确提出要按照建立中国特色社会主义行政体制目标，健全部门职责体系，建设职能科学、结构优化、廉洁高效、人民满意的服务型政府。提出要进一步推进简政放权，推动政府职能向创造良好发展环境、提供优质公共服务、维护社会公平正义转变。提出政府要加强发展战略规划、政策标准的制定和加强市场活动监管，加强各类公共服务提供。同时要改进政府提供公共服务的方式，加强基层社会管理和服务体系建设，创新行政管理方式，提高政府公信力和执行力，推进政府绩效管理，推进国家治理体系和治理能力的现代化。其中，激发社会组织的活力正是创新治理方式的重要任务。

全国体育系统所属的体育社会组织数量多、范围广，都不同程度的承担着推动群众体育、竞技体育、体育产业、体育文化和体育国际交流的任务，发挥了重要的、不可替代的作用。我国社会组织管理制度的改革，必然使现有的体育管理模式面临改革创新的新任务。这要求我们更新观念，以改革创新为动力，用新机制充分发挥体育社会组织的重要作用，既加强培育扶持，又运用市场机制，激发体育社会组织活力，由重事前审批向事中、事后强化监管转变，在加强统筹规划、分类指导和行业规范、做好顶层设计、提供制度保障上着力。

建立健全基本公共服务体系，促进基本公共服务均等化，是全面建设服务型政府的要求，也是加快以保障和改善民生为重点的社会建设的任务。国务院已颁发了《全民健身条例》，印发了《全民健身计划（××××—××××年）》，对提高公共体育服务水平、强化各级政府和相关部门履行全民健身公共服务的职能、构建全民健身公共服务体系做出了明确要求。又在××××年××月正式印发的《国家基本公共服务体系"十二五"规划》中，将全民健身公共服务相关内容纳入国家基本公共服务体系，强化了体育部门履行公共服务的职责。这就要求各部门、各单位必须努力创新体制机制，把建立健全基本公共体育服务体系、切实履行好政府公共体育服务职能、着力增

强公共体育服务供给能力作为一项重要任务抓紧抓好，抓出成效，切实把工作重心放到满足群众体育需求上来，使人民共享体育事业发展的成果。

（二）做好群众体育工作是满足群众迫切需求，回应社会普遍关切，实现新形势下体育事业新发展的必备条件。

当前，人民群众对于体育的需求日益强烈，社会各方对于体育事业新发展的关切愈发迫切，满足群众需求、回应社会关切是体育系统在新形势下需要共同面对的一项重大课题。在体育事业的各项工作中，全民健身事关百姓身体健康和生活幸福，事关人的全面发展和全面建成小康社会的进程，是体育工作中最能体现以人为本、执政为民理念的内容。群众体育还为竞技体育和体育产业的发展提供着丰厚的土壤和不竭的动力。做好全民健身工作，不断促进体育的社会化和生活化，在全社会营造浓厚的体育氛围，让大家在体育运动中强筋骨、增知识、调感情、强意志，增进身心健康，享受体育运动的快乐，既是广大人民群众的共同期待，更是体育部门义不容辞的职责。

当前，如何贯彻落实中央关于全面深化改革的精神，推动体育强国建设，我们必须要有深入的思考和清醒的认识。一方面，要巩固发展体育运动、增强人民体质的根本宗旨和方向；另一方面，当前面临的很多新问题需要通过深化改革、创新体制机制去解决，还要妥善处理好各方关系，在明确改革思路、坚定改革方向的前提下做好改革发展的顶层设计。在改革进程中，我们要真实了解群众需求，真心倾听群众声音，真情体会群众期盼，把各方关切凝聚成加快推进改革发展的动力。从体育系统来看，在座的各个部门都有群众体育工作的职责，各部门、各单位的一项重要任务是真正提高群众体育工作的位置，加大工作分量和工作投入，要在直接对接群众需求的群众体育工作上下大工夫，出大气力，浓墨重彩，努力通过工作实效做出令广大群众满意的回答。

三、全力落实好 2014 年群众体育工作的各项要求

（一）尽职履责，进一步强化总局系统"大群体"工作格局。

×××同志××××年在贯彻实施《计划》电视电话会议上讲话中提出了"政府主导、部门协同、全社会共同参与"的"大群体"工作格局，部门协同中就包含着体育系统内部各部门、各单位之间的协同，包括机关各职能司局之间、各司局与直属单位之间、直属单位与直属单位之间的协同。为进一步明确各单位贯彻实施《计划》的责任和任务，××××年××月，总局下发了《关于印发落实全民健身计划（××××—××××年）国家×××总局相关单位职责分工的通知》，细化分解了机关各厅、司、局和直属单位的工作任务和职责。因此，群众体育工作是各厅、司、局和直属单位的工作内容之一，是履行职能不容回避的责任。

各单位要逐一对照在落实《全民健身计划》中的职责分工，履行好本单位开展全民健身工作的职能，加强工作的主动性、自觉性和责任性，不断完善措施，进行细化落实。自觉将开展全民健身工作列入本单位重要工作日程，加强组织领导，明确责任分工，制定和实施好年度工作计划，加大资金投入和政策保障，建立监督检查和奖励措

施。总局下一步将把各单位落实《条例》和《计划》，开展全民健身工作实际成效作为对单位、对班子年度工作综合评价和考核的重要内容之一。

（二）提前谋划，做好《全民健身计划（××××—××××年）》实施效果评估和《全民健身计划（××××—××××年）》的前期研制工作。

《计划》对评估工作做出了规定：县级以上××××主管部门要会同有关部门不定期对《计划》和《实施计划》实施情况进行检查指导，并在××××年对实施成效进行全面评估，将评估报告报本级人民政府。据此，总局负责对《计划》的实施效果进行评估并将评估结果报国务院，同时开展新周期《计划》研制工作。对《计划》实施情况进行效果评估，就要全面总结《计划》的目标任务的完成情况和效果，评估各级政府提供全民健身公共服务、构建全民健身公共服务体系的发展水平，探索全面建成更高水平的全民健身公共服务体系的途径和措施，为制定新周期《计划》提供更加完备、更加坚实的基础。

各单位要高度重视此项工作，各相关司局要配合群体司，结合《计划》中涉及的相关任务研究提出评估方式和办法，提出拟在新周期实施的重点措施、重大项目和重要政策，结合评估所掌握的基础数据做好政策设计和与相关部委及有关方面的前期沟通协调；各运动项目管理中心要配合群体司，结合《计划》评估工作总结过去几年全民健身方面的工作成效，查清项目在全民健身领域的发展现状，提出下一个五年加强全民健身的工作思路和目标措施；群体司、政法司、青少司、经济司等部门要在开展第四次全国国民体质监测和10省（区、市）体育健身活动和体质状况抽测，开展《"十二五"公共体育设施建设规划》实施情况评估等工作的基础上，在《计划》评估和新周期《计划》研制领导小组的领导下，研究制定评估办法，牵头对《全民健身计划（××××—××××年）》进行评估并向国务院汇报；同时组建起草研制小组，启动研制《全民健身计划（××××—××××年）》相关工作。

··········

同志们，今年是体育系统深化改革的关键一年，时机重要、责任重大。我们要以本次会议为契机，以改革创新的精神、敢于担当的勇气，不断学习，转变观念，开拓创新，扎实工作，努力推动全民健身事业更上新台阶！

谢谢大家！

二、相关知识

（一）适用范围

讲话稿是指把准备在会议上发言和报告的事项事先写出来的一种机关公文。

（二）讲话稿特点

（1）内容确定。讲话稿的内容受会议主题、讲话者和受众等因素决定。

（2）语言得体。讲话稿语言通俗易懂，便于发言者表达，易于听众理解和接受。

三、写作训练

（一）训练题目

××××年元旦，政协委员欢聚一堂，畅叙友情，展望未来。

××××年，社会主义经济建设、政治建设、文化建设、社会建设、生态文明建设和党的建设都取得新进展，国防和军队现代化建设取得新成效。香港、澳门继续保持繁荣稳定，两岸交流合作进一步深化。对外交流合作全方位开展。

一个多月前，中共十八大胜利召开。

××××年，是全面贯彻落实中共十八大精神的开局之年，是实施"十二五"规划承前启后的关键一年，是为全面建成小康社会奠定坚实基础的重要一年。

过去的一年里，人民政协高举爱国主义、社会主义旗帜，牢牢把握团结和民主两大主题，围绕中心、服务大局，认真履行职能，积极开展调查研究，积极建言献策，积极反映社情民意，为国家各项事业发展作出了新的重大贡献。

"众人拾柴火焰高。"中共十八大对巩固和发展最广泛的爱国统一战线作出了部署，赋予人民政协更重大的责任、更光荣的使命。

试结合上述材料，为国家领导人撰写全国政协新年茶话会讲话稿。

（二）写作指导

讲话稿包括开头、主体、结尾三部分。

1. 开头

讲话稿开头部分首先应根据与会人员的情况和会议性质来确定适当的称谓，如"各位老同志"、"各位专家学者"等。

2. 主体

讲话稿主体部分可以重点阐述如何领会文件指示；可以提出做好工作的具体意见；可以补充其他领导人的讲话。

3. 结尾

讲话稿结尾部分用于总结全篇，照应开头；也可以用名句结束全文。

（三）示范例文

习近平在全国政协新年茶话会上的讲话

同志们，朋友们：

今天是××××年元旦。一元复始，万象更新，我们欢聚一堂，畅叙友情，展望未来，感到非常高兴。首先，我代表中共中央、国务院和中央军委，向各民主党派、工商联和无党派人士、各人民团体，向全国广大工人、农民、知识分子、干部和各界人士，向人民解放军指战员、武警官兵和公安民警，向香港特别行政区同胞、澳门特别

行政区同胞、台湾同胞和海外侨胞，向关心和支持中国现代化建设的国际友人，致以节日的祝福！祝大家新年好！

刚刚过去的××××年，在我国发展征程上具有特殊重要的意义。面对严峻的国际经济形势和繁重的国内改革发展稳定任务，全党全国各族人民紧密团结、开拓前进，推动我国经济社会发展呈现稳中有进的良好态势。社会主义经济建设、政治建设、文化建设、社会建设、生态文明建设和党的建设都取得新进展，国防和军队现代化建设取得新成效。香港、澳门继续保持繁荣稳定，两岸交流合作进一步深化。对外交流合作全方位开展，为维护世界和平与促进共同发展作出了新的贡献。

一个多月前，中共十八大胜利召开。这次大会高举旗帜、继往开来、团结奋进，全面勾画了我国未来一个时期改革发展的宏伟蓝图，选举产生了新一届中央委员会，为坚持和发展中国特色社会主义提供了坚强政治和组织保证。

最近一段时间，各民主党派、工商联相继召开全国代表大会，明确今后一个时期主要任务，选举产生新一届领导班子和领导机构，一批年富力强的同志充实进来，我国多党合作和工商联事业必将进一步向前发展。

××××年，是全面贯彻落实中共十八大精神的开局之年，是实施"十二五"规划承前启后的关键一年，是为全面建成小康社会奠定坚实基础的重要一年。我们要深入学习和全面贯彻落实中共十八大精神，坚持以邓小平理论、"三个代表"重要思想、科学发展观为指导，稳中求进，开拓创新，扎实开局，促进经济持续健康发展和社会和谐稳定，加快推进国防和军队现代化建设，不断提高党的建设科学化水平。我们要坚持"一国两制"、"港人治港"、"澳人治澳"、高度自治的方针，团结广大港澳同胞，保持香港、澳门长期繁荣稳定。我们要坚持"和平统一、一国两制"方针，巩固和发展两岸关系和平发展的基础，造福两岸同胞。我们要高举和平、发展、合作、共赢的旗帜，在和平共处五项原则基础上全面发展同各国的友好合作，同各国人民携手推进人类和平与发展的崇高事业。

同志们、朋友们！

过去的一年里，人民政协高举爱国主义、社会主义旗帜，牢牢把握团结和民主两大主题，围绕中心、服务大局，认真履行职能，积极开展调查研究，积极建言献策，积极反映社情民意，为国家各项事业发展作出了新的重大贡献。

"众人拾柴火焰高。"中共十八大对巩固和发展最广泛的爱国统一战线作出了部署，赋予人民政协更重大的责任、更光荣的使命。参加人民政协的各党派团体和各族各界人士要切实把思想和行动统一到中共十八大精神上来，坚持和完善中国共产党领导的多党合作和政治协商制度，发挥人民政协协调关系、汇聚力量、建言献策、服务大局的重要作用，促进政党关系、民族关系、宗教关系、阶层关系、海内外同胞关系的和谐，最大限度调动一切积极因素，共同致力于实现中华民族伟大复兴。

同志们、朋友们！

中国特色社会主义事业是造福人民的美好事业，也是需要我们为之付出智慧和力量的艰辛事业。现在，全面建成小康社会的号角已经吹响，关键是要树立起攻坚克难的坚定信心，凝聚起推进事业的强大力量，紧紧依靠全国各族人民，推动党和国家事业不断从胜利走向新的胜利。

这里，我想起毛泽东同志当年写下的词句："东方欲晓，莫道君行早。踏遍青山人未老，风景这边独好。"辉煌成就已载入民族史册，美好未来正召唤着我们去开拓创造。让我们更加紧密地团结起来，朝着全面建成小康社会、加快实现社会主义现代化的宏伟目标奋勇前进！

第二节　开幕词

一、机关例文

国家×××局综合管理司副司长×××参加中国旅游大会并致开幕词

尊敬的各位领导、各位来宾，新闻媒体朋友们：

大家好，我谨代表国家×××局对本次大会的召开表示热烈的祝贺！

众所周知，当前我们正迎来了大众旅游时代，×××业作为综合性产业，在经济社会发展中的作用和影响日益广泛。中国×××业的发展正受到了前所未有的高度重视，刚刚过去的 5 月，我们在北京成功举办了首届世界旅游发展大会，李克强总理亲临大会开幕式，并发表重要讲话，他指出，×××业不仅是中国培育发展新动能的生力军，和大众创业、万众创新的大舞台，也是实现扶贫、脱贫的重要支柱和建设美丽中国的助推器，还是中国对外友好的高架桥。他特别强调，要深入推进全域××和"×××＋"行动，与"互联网＋"相结合，在促进旅游中实现一、二、三产业的融合发展。×××业的升级促进国民经济的提质增效，我们本次大会的主题——"跨界"就是迎合了这样的时代背景。

今天在座有地方旅游主管部门的领导，有×××企业的领袖、创新业态的代表，还有金融投资圈的精英、高新技术的创业者，以及传统媒体和新媒体的朋友。大家来自不同的领域，因旅游而跨界，因旅游而牵手，就是要共同推进中国旅游业的创新、协调、绿色、开放和共享。经过 30 多年突飞猛进的发展，中国旅游业已经到了全民旅游和个人游、自驾游的全新阶段，传统的以抓点为特征的景点旅游模式，已经不能满足现代大旅游发展的需要，李局长早期在全国全域旅游现场会提出，旅游业是无边界的产业，包容性强，融合度高，能体现人的全面发展需求。我们要顺应时代的要求，推进中国旅游业发展由景区模式向全域旅游模式转变，推进旅游发展理念的转变、发展模式的转变和发展机制的转变，让广大人民群众在全域旅游中真正受益，让旅游企业在全域旅游发展中不断发展壮大。

推进全域旅游是我国现阶段旅游发展战略的再定位，是一场具有深远意义的重大变革，这是中国旅游业的机遇，也是全社会各行各业的机遇。推进全域旅游需要集思广益、推陈出新，在这方面不少的地方已经进行探索，进行了创新性的实践，希望本

> 次大会能够聚集更多的智慧，碰撞出更多的火花，为大家搭建起一个共融、共赢、共建、共享，助力中国旅游业发展的大舞台。
>
> 最后，预祝××××中国旅游大会圆满成功，谢谢大家！

二、相关知识

（一）适用范围

开幕词是党政机关、社会团体、企事业单位的领导人，在会议开幕时所作的讲话，旨在阐明会议的指导思想、重要意义、中心任务和良好祝愿。

（二）公文特点

(1) 简明性。开幕词要简洁明了，要点在于表示祝贺和希望。

(2) 口语化。开幕词语言应该通俗易懂，易于听众接受。

（三）公文类型

按内容可以将开幕词分为侧重性开幕词和一般性开幕词两种。

(1) 侧重性开幕词往往对会议召开的历史背景、重大意义或会议的中心议题等做出重点阐述。

(2) 一般性开幕词则只对会议目的、议程、基本精神、来宾等做出简要概述。

三、写作训练

（一）训练题目

早春3月，俄罗斯"中国旅游年"开幕式举行。

旅游是综合性产业，是拉动经济发展的重要动力。旅游是修身养性之道，中华民族自古就把旅游和读书结合在一起，崇尚"读万卷书，行万里路"。

中俄两国山水相连，是好邻居、好伙伴、好朋友。中国是拥有5000多年历史的文明古国，又是充满发展活力的东方大国，旅游资源得天独厚，被列入世界文化和自然遗产的就有40多处。俄罗斯也是旅游大国。古老的文明和灿烂的文化在世界上独树一帜，快速发展的现代风貌吸引着世人眼球，伏尔加河、乌拉尔山、贝加尔湖的美丽风光享誉世界，莫斯科、圣彼得堡、叶卡捷琳堡、索契等城市的独特魅力备受青睐。

试结合上述材料，为出席活动的国家领导人写一篇开幕词。

（二）写作指导

开幕词通常由标题、称谓及正文三部分组成。

1. 标题

开幕词标题可以采用"会议名称＋开幕词"；或"领导人姓名＋会议名称＋开幕词"；当

然有时也可以在标题中提示内容中心或主旨，配合以副标题。

2. 称谓

称谓一般写在标题下行顶格，称呼通常用"同志们"、"朋友们"、"各位代表"等。

3. 正文

正文一般包括开头、主体和结尾。

开头写隆重举行开幕式。主体部分一般包括出席会议人员情况，会议召开的背景、意义及主要任务等。结尾一般都是"祝大会圆满成功！"。

（三）示范例文

俄罗斯"中国旅游年"习近平主席致开幕词

尊敬的×××总统，女士们，先生们，朋友们：

在早春3月的美好时节，我们在这里隆重举行俄罗斯"中国旅游年"开幕式。我们大家心中都有一个美好的期盼，就是希望俄罗斯中国旅游年活动能够像春天一样百花齐放、姹紫嫣红。

首先，我谨代表中国政府和人民，并以我个人的名义，向友好的俄罗斯政府和人民，向支持和协助举办中国旅游年的俄罗斯朋友们，表示衷心的感谢！

中俄两国山水相连，是好邻居、好伙伴、好朋友。亲仁善邻，国之宝也。我和普京总统一致决定，把扩大各领域务实合作作为今后两国关系发展的重点，为提高两国人民生活水平和质量提供重要推动力。

旅游是传播文明、交流文化、增进友谊的桥梁，是人民生活水平提高的一个重要指标，出国旅游更为广大民众所向往。旅游是综合性产业，是拉动经济发展的重要动力。旅游是修身养性之道，中华民族自古就把旅游和读书结合在一起，崇尚"读万卷书，行万里路"。

俄罗斯是旅游大国。古老的文明和灿烂的文化在世界上独树一帜，快速发展的现代风貌吸引着世人眼球，伏尔加河、乌拉尔山、贝加尔湖的美丽风光享誉世界，莫斯科、圣彼得堡、叶卡捷琳堡、索契等城市的独特魅力备受青睐。我记得，中方去年拍摄了《你好，俄罗斯》百集电视专题片，展现出俄罗斯秀丽的自然风光和各民族的多彩风情。去年，中国俄罗斯旅游年成功举办，中国赴俄罗斯旅游人数增加46％，两国双向往来330万人次。中国成为俄罗斯第二大旅游客源国，俄罗斯则是中国第三大旅游客源国。

中国是拥有5000多年历史的文明古国，又是充满发展活力的东方大国，旅游资源得天独厚，被列入世界文化和自然遗产的就有40多处。中华书画、京剧、中医等传统文化博大精深，雄伟壮丽的三山五岳、气势磅礴的万里长城、独一无二的兵马俑、享誉世界的少林寺、阳光明媚的热带海滩等自然和人文景观异彩纷呈。中国已成为全球第三大入境旅游接待国和出境旅游消费国。希望双方以举办旅游年为契机，把旅游合作培育成中俄战略合作的新亮点。

旅游是增强人们亲近感的最好方式。我听说，××××年××月××日，到俄罗斯参加"你好，俄罗斯"旅游交流活动的1100名中国游客，齐聚莫斯科宇宙酒店音乐厅，俄罗斯艺术家为中国游客表演了精彩的节目，当《莫斯科郊外的晚上》熟悉的旋律响起时，全场中俄观众共同引吭高歌，勾起了大家心中最美好的回忆。同年9月底至10月初，应北京市政府之邀，50个俄罗斯家庭到北京参加民宿交流活动，住在北京普通市民家中，中方接待家庭对能在自己家里接待俄罗斯家庭表现出了强烈的愿望，很多家庭由于没有得到接待机会而深感遗憾。这些中俄家庭就像亲人一样一起生活，结下了深厚友谊，分别时都依依不舍。我相信，他们都会把这一段美好的经历永远珍藏在心中。

女士们、先生们！

"有朋自远方来，不亦乐乎！"中国人民正致力于建设美丽中国。今晚开幕式文艺演出的主题就是"美丽中国"。我代表热情好客的中国人民，盛情邀请俄罗斯朋友们来中国旅游，欢迎你们到中国做客，观赏自然风光，体验中华文明，增进人民友谊。

谢谢大家！

第三节　闭　幕　词

一、机关例文

×××在上海世博会国际论坛上的闭幕词

尊敬的×××主席、×××秘书长、女士们、先生们、朋友们：

在与会代表的共同努力下，第七届上海世博国际论坛取得圆满成功，我代表中国政府以及上海世博会组委会向多年来热情关心和支持上海世博会筹办工作的海内外朋友表示衷心的感谢！

中国政府对本届论坛高度重视，温家宝总理出席开幕式并发表精彩演讲，连续七年举办的中国上海世博国际论坛在世博的主题，特别是城市发展理念等方面进行了深入的研讨，对于凝聚全球的经验和智慧，激发人们的关注，支持和参与世博会的热情发挥了积极的作用。

一个半世纪以来，世博会承载着人类的梦想，凝聚着创造的智慧，推动了文明与进步，世博会的主题不断与时俱进，顺应了时代发展的潮流，上海世博会确立的"城市，让生活更美好"这一主题不仅具有重大的现实和长远意义，而且极具挑战性。

当前全球已有超过一半的人口生活在城市，解决城市化过程中的能源、资源浪费、环境污染、交通拥堵等问题，共同建设美好的城市家园是世界各国面临的重大课题，通过上海世博会这个重要平台，充分展示全球化、全球城市发展的成果，促进各种城市发展理念的碰撞和交流，有助于各国相互学习，博采众长，共同探索未来城市发展之路。

　　新中国成立，特别是改革开放以来，中国的城市化进程快速推进，但是，作为一个拥有13亿人口的发展中大国，中国面临的挑战前所未有，人多、地少、水少，能源、资源环境等问题十分突出，在这样的基础上推进城市化，没有现成的模式可循，更不可能重复发达国家走过的大量消耗能源资源、先污染后治理的老路，我们将按照科学发展观的要求积极探索中国特色的城镇化道路，努力建设资源节约型、环境友好型的城市，促进城市的可持续发展，坚持以人为本，转变生活方式，营造有利于每个人全面发展、和谐共处的城市环境。

　　上海世博会的举办将为我们学习借鉴先进的城市发展理念和经验、更好地推进中国城市化的进程提供难得的机遇。

　　×××年上海世博会不仅属于中国，更属于世界，成功申博七年来，中国政府举全国之力，集世界之智，精心筹办，努力办好这一届国际盛会。特别是去年以来，面对国际金融危机的不利影响，在国际展览局的大力支持下，中方和各参展方积极克服困难，筹备工作正在按计划顺利进行。

　　目前确认参观的国家和国际组织数量创历史之最，世博园区及场馆建设将于年内基本完成，我们完全有信心向全世界奉献一届成功、精彩、难忘的世博会。

　　再过170天，上海世博会将拉开帷幕，我以上海世博会组委会主任委员的名义诚挚邀请各位朋友届时到中国、到上海参观访问。

　　谢谢大家！

二、相关知识

（一）适用范围

闭幕词是一些大型会议结束时由相关领导人或德高望重者向会议所作的讲话。

（二）公文特点

(1) 总结性。闭幕词要对会议内容、会议精神进行总结，并做出恰当评价。
(2) 号召性。闭幕词要提出对会议共识的深化落实，因此具有号召性。

三、写作训练

（一）训练题目

杭州G20峰会达成了以下共识：

第一，当前世界经济增长仍然乏力，增长动力不足，国际和地区热点问题以及全球性挑战对世界经济的影响不容忽视。维护世界和平稳定，为促进全球经济增长创造良好环境至关重要。我们要继续加强宏观政策沟通和协调，发扬同舟共济、合作共赢的伙伴精神，凝聚共识，形成合力，促进世界经济强劲、可持续、平衡包容增长。我们通过了《二十国集团领导人杭州峰会公报》，进一步明确了二十国集团合作的发展方向、目标、举措，就推动世界经济增长达成了杭州共识，为构建创新、活力、联动、包容的世界经济描绘了愿景。

面对当前世界经济的风险和挑战，需要标本兼治，综合施策，运用好财政、货币、结构性改革等多种有效政策工具，既要做好短期风险防范和应对，也要挖掘中长期增长潜力；既要保持总需求力度，也要改善供给质量。这将向国际社会传递二十国集团成员共促全球经济增长的积极信号，有助于提振市场信心，维护全球金融市场稳定。

第二，一致通过了《二十国集团创新增长蓝图》，决心从根本上寻找世界经济持续健康增长之道，紧紧抓住创新、新工业革命、数字经济等新要素新业态带来的新机遇，并制定一系列具体行动计划。我们支持以科技创新为核心，带动发展理念、体制机制、商业模式等全方位、多层次、宽领域创新，推动创新成果交流共享。我们决定大力推进结构性改革，制定了优先领域、指导原则、指标体系。

第三，同意继续推动国际金融机构份额和治理结构改革，扩大特别提款权的使用，强化全球金融安全网，提升国际货币体系稳定性和韧性。我们决心加强落实各项金融改革举措，密切监测和应对金融体系潜在风险和脆弱性，深化普惠金融、绿色金融、气候资金领域合作，共同维护国际金融市场稳定。我们决定深化国际税收合作，通过税收促进全球投资和增长。我们就能源可及性、可再生能源、能效共同制定了行动计划，以提升全球能源治理有效性。我们就继续深化反腐败合作达成多项共识，决心让腐败分子在二十国乃至全球更大范围无处藏身、无所遁形。我们期待通过上述成果和举措，全面提升全球经济金融治理结构的平衡性、机制的可靠性、行动的有效性，为世界经济增长保驾护航。

第四，共同制定《二十国集团全球贸易增长战略》，促进包容协调的全球价值链发展，继续支持多边贸易体制，重申反对保护主义承诺，以释放全球经贸合作潜力，扭转全球贸易增长下滑趋势。我们制定了《二十国集团全球投资指导原则》，这是全球首个多边投资规则框架，填补了国际投资领域空白。期待在我们共同努力下，在强劲的国际贸易和投资推动下，世界经济将重新焕发活力，经济全球化进程将继续蓬勃发展。

第五，同意在落实气候变化《巴黎协定》方面发挥表率作用，推动《巴黎协定》尽早生效。我们发起《二十国集团支持非洲和最不发达国家工业化倡议》，制定创业行动计划，发起《全球基础设施互联互通联盟倡议》，决定在粮食安全、包容性商业等领域深化合作。这些行动计划和务实成果，将着力减少全球发展不平等、不平衡问题，为发展中国家人民带来实实在在的好处，为实现2030年可持续发展目标作出重要努力，为全人类共同发展贡献力量。

试在上述材料基础上，写一篇闭幕词。

（二）写作指导

闭幕词的写法格式由标题、正文和结尾三部分组成。

1.标题

闭幕词标题的写法与开幕词基本相同。

2.正文

（1）称谓一般写成"尊敬的各位来宾，女士们、先生们、朋友们"。

（2）在多方努力下，会议完成预定任务；核心内容要写明会议通过的具体事项和主要精神；会议的重要性和深远意义。

3. 结尾

结尾部分一般表示祝愿等；然后郑重宣布会议闭幕。

（三）示范例文

习近平在二十国集团领导人杭州峰会上的闭幕辞

（2016 年 9 月 5 日，杭州）

各位同事：

我们用了一天半的时间，围绕会议主题和重点议题进行了热烈而富有成果的讨论，就加强政策协调、创新增长方式、全球经济金融治理、国际贸易和投资、包容和联动式发展等议题，以及影响世界经济的其他突出问题，深入交换看法，达成许多重要共识。

第一，我们决心为世界经济指明方向，规划路径。我们认为，当前世界经济增长仍然乏力，增长动力不足，国际和地区热点问题以及全球性挑战对世界经济的影响不容忽视。维护世界和平稳定，为促进全球经济增长创造良好环境至关重要。我们要继续加强宏观政策沟通和协调，发扬同舟共济、合作共赢的伙伴精神，凝聚共识，形成合力，促进世界经济强劲、可持续、平衡包容增长。我们通过了《二十国集团领导人杭州峰会公报》，进一步明确了二十国集团合作的发展方向、目标、举措，就推动世界经济增长达成了杭州共识，为构建创新、活力、联动、包容的世界经济描绘了愿景。

我们认为，面对当前世界经济的风险和挑战，需要标本兼治，综合施策，运用好财政、货币、结构性改革等多种有效政策工具，既要做好短期风险防范和应对，也要挖掘中长期增长潜力；既要保持总需求力度，也要改善供给质量。这将向国际社会传递二十国集团成员共促全球经济增长的积极信号，有助于提振市场信心，维护全球金融市场稳定。

第二，我们决心创新增长方式，为世界经济注入新动力。我们一致通过了《二十国集团创新增长蓝图》，决心从根本上寻找世界经济持续健康增长之道，紧紧抓住创新、新工业革命、数字经济等新要素新业态带来的新机遇，并制定一系列具体行动计划。我们支持以科技创新为核心，带动发展理念、体制机制、商业模式等全方位、多层次、宽领域创新，推动创新成果交流共享。我们决定大力推进结构性改革，制定了优先领域、指导原则、指标体系。《二十国集团创新增长蓝图》的达成，将使我们在理念上有共识、行动上有计划、机制上有保障，有助于为全球增长开辟新路径，全面提升世界经济中长期增长潜力。

第三，我们决心完善全球经济金融治理，提高世界经济抗风险能力。我们同意继续推动国际金融机构份额和治理结构改革，扩大特别提款权的使用，强化全球金融安全网，提升国际货币体系稳定性和韧性。我们决心加强落实各项金融改革举措，密切监测和应对金融体系潜在风险和脆弱性，深化普惠金融、绿色金融、气候资金领域合作，共同维护国际金融市场稳定。我们决定深化国际税收合作，通过税收促进全球投资和增长。我们就能源可及性、可再生能源、能效共同制定了行动计划，以提升全球能源治理有效性。我们就继续深化反腐败合作达成多项共识，决心让腐败分子在二十国乃至全球更大范围无处藏身、无所遁形。我们期待通过上述成果和举措，全面提升全球经济金融治理结构的平衡性、机制的可靠性、行动的有效性，为世界经济增长保驾护航。

第四，我们决心重振国际贸易和投资这两大引擎的作用，构建开放型世界经济。我们同意充分发挥贸易部长会和贸易投资工作组的作用。我们共同制定《二十国集团全球贸易增长战略》，促进包容协调的全球价值链发展，继续支持多边贸易体制，重申反对保护主义承诺，以释放全球经贸合作潜力，扭转全球贸易增长下滑趋势。我们制定了《二十国集团全球投资指导原则》，这是全球首个多边投资规则框架，填补了国际投资领域空白。期待在我们共同努力下，在强劲的国际贸易和投资推动下，世界经济将重新焕发活力，经济全球化进程将继续蓬勃发展。

第五，我们决心推动包容和联动式发展，让二十国集团合作成果惠及全球。我们第一次把发展问题置于全球宏观政策框架的突出位置，第一次就落实联合国2030年可持续发展议程制订行动计划，具有开创性意义。我们同意在落实气候变化《巴黎协定》方面发挥表率作用，推动《巴黎协定》尽早生效。我们发起《二十国集团支持非洲和最不发达国家工业化倡议》，制定创业行动计划，发起《全球基础设施互联互通联盟倡议》，决定在粮食安全、包容性商业等领域深化合作。这些行动计划和务实成果，将着力减少全球发展不平等、不平衡问题，为发展中国家人民带来实实在在的好处，为实现2030年可持续发展目标作出重要努力，为全人类共同发展贡献力量。

我们认识到发挥好二十国集团国际经济合作主要论坛作用的重要性，认为二十国集团有必要进一步从危机应对机制向长效治理机制转型，从侧重短期政策向短中长期政策并重转型。我们认为，二十国集团的发展关乎所有成员切身利益，也牵动世界经济发展的未来，只有顺应变革，与时俱进，才能永葆生机。我们决心合力支持二十国集团继续聚焦世界经济面临的最突出、最重要、最紧迫的挑战，加强政策协调，完善机制建设，扎实落实成果，引领世界经济实现强劲、可持续、平衡、包容增长。

各位同事！

在我正式宣布会议结束之前，我想向大家表示诚挚谢意。感谢你们对我本人和中国政府的信任，感谢你们在会议期间给予中方的支持、理解、合作，感谢你们为推动世界经济增长和二十国集团发展付出的辛勤努力和作出的重要贡献。

在我们共同努力下，二十国集团领导人杭州峰会取得了丰硕成果，画上了圆满句号。我深信，这次会议将成为一个崭新起点，让二十国集团从杭州再出发。

相聚美好而又短暂，很快到了我们要说再见的时候。会议结束后，我将参加记者招待会，根据我们在会上达成的共识，向媒体简要介绍会议成果和讨论情况。有些同事还要在中国逗留几天，有些同事很快将离开中国。我希望这次中国之行和西湖风光能给大家留下美好的回忆，也愿借此机会祝大家旅途愉快，一路平安！

最后，我宣布，二十国集团领导人杭州峰会闭幕！

谢谢大家。

第四节 演 讲 稿

一、机关例文

中宣部副部长、国家新闻出版广电总局局长×××

在第××届网络视听大会做主旨演讲

尊敬的各位来宾，同志们，朋友们：

今天，全国网络视听业界的代表们相聚蓉城，共同研讨网络视听行业的创新与发展。在这里，我代表国家新闻出版广电总局，向大会的召开表示热烈的祝贺，向各位参会代表表示诚挚的欢迎，向四川省和成都市党委政府以及有关部门为大会所做的大量工作表示衷心的感谢！

近年来，网络视听依托互联网和网络信息技术的日新月异，迎着全面深化改革的时代大潮，迅速成长壮大，成为信息产业和文化产业中的重要力量，成为人民群众工作、生活中的重要内容。

总的看，网络视听行业起码有以下三个积极特征：

第一个特征：网络视听已成为中国互联网行业生态最丰盈、活力最丰沛的领域。据统计，网络音视频作为互联网流量贡献率最大的应用领域，已经占到总流量的70%以上。网络视听节目类型丰富，原创作品数量节节攀升，从去年10月到今年10月，网络原创节目上线334万条，占到在线节目总量接近三分之一。今年在线视频市场广告规模的增幅将超过30%，是全国网络广告市场增长幅度最快的应用领域。看视频时进行过互动行为的用户占整体用户41%。有17%的用户有过付费看视频的经历，付费用户增长进入快车道。这几组数字足以说明网络视听节目对于互联网行业蓬勃发展所起的重要作用。

第二个特征：网络视听节目在传播正能量方面发挥了积极作用。有的节目通过阐释中国道路、讲述中国故事、传播中国精神、弘扬中华传统文化，宣扬了爱国主义、家国情怀和民族自豪感；有的节目通过讲述英雄人物和先进人物事迹、展现淳朴真切的亲情爱情友情，捕捉生活中的感人瞬间、倡导人际和谐友善互助，宣扬了社会公德、个人道德和家庭美德，传递了关爱、温暖、真诚、向善的精神力量。近两年，总局在全行业开展了"中国梦"主题原创网络视听节目评选展播活动，各从业机构积极热情参与，经各省区市遴选推荐了近2000部作品，内容品质明显提升，一大批弘扬核心价值观又喜闻乐见的节目脱颖而出。此外，由中国网络视听节目服务协会组织的优秀原创网络视听作品推选活动，也推选了1400多部作品，很多作品温馨感人、引发共鸣。

第三个特征：网络视听空间逐步有序清朗，社会责任逐步成为行业共识。近年来，为落实习近平总书记关于"使网络空间清朗起来"的重要指示，总局在从业机构和广大从业人员的积极配合下，加强了对网络视听节目的管理。

主要采取了五个方面的措施：

一、及时清除网上政治有害及不良节目；

二、对网络剧、微电影等执行"自审自播、先审后播、不审不播"和节目备案制度；

三、出台了网上境外引进剧管理规定；

四、对互联网电视传播秩序进行治理；

五、加强了视听节目监管系统建设。

在以上政策措施的有效作用下，视听节目传播秩序出现了良好局面。同时，我们也看到，网络视听空间逐步清朗的另外一个重要因素，在于各从业机构、广大从业人员的法律法规意识、行业自律意识、职业操守意识和社会责任意识的不断提升。在这里，我代表总局感谢为互联网空间清朗起来而作出贡献的网络视听领域的企业家、管理者以及广大从业人员，感谢你们对政府管理工作的理解和支持，感谢你们对社会责任的坚守！

同志们，朋友们，党的十八届五中全会通过的"十三五"规划《建议》，提出了"创新、协调、绿色、开放、共享"的发展新理念，《建议》明确提出实施"网络强国"战略和"互联网＋"行动计划，这为我们网络视听领域的发展指明了方向，提供了难得的历史机遇。在这样的大好形势下，希望从事网络视听领域工作的广大机构和人员，要倍加珍视机遇，积极作为，把我们的工作做得更好。做好我们的工作，我认为，最根本的是要深入学习领会习近平总书记系列重要讲话精神，深入学习贯彻总书记关于做好互联网管理与发展、加强积极健康向上的网络文艺创作生产等重要论述和指示。只有这样，我们的行业发展才能不偏离方向，才会永葆动力活力，我们的节目作品才能扎根人民、服务人民，得到人民群众的认可和欢迎。

在这里，我谈五点意见，同大家一起讨论。

第一，要植根于中华优秀文化沃土，为丰富中华民族精神家园增姿添彩。习近平总书记在文艺工作座谈会上指出，"世世代代的中华儿女培育和发展了独具特色、博大精深的中华文化，为中华民族克服困难、生生不息提供了强大精神支撑。"总书记还深刻指出"没有中华文化的繁荣兴盛，就没有中华民族伟大复兴"。总书记的重要论述把文化建设提高到了民族复兴的高度，准确阐明了文化对于国家民族生存发展的重要性。文艺座谈会之后，网络视听领域响应号召，乘势而上，创作生产了大量好节目、好作品。但总体来看，与海量的视听信息相比，优秀作品的比例还不高，还缺少一定数量的高峰之作，个别作品格调不高等问题仍然突出，还需要我们管理部门和业界下大工夫去解决。要解决这一问题，就必须要把我们的创作深深扎根于中华文化沃土之中，从中华文化中汲取养分、挖掘创作源泉。

我认为，这方面有三个层次：

一、要植根于中国深厚历史文化。中华民族5000多年文明史，古圣先贤、英雄人物、道德文章，说不尽、道不完，二十四史、经史子集，汗牛充栋，博大精深，为我们提供了深厚而无尽的文化滋养。

二、要植根于近代以来中国争取民族独立的斗争史，尤其是中国共产党带领人民取得革命胜利的光辉历史。这段历史时期，谱写了无数民族自强的壮丽篇章，奏响了爱国主义的时代强音，创造了无数歌颂党和人民的红色文化，这是我们始终不能偏离的主航道。

三、要植根于改革开放以来党带领人民建设国家的伟大实践，既立足当代先进文化，又不断发展先进文化。可以说，植根于当代中国，人民群众创造、创业、创新的故事，爱国、奉献、敬业、友善的故事，可以挖掘的就更多了。总之，不管是传统主流媒体还是社会商业网站，我们从事网络视听业务，都应该树立这样一种自觉意识、责任意识，大家是在共同开垦中华民族精神家园的新园地，有着共同的责任担当。希望同志们的辛勤耕耘既能够开出万紫千红之花，又要结出甘甜怡人之果，为人民群众提供有益于健康的精神食粮，而不是对人民无益无助的杂芜荒草。一言以蔽之，希望广大网络视听领域的同志们，要始终坚持正导向、讲格调、提品质，以优秀作品传承民族精神血脉，坚守主流价值观，弘扬时代精神，增强全民族的凝聚力向心力。

第二，要始终牢牢扭住创新这个根本，不断开拓新兴媒体发展的新天地。习近平总书记多次强调，"创新是民族进步之魂"，"创新是引领发展的第一动力"，"创新是文艺的生命"。在五中全会提出的五大发展新理念中，"创新"又居于首位，可以说，创新精神是当代中国最鲜明的时代特征。网络视听是科技创新的产物，要推进这一新兴业态的持续健康发展，必须把创新摆在行业发展全局的重要位置。

我想，我们应该努力在以下几个基本方面下工夫，把新兴媒体的"新"字做足做实，把各种创意风暴和技术手段用足用实。

一、要全方位创新。创新不是更换几个零部件，要着眼于建设形态多样、手段先进、竞争力强的新型主流媒体，推动网络视听节目制作、传播、消费等各环节创新，不断开辟新思维、新体系、新格局。

二、要重点创新。着眼于满足人民群众需求，重点加强内容创新，要在特色、优质、原创上多下工夫，不拘于一格，不形于一态，不定于一尊，避免同质化低水平竞争。同时，还要从群众需求的角度推进技术创新和商业模式创新，利用好大数据，不断开辟新应用、新体验、新模式。

三、要大力推进广电传统媒体融合发展、创新发展。要深化实施"广电＋"行动和"宽带广电"战略，加速交叉融合，延伸前沿领域，为网络视听领域注入新活力、新动能。另外，网络视听节目已经成为对外宣传的重要载体之一，要发挥反应快、更新快、传播快的优势，同传统媒体一道，讲好中国故事，向世界展示当代中国的新发展、新风貌、新气象。

第三，要树立铁肩担道义的意识，积极争做双效统一的模范。习近平总书记指出，"文艺不能当市场的奴隶，不要沾满了铜臭气"。文化产业、文化企业的发展应该恪守什么？那就是要始终把社会效益放在首位，实现社会效益和经济效益相统一。这个问题，既需要政府部门加强管理和引导，更需要文化企业自觉践行。

我提议，网络视听领域要恪守三个"道"：

一是讲政治走正道。就是要做政治上的明白人，时刻牢记使命和职责，当两个效益发生矛盾时，经济效益要服从社会效益。在价值取向鲜明的前提下，努力让两个效益都在高水平上运行，获得双丰收。

二是立恒心走远道。就是要有战略眼光，有孜孜以求、精益求精的精神。风物长宜放眼量。做文化企业，一夜暴富只是短期行为、偶然现象，优秀的文化企业必然是经过长期的积累积淀，厚积薄发，才能成就事业。

三是正品行讲师道。我们所从事的领域，有很强的教育、教化、引导的社会功能，特别需要强调的是，网络视听节目对青少年影响最大。所以，我们要认识到，我们所从事的工作和事业关系亿万青少年的健康成长、关系祖国的未来，把最好的精神食粮奉献给青少年，是在做功德无量的事情。反之则是愧对祖国、愧对人民、愧对自己的道德良心。管理机构、运营机构、领导者、广大从业人员都应当在高度共识上积极行动起来，为实现"两个效益"相统一共同努力，久久为功。

…………

同志们，朋友们，全面建成小康社会的进军号角已经吹响，让我们紧密团结在以习近平同志为总书记的党中央周围，用我们的实际行动，高举中国特色社会主义伟大旗帜，唱响主旋律，传播正能量，为实现"两个一百年"奋斗目标和中华民族伟大复兴的中国梦继续作出我们的贡献！

最后，祝本届大会取得圆满成功！

谢谢大家！

二、相关知识

（一）适用范围

演讲稿也叫演说辞，它是为在较为隆重的仪式上和公众场合讲话而准备的公文文稿。

（二）公文特点

（1）针对性。演讲为了晓谕听众、打动听众、"征服"群众，必须要有现实的针对性。

（2）鼓动性。好的演讲能够激发听众情绪，这要依靠演讲稿思想内容的丰富深刻，也要依靠语言的形象生动。

三、写作训练

（一）训练题目

过去一年，我国游戏出版产业继续保持较快增长，客户端游戏稳中有增，网页游戏增速明显，移动游戏增速迅猛，各细分市场呈现蓬勃发展之势。根据中国音数协游戏工委联合市场专业机构开展的产业调查显示，××××年，中国游戏市场销售收入831.7亿元，同比增长38%。进入××××年，增长态势继续扩大，××—××月，中国游戏市场销售收入496.2亿元，同比增长46.4%，增速高于去年同期水平。其中，增速较快的客户端网游营收255.7亿元，同比增长9.8%；网页游戏营收91.8亿元，同比增长71.9%；移动游戏营收 125.2 亿元，同比增长 394.9％。××××年 1—6 月，中国民族原创网络游戏境内市场销售收入 343.9 亿元，同比增长 41.3％，占市场销售总额的 69.3％；海外市场销售收入 8 亿美元，同比增长 66.7％。同时，伴随着移动游戏的迅猛发展，中国移动游戏乃至整个游戏出版产业业已成为资本市场的热点，投融资活动相当活跃，从业和创业积极性空前高涨。

一年来，政府主管部门的基本判断与相应的工作举措。① 党和政府对网络文化建设提出了新要求。② 移动游戏成为市场新热点。③ 版权运用保护进入新阶段。④ 行业管理面临新挑战。

面对这些新变化，总局着眼于完善制度规则、改进管理方法、提高服务水平，拟从以下几方面入手，采取一些新的工作举措。① 导向为先，着力内容建设。② 简政放权，提高行政效率。③ 加强保护，严打侵权盗版。④ 依法监管，营造清朗网络空间。

试结合上述材料，以国家××××××总局名义，为总局副局长×××写一篇第××届"中国国际数码互动娱乐产业高峰论坛"上的演讲稿。

（二）写作指导

演讲稿分为开头、主体、结尾三个部分。

1. 开头

演讲稿开头可以用开门见山的方法，直接切入主题；也可以用问题导入的方法，引起听众的兴趣。

2. 主体

首先，确定演讲的主旨，这是演讲的最重要的点，也是最吸引听众的地方；其次，确定结构形式，演讲稿的内容是并列式，或是递进式，还是总分式；第三，围绕论点，认真组织好材料。

3. 结尾

演讲稿的结尾没有固定的格式，可以总结全篇，也可以号召听众。

（三）示范例文

第××届"中国国际数码互动娱乐产业高峰论坛"上的演讲稿

国家××××××总局副局长×××

各位来宾、各位朋友，女士们、先生们：

大家上午好！

非常高兴与在座各位再次相聚上海。首先，我代表国家新闻出版广电总局，对第十二届"中国国际数码互动娱乐产业高峰论坛"的举办表示热烈祝贺！对前来参加本届高峰论坛的中央和国家有关部委以及行业协会领导、上海市有关方面领导、海内外游戏企业代表、媒体界朋友以及社会各界人士表示诚挚欢迎！

过去一年，我国游戏出版产业继续保持较快增长，客户端游戏稳中有增，网页游戏增速明显，移动游戏增速迅猛，各细分市场呈现蓬勃发展之势。根据中国音数协游戏工委联合市场专业机构开展的产业调查显示，2013年，中国游戏市场销售收入831.7亿元，同比增长38%。进入2014年，增长态势继续扩大，1—6月，中国游戏市场销售收入496.2亿元，同比增长46.4%，增速高于去年同期水平。其中，增速较快的客户端网游营收255.7亿元，同比增长9.8%；网页游戏营收91.8亿元，同比增长71.9%；移动游戏营收125.2亿元，同比增长394.9%。2014年1—6月，中国民族原创网络游戏境内市场销售收入343.9亿元，同比增长41.3%，占市场销售总额的69.3%；海外市场销售收入8亿美元，同比增长66.7%。同时，伴随着移动游戏的迅猛发展，中国移动游戏乃至整个游戏出版产业业已成为资本市场的热点，投融资活动相当活跃，从业和创业积极性空前高涨。

一年来，在总体快速发展的同时，中国游戏出版产业无论在外部宏观环境、内部细分市场以及具体政策需求等方面都发生了许多新的变化。在此，我择其要点谈谈政府主管部门的基本判断与相应的工作举措。

一、党和政府对网络文化建设提出了新要求

××××年××月，党的十八大提出"加强和改进网络内容建设，唱响网上主旋律"的总体要求；××××年××月，十八届三中全会明确指出，建设社会主义文化强国，要坚持以人民为中心的工作导向，坚持把社会效益放在首位、社会效益和经济效益相统一；今年2月，习近平总书记在中央网络安全和信息化领导小组第一次会议上强调，要运用网络传播规律，弘扬主旋律，激发正能量，使网络空间清朗起来。上述要求，不仅表明了党和政府加强网络文化建设的决心，也为网络文化建设指明了发展方向，提出了具体要求。近年来，随着大部分游戏企业可持续发展愿望与社会责任感的日益增强，随着政府主管部门和社会各方的主动引导与大力扶持，休闲益智、健康向上、富有民族特色和先进思想内涵的优秀作品逐年增加，保护未成年人身心健康的措施也不断落实到位。但与此同时，游戏市场中产品质量良莠不齐、精品力作所占比例仍不够高、部分游戏企业对防沉迷措施执行不力的状况还未得到根本改观。这就要求我们各位游戏出版领域的从业者切实增强自身的社会担当，牢记文化使命，认真落实社会责任，正确处理社会效益与经济效益的关系，把社会效益放在首位，通过严格的自我管理、自我约束、自我提升，切实把党和政府网络文化建设的要求落到实处。

二、移动游戏成为市场新热点

自去年以来，伴随移动互联网技术的深度应用和移动智能终端的广泛普及，中国移动游戏用户数量急剧增加，市场营收迅猛增长，市场占有率高速提升。截至2014年6月底，中国移动游戏用户数量达到3.3亿，较2013年同期同比增长89.5%；2014年1～6月移动游戏市场营收达125.2亿元，占上半年游戏市场销售收入总额的25.2%，比去年同期上升17.7个百分点。不仅新生的移动游戏企业大量涌现，而且几乎所有传统客户端和网页游戏企业也都纷纷增设了移动游戏业务，有些甚至已转型为移动游戏企业；许多非游戏企业也通过并购、重组、新建等方式开始涉足移动游戏领域。由于移动游戏具有进入门槛低、研发周期短、消费用户广、市场潜力大等特点，已成为各方竞相追逐的热点领域，从而成为游戏市场新的高速增长极。

以上这些新情况和新变化，决定了中国游戏产业未来一个时期的走向，需要业界各方充分认识并积极应对。面对这些新变化，总局着眼于完善制度规则、改进管理方法、提高服务水平，拟从以下几方面入手，采取一些新的工作举措。

一、导向为先，着力内容建设

游戏消费者中，青少年占绝大多数，如何使他们具有良好的思想倾向、文化情趣、综合素养，关系到能否培养出社会主义事业的合格建设者和接班人。总局将本着对党和国家负责、对人民负责、对子孙后代负责的态度，坚定不移地践行服务人民、服务社会主义文化建设的出版导向，继续通过国家出版基金、中国出版政府奖、"中国民族网络游戏出版工程"、新闻出版改革发展项目库等渠道，积极争取各级财政资金，鼓励、支持更多思想情趣高雅、富有民族特色和先进文化思想内涵、艺术技术俱佳的原创网络游戏精品力作出版运营。

二、简政放权，提高行政效率

简政放权是本届中央政府的重点工作，也是全面深化改革的"先手棋"和转变政府职能的"当头炮"。总局将贯彻中央和国务院有关精神，结合行业实际，做好以下工作。一是继续扩大国产网络游戏属地管理试点。为简化审批环节，提高行政效率，强化属地管理职责，2013年12月总局选择在上海市实施国产网络游戏属地管理试点。7个多月来，这一试点工作取得了明显成效，大大缩短了游戏审批周期，得到上海市游戏企业的广泛好评。我们将在总结经验基础上，逐步扩大试点范围，在条件成熟的省市推广这一试点成果。二是继续简化网络游戏申报材料和流程。今年4月，总局发出《关于进一步规范出版境外著作权人授权互联网游戏作品和电子游戏出版物申报材料的通知》，调整简化了进口网络游戏和进口电子游戏的申报材料，压缩规范了申报流程。下一步，我们将参照上述《通知》要求，进一步简化、规范国产网络游戏申报材料和申报流程。三是简化和规范移动游戏网上出版管理办法。刚才已经讲到，移动游戏已经成为市场新热点。根据移动游戏时效性强，对审批时限要求高的特点，我们将对不涉及民族、宗教、历史、政治、疆域内容，无故事情节或者故事情节简单的消除类、跑酷类、棋牌类、音乐舞蹈类、体育竞速类、飞行射击类等休闲益智国产移动游戏，在明确出版主体责任的前提下，通过分层、分类、网上出版前登记等多种管理方式，进一步简化休闲益智类移动游戏内容审查程序，提高审批效率。需要提请注意的是，所有移动游戏上线运营时，必须在游戏开始画面或登录界面设置专门页面，标明游戏开发单位（著作权人）、出版单位、批准或登记文号、出版物号等信息。移动游戏出版单位在履行内容把关职责的同时，要加强对相关运营发布单位的监督和管理。

三、加强保护，严打侵权盗版

长期以来，总局始终支持并积极组织网络游戏版权保护工作，促进游戏版权交易，鼓励游戏著作权人维护自身权益，严厉打击侵权盗版行为。今年6月，国家版权局、国家网信办、工信部、公安部联合发出《关于开展打击网络侵权盗版"剑网2014"专项行动的通知》，要求重点围绕游戏等作品的数字版权保护，加大监管力度，严厉打击各种网络侵权盗版行为，规范网络版权秩序。专项行动开展一个多月来，成效初步显现，查处了包括北京何某某等涉嫌侵犯网络游戏软件著作权案、山东淄博李某等涉嫌侵犯网络游戏著作权案在内的一批网络游戏侵权盗版案件。这项工作还将持续、深入开展下去。也希望各网络游戏企业能够进一步增强版权保护意识，在坚决做到不侵权的同时，对他人的侵权行为积极采取行政投诉、民事诉讼和刑事报案等手段，开展正当维权，主张合法权益。

　　…………

　　此外，去年下半年，为全面深化改革和扩大开放，国务院决定设立中国（上海）自由贸易试验区，在上海自贸区内允许外资企业从事游戏游艺设备的生产，通过内容审查的游戏游艺设备可面向国内市场销售。这一举措，引起了业内外的高度关注。在此需要提示的是，依据总局工作职责，对于游戏机内置的游戏和通过磁卡、光盘等介质导入的游戏，其著作权若属外资企业或者外国公民，将按照出版境外著作权人授权的电子出版物管理办法进行管理；其著作权若属内资企业或者中国公民，则由电子出版社出版。对于通过网上下载的游戏机游戏，则按照网络游戏出版审批管理办法进行内容管理。

　　女士们、先生们、朋友们，中国游戏产业充满着生机和活力，是名副其实的朝阳产业。我们将努力改进管理服务方式，为中国游戏产业的健康繁荣发展保驾护航；同时也希望业界各方顺应时代变化，开拓创新，积极进取，在我们的共同努力下，迎接中国游戏产业更加美好的明天！

　　最后，预祝本次高峰论坛取得圆满成功！

　　谢谢大家！

第十二章 记录类文书

第一节 会议记录

一、机关例文

××××年××党风廉政建设会议记录

时间：××××年××月××日

地点：××××大厦

参加领导：国家××局×××副局长，×××司长等

一、经验交流

1. ××市旅游发展委员会：创新海外推广模式

Facebook运营一年多，至××××年××月，Visit Beijing达10万以上，微信53万人次。

2. ××省旅游局：关于旅游推广区域合作的探索与实践——长城旅游营销联盟

3. ××省旅游局：贴近市场，努力让"请进来"实现效益最大化贴近需求，让买家更满意；贴近市场，让卖家更满意。

4. ××市旅游局：开发会奖旅游及其目的地形象传播的做法和体会

××××年ICCU会议仅7个，××××年增至72个，排名29位；会议大使；出台标准，规范会议市场秩序，推动产业升级转型，会展专业委员会，××××年13个会议达标单位；自主创新品牌，造会造展。

5. ××省旅游局：打响"清新福建"品牌，推动闽台旅游发展共赢

生态覆盖率连续38年全国第一，"清新××"荣获2014年品牌创新营销，讲好"美丽中国，清新××"，高铁营销，别出心裁，事件营销，全省50家生态旅游景区，实时监测，招聘全国生态体验师，5洲10国营销，闽台直航，创新主题，3中1亲市场，同民村，联手台湾同行，生态文明示范区。

6. ××省旅游局：智慧旅游下的新媒体营销

移动平台，纵向打通省市区，横向打通微信、微博、网络等平台，"好客××"旗舰店投入2000多万元，开展海外新媒体营销，台湾、美国等市场投入200多万元，Google投入1800多万元，开展视频营销，2013年开通facebook，粉丝达21万，投入2000万元，3个营销体系，攻略、产品和地图营销，200多万元，环球旅讯合作，定制开发内置页。

二、×××副局长作工作报告

×××年，外国人入境旅游市场出现回暖，达 2636 万人次，增长 0.27％，港澳台同胞入境旅游市场达 1.02 亿人次，下降 0.11％，国内旅游 36.11 亿人次，增长 10.67％，出境旅游人数首次突破 1 亿人次，达 1.07 亿人次，增长 19.49％，全年旅游总收入 3.38 万亿元，增长 14.7％。

（1）强化宏观统筹，努力形成全国旅游市场一盘棋格局。加强规划，做好顶层设计；加强市场调研，把握市场发展走势；完善规章制度，规范旅游市场工作。

（2）注重综合发力，切实提升旅游宣传推广工作整体效果。充分利用旅游外交平台提升中国旅游影响力；成功举办了一系列宣传推广活动；加大参展和踩线采风工作力度；跨部门合作活动持续推进。

（3）创新工作方式，有效破解旅游宣传推广工作难题。旅游产品推陈出新；联合宣传推广体系逐步完善；智慧营销手段得到广泛运用；旅游宣传推广平台更加健全。

（4）加大保障力度，打牢旅游宣传推广工作基础。加大资金投入，扶持企业开发入境市场；安排专项资金，引导推动二三线城市做好市场拓展；制作多样化的旅游宣传品；推进实施入境便利化措施，强化宣传推广工作的外部支持。

（一）准确判断形势，保持清醒头脑，以更大的耐心和恒心应对当前市场工作

全球经济形势缓慢趋稳，国际旅游业持续增长，亚太地区旅游发展前景看好；我国经济向好基本面没有改变，旅游发展的政策环境更加有利；国家发展系列战略将为拓展入境旅游空间提供新的增长点；多点支撑的入境旅游市场发展格局总体向好；宣传推广工作效应逐步显现；国际间航空运力不断提升。

困难和挑战：世界经济总体复苏疲软态势难以在短期内改变；游客消费信心仍显不足；周边市场竞争持续加剧；环境污染及地缘政治等带来的消极影响仍然存在。

（二）开阔视野，积极作为，精准施策，稳中求进，奋力开拓旅游市场工作新局面

（1）全力塑造国家旅游新形象，提升中国旅游品牌在入境消费市场中的吸引力。全力办好丝绸之路旅游专项活动和国家间旅游年活动；在"走出去"上形成合力；在"请进来"上提升质量。

（2）加大旅游新产品建设，培育市场消费新热点。抓产品组织；抓产品包装；抓产品宣传。

（3）强化联合推广新方式，运用智慧旅游新手段，努力扩大市场消费影响面。要扩大宣传推广联盟数量；强化联合推广运行机制建设；提升优化宣传推广网站综合功能；实施网络营销计划。

（4）发挥旅游外交对市场发展的促进作用，努力拓展旅游市场新空间。抓好大国旅游合作；抓好周边国家旅游合作；抓好发展中国家和传统友好国家旅游合作；抓好多边合作；抓好旅游外交务实合作工作。

（5）积极推动出台旅游新政策，创造旅游消费新环境。优化政策环境；优化舆论环境；优化工作环境。

三、分组讨论

××省旅游局：市场平稳，认准市场，锲而不舍盯几年，前年 15 家晚报 2000 万，

去年 30 家晚报 3000 万元，宣传口号"诗画浙江"，重点是国内市场，入境增长 5%，6000 亿元，旅游增加值占 GDP 的 6.2%，目标 8%。上午×××副局长比较全面，如围绕主题深化产品，三年行动计划提出很好的建议，浙江海上丝绸之路，港口非常繁华，宁波杭州，东南亚，东盟博览会，浙江海上丝绸之路产品推荐，携手共同打造，浙皖赣生态旅游圈。

　　××省旅游局：收获不少。一是充分利用驻外办事处便利，建立良好关系，帮助国内省市区，建立更有效的国际营销平台，充分沟通信息，了解各个客源国市场动态，更多支持。二是建议以区域为纽带的联盟，国际市场更有效，而不仅仅是以产品为纽带。三是现代化手段及时公布市场预测，更多更全面。四是与台旅会更全面协商，与台湾交往更密切的省份，与台湾建立更多的联系。五是协调台旅会，预先发布入台旅游指标。

　　……………

　　国家局×××副局长：面临重任，各个司分解任务，167 项，涉及面广，品牌建设上，区域联盟更细化，哪个市场对哪个联盟。

二、相关知识

（一）适用范围

在会议过程中，由记录人员把会议的组织情况和具体内容记录下来，就形成了会议记录。

（二）公文特点

（1）指导性。会议记录集中反映了会议的主要精神和决定事项，可以指导下级单位工作。

（2）凭证性。会议记录也可以用于向上汇报或向下通报情况，必要时可作查阅之用。

（三）公文类型

会议记录可分为办公会议记录和专题会议记录。

（1）办公会议记录是记述机关或企业、事业单位等对综合性工作进行讨论、研究、议决等事项的一种会议记录。

（2）专题会议记录是专门记述座谈会讨论、研究的情况与成果的一种会议记录。

三、写作训练

（一）训练题目

××××年××月××日，在××局会议室，××局班子成员参加会议，会议由×××主持。

×××同志宣读《毫不动摇坚持"力度统一论"》《破除"反腐过头"论》评论文章。×××

同志宣读《"为官不易"群众才能舒服》《干净是为了更好地干事》《让纪律真正成为带电的高压线》《作风建设是永恒课题》评论文章。其后,班子成员间开展学习讨论,×××、×××、×××、×××、×××、×××、×××等同志分别发言。

请结合上述材料,撰写会议记录。

(二)写作指导

会议记录分两部分:

(1)会议组织情况,要求写明会议名称、时间、地点、出席人数、缺席人数、列席人数、主持人、记录人等。

(2)会议的内容,一般要求按照发言顺序,写明发言人、发言内容、核心问题。

四、示范例文

××××年××局党风廉政建设会议记录

时间:××××年××月××日

地点:××局会议室

参加人员:班子成员

主持人:×××

(1)×××同志宣读《毫不动摇坚持"力度统一论"》《破除"反腐过头"论》评论文章。

(2)×××同志宣读《"为官不易"群众才能舒服》《干净是为了更好地干事》《让纪律真正成为带电的高压线》《作风建设是永恒课题》评论文章。

(3)班子成员间开展学习讨论。

×××:我在××局工作多年,班子成员近年来虽说不断在变换,但我一直认为局班子一直是个团结、务实、清廉的班子,能认真履行职责,以身作则,严格执行中央、省市关于领导干部廉洁自律的各项规定,认真抓好廉洁自律工作,一把手能带头严格管好职权范围内的人和事,属局内的重大事项做到民主决策。就我个人来说,今天学了这些评论文章深有感触,习近平总书记明确指出,腐败是社会毒瘤,如果任凭腐败问题愈演愈烈,最终必然会亡党亡国;反腐败高压态势必须继续保持,坚持以零容忍态度惩治腐败,坚持把党风廉政建设和反腐败斗争进行到底。旅游部门虽说是个职能比较弱的单位,但是作风建设关系干群关系,关系旅游部门形象,因此我认为每个党员干部都应从自身做起,一身正气,两袖清风。

×××:分管机关这两年以来,随着贯彻执行中央八项规定力度不断加大,查处的违纪违规党员越来越多,明显感觉到整风活动正以高压态势在各级党政机关不断深入开展,我认为很及时,很有必要,特别是今天学习了这些文章后,更加认为××系统党员干部、职工要时时处处不忘廉洁自律方面知识的学习和宣传,不要因单位块头小而产生思想误区,努力建设一支廉洁型的旅游干部队伍,从源头上加大预防和治理腐败工作的力度,要把党风廉政建设作为党课教育的主要内容。我个人在平时由于工作上忙而放松学习，学习缺乏系统性和经常性，存在学习的高度、深度、广度和力度不够的问题；精神状态未能积极有效地调整到当前组织的要求上来，自我要求有所放松。

×××：前阶段通过"照镜子、正衣冠、洗洗澡、治治病"等活动的开展，我个人认真地剖析了在"四风"上存在的问题，今天又认真地听取了系列评论文章，真正是触及灵魂，认识深刻。以前总认为自己作为一名副职，各方面做得都还不错，"四风"问题跟自己关系不大，但经过一段时间的学习，认识到思想上产生误区。我个人深刻体会到没有正确的利益观去支配行动，也就不可能真心实意地为人民群众谋事、干事。

×××：今天学习听取评论之后，我个人作为班子中较年轻的成员，自认为平时对系统政治理论和业务知识学习的重要性和必要性缺乏有深度的认识。经常把学习当做软任务，把工作作为硬指标，出现了学习与工作脱节的现象。认为自己只要干好本职工作就行，有时甚至产生松劲的念头，满足于不出问题，创新意识淡化，忽视了工作的积极性、主动性、创造性；对工作标准不高，要求不严。时常只满足于完成领导交给的任务，没有完全按照高标准、高质量的要求，去认真完成好每一项工作；工作中被动应付性的多，而根据实际需要主动思考、主动解决现场存在问题少，在履职上做得还很不够；进取精神不强，满足于维持现状。对工作中出现的新情况、新问题研究不够，今后一定认真改正，不再出现类似的问题。

×××：就我个人来讲，虽然前阶段找出了些"四风"的突出问题，但实际存在的问题肯定不止上述这些，还需要组织、同事和群众再帮我找找，再给我指出。仅就上述存在的问题分析产生的原因，我感觉，从能力上讲，自己功底不扎实。个人并非天生就是形式主义者和官僚主义者，也并不是不想把工作搞好。主观动机大多数还是办好事办实事，也真想干出点成绩来。之所以犯形式主义和官僚主义，一个很重要的原因就是自己没有做好解决困难和问题的充分准备，自身功底不扎实。如因学习不多而导致思想、理念等缺失；因不善于做深入细致调查研究工作而陷入主观主义，导致能力下降；因旅游营销知识学的太少，而导致宣传促销认知偏差，方向缺失。当困难和问题摆在面前时，就会避重就轻，回避困难和问题，甚至说空话、套话，不求实效。由于功底不扎实，当工作遇到棘手问题时，就提不出清晰完整的工作思路，拿不出切实可行的解决办法。而做的时候，要么程序混乱、方法简单，要么生搬硬套、文山会海，陷入形式主义和官僚主义。事实上，形式主义反映的是个人工作上的一种惰性，是一种不负责任的毛病。

×××：一直以来，旅游局能够坚持定期召开党风廉政建设及反腐败工作例会，并结合局机关周一集体政治理论学习认真贯彻落实全面落实党的十八大、十八届三中全会精神，使会议精神和党风廉政建设各项工作落到实处，始终把党风廉政建设和反腐败工作纳入全局工作的重要议事日程，加强对我局党风廉政工作的领导，做到工作有计划、检查有落实，促进了旅游工作科学发展。今天的学习更进一步坚定了我与腐败斗争的信心和决心，要严格执行中央、省市反腐倡廉工作部署，结合工作实际，着力抓好我局的党风廉政建设工作。

×××：为深入学习贯彻习近平总书记关于党风廉政建设宣传教育活动，围绕宣教月活动"深入学习党章，严明党的纪律"的主题，学习了六篇评论文章，我深刻体会到没有党风廉政建设和反腐斗争的成功，就没有改革发展和经济建设的成就。面对前所未有的发展机遇和挑战，唯有毫不动摇地继续坚持党风廉政建设和改革发展的"力度统一论"，坚持一手抓党风廉政建设和反腐败斗争，做到两手抓、两手都要硬，才能保持经济发展的良好势头。今天的学习讨论会非常成功，要求我们一要认清形势，提高认识，充分发挥反腐倡廉建设的政治保障作用；准确把握当前旅游反腐倡廉形势，认真执行党风廉政建设责任制，统筹推进惩防体系建设；确保我局政治稳定和各项工作落实，严格执行党的政治纪律。二要认真学习，深刻领会，全面开展好党的群众路线教育实践活动各环节工作。三要围绕中心，突出重点，切实抓好反腐倡廉各项工作的落实；统筹推进，保证惩防体系建设各项任务落实；抓住重点，坚决防止违法违纪现象的发生；加强领导，确保各项旅游工作任务落到实处。

第二节　大　事　记

一、机关例文

审计署××××年大事记

一、审计署党组深入贯彻落实坚持党要管党、全面从严治党要求。××××年，审计署党组认真贯彻落实党的十八大和十八届三中、四中、五中全会精神，深入学习贯彻习近平总书记系列重要讲话精神，深入贯彻落实中央提出的坚持党要管党、全面从严治党要求，多次召开署党组会议研究加强党的建设，先后制定出台了《中共审计署党组关于贯彻落实全面从严治党要求的实施意见》、《中共审计署党组关于落实全面从严治党责任的暂行规定》、《中共审计署党组关于进一步强调严肃党内生活的意见》、《中共审计署党组关于审计署进一步从严管理干部的实施意见》、《中共审计署党组工作规则》、《中共审计署党组巡视工作规定》、《中共审计署党组关于加强特派办机关党的建设的意见》、《审计组临时党组织工作规则》、《审计"八不准"工作纪律》等制度规定。××月，为深化全面从严治党和党风廉政建设主体责任落实，审计署成立了署党建工作领导小组，由署党组书记、审计长×××同志担任组长。××月至××月，根据中央统一部署和署党组的安排，认真扎实开展"三严三实"专题教育，通过个人自学、集中学习、专题研讨、讲党课、重温入党誓词、开展"审计优良传统、作风与精神"访谈等多种方式，提高认识，查摆问题，切实转变作风，积极落实整改。××月××日至××日，审计署在审计干部教育学院举办了司局级单位党组织书记培训班，进一步增强了各单位党组织书记抓党建的责任意识和能力。审计署各基层党组织认真履行全面从严治党主体责任，积极抓好各项党建工作的落实；各级党员领导干部坚持以身作则、率先垂范，以更高的标准、更严的要求，坚持和发扬党的优良作风，带头践行廉洁自律规范，带头维护纪律的严肃性和权威性，确保全面从严治党各项要求落到实处。

二、持续开展稳增长、促改革、调结构、惠民生、防风险政策措施贯彻落实跟踪审计并及时公告审计结果。××××年，按照国务院部署，审计署持续组织对31个省、自治区、直辖市和29个中央部门、7户中央企业贯彻落实稳增长、促改革、调结构、惠民生、防风险政策措施情况进行了跟踪审计。同时，组织36个省、自治区、直辖市、计划单列市和新疆生产建设兵团审计机关同步开展了此项跟踪审计工作。××月起，审计报告由每季度向国务院上报调整为每月上报，审计结果公告也调整为每月发布。××月××日和××月××日，审计署分别印发《关于进一步发挥审计作用促进稳增长政策措施贯彻落实的若干意见》、《关于进一步加大审计力度促进稳增长等政策措施落实的意见》，对全国审计机关开展此项工作提出新要求，审计力度进一步加大。

××××年，全国审计机关共在跟踪审计中检查各类项目7.28万个、抽查相关单位10.58万个，其中审计署检查项目5510个、抽查单位5286个。截至2015年底，通过审计促进新开工、完工项目9408个，推动9454个项目加快了审批或实施进度；促进相关部门和地区加快下达财政资金5288.22亿元，落实配套资金551.36亿元，促进收回结转结余资金1144.25亿元，整合和统筹使用专项资金732.1亿元；促进相关部门和地区取消、合并、下放行政审批事项134项，取消职业资格、企业资质认定241项，停止或取消收费111项；各地对2138人进行了追责问责。

三、召开全国审计机关党风廉政建设工作视频会议。××月××日，审计署召开全国审计机关党风廉政建设工作视频会议，深入贯彻党的十八大和十八届三中、四中全会精神，全面落实十八届中央纪委第五次全会和国务院第三次廉政工作会议精神，认真总结2014年审计机关党风廉政建设工作，安排部署××××年工作任务。审计署党组书记、审计长×××出席会议并做重要讲话。×××指出，××××年全国审计机关狠抓党风廉政建设主体责任的落实，大力推动审计机关廉政建设，审计队伍建设进一步加强，广大党员干部理想信念进一步坚定，能力作风进一步提升。×××强调，新的一年面对新时代新要求，全国审计机关要重点抓好强化理论武装、严肃党内政治生活、落实"两个责任"、加强作风建设和制度建设等各项工作，切实推动党风廉政建设取得实效。

四、完成制度清理工作。××月至××月，审计署成立制度清理小组，在做好国务院审计类文件清理的同时，对审计署建署以来仍在实行的署内制度性文件进行清理。共清理各类制度性文件474件（其中废止155件、合并修订319件），形成了一套7大类40件完整的审计署内部管理制度。新制度紧扣国务院部署要求和审计工作实际，明确了责任主体和责任追究机制，操作性强，对促进审计工作科学发展、长远发展有重要意义。

五、中国审计署担任国际标准化组织"审计数据采集"项目委员会主席。××月××日，国际标准化组织技术管理局（ISO/TMB）发布××××年第××号决议，正式批准成立"审计数据采集"项目委员会，负责制定国际标准，以规范全球范围内国家审计、社会审计和内部审计采集并使用的数据范围和格式。决议同意"审计数据采集"项目委员会秘书处设在中国，并由中国审计署工作人员担任主席。××月××日，委员会第一次国际会议在北京召开，来自中国、美国等12个国家以及国际标准化组织和可扩展商业报告语言国际组织的近40人出席了会议。"审计数据采集"项目委员会是国际标准化组织在审计领域批准成立的第一个项目委员会，对于世界范围内提高审计工作效率、加强审计监督具有重要意义。此次由我国牵头制定审计数据采集国际标准，不仅有利于提升我国在审计领域的国际影响，也有利于促进加快我国标准的国际化步伐。

六、开展"三严三实"专题教育。××月××日，审计署召开"三严三实"专题教育动员部署视频会议，正式启动"三严三实"专题教育。审计署把专题教育与各项工作有机融合，立足实际、突出特色。切实抓好党课教育，做实学习研讨，注重加强宣传引导，不断提高思想认识。坚持问题导向，广泛谈话调研，真心听取意见。署党组派出20个检查组对署党组及每个司局级单位领导班子开展为期2个月的不严不实问题大检查，有效地深化了专题教育。召开了"三严三实"专题民主生活会，严肃认真地开展了批评和自我批评。针对不严不实问题，强化整改落实和立规执纪，推动践行"三严三实"常态化、长效化。通过专题教育，署党组、各单位领导班子和各级领导干部落实全面从严治党的方向更加明确，履行管党治党主体责任的自觉性进一步增强；理想信念更加坚定，思想基础进一步牢固；宗旨意识更加牢固，党性修养进一步提升；纪律更加严明，工作作风进一步转变；权力运行更加规范，制度机制进一步完善。××月××日，审计署召开视频会议，对"三严三实"专题教育进行阶段性总结，并对"三严三实"专题民主生活会、抓好整改落实、巩固专题教育成果进行再动员再部署。

七、金审工程三期项目立项。××月××日，国家发改委正式批准审计署金审工程三期项目立项。金审工程三期项目建设期为3年，建设内容为：制定完善审计技术应用、审计数据、云端审计、移动审计等信息安全、工程管理等规范标准；依托国家电子政务外网，实现审计署与省、市、县审计机关以及派出机构的互联互通和信息共享；完善建设审计综合作业平台、国家审计数字化指挥系统、审计模拟仿真实验室、综合服务支撑系统；建设审计大数据平台，具备数据采集调度、数据存储管理、数据综合分析等功能；完善建设电子认证、容灾备份等安全保障系统以及相应支撑保障配套环境。

八、特派办机关党的关系由地方党委管理调整为审计署机关党委管理。为进一步落实全面从严治党要求，加强机关党的建设，××××年审计署对特派办机关党建管理体制进行了深入调研。在征求18个特派办驻地省(市)委组织部、直属机关工委意见的基础上，经中央组织部同意，××月至××月先后将18个特派办机关党的关系由驻地省(市)直属机关工委管理调整到审计署机关党委统一管理。此举促进了管党治党责任进一步落实，部门党建工作资源进一步整合，机关党建工作格局更加完善。

九、审计干部教育学院正式投入运行。××月××日，审计干部教育学院4个培训班在南京同时开班，审计署党组书记、审计长兼审计干部教育学院院长×××做开班讲话，这标志着审计干部教育学院正式投入运行。审计干部教育学院建设项目由综合教学楼、学术报告厅、学员公寓及餐厅3个单项工程组成，使用功能齐备，可同时满足900名学员教学、生活使用。该项目的建设有利于完善和提高审计系统的教育培训功能和综合实力，符合审计队伍专业化建设发展战略，是加大审计队伍建设力度、完善审计监督制度的重要保障。

十、《中国特色社会主义审计理论研究(修订版)》英文版面向全球发行。××月××日，由美国约翰威立国际出版有限公司(John Wiley & Sons Inc)引进、出版的《中国特色社会主义审计理论研究(修订版)》英文版在纽约图书展上举办了全球首发仪式。同时，该修订版在中国同步发行。该书不仅是对中国国家审计经验的科学总结，更是对指导中国国家审计实践相关理论研究的思考和升华。该书英文版的出版发行，对于国外审计同行和学术界了解中国国家审计的新理念、新方法、新技术和新成果有重要意义。

十一、中国共产党审计署机关第九次代表大会在京召开。××月××日，中国共产党审计署机关第九次代表大会在京召开，大会审议通过了第八届机关党委、纪委工作报告和党费审查报告，选举产生了新一届机关党委委员和纪委委员。会上，审计署党组书记、审计长×××就落实全面从严治党要求做了讲话。×亮希望，新一届机关党委、纪委要认真抓好机关党建各项工作，及时掌握党员干部的思想动态，真心实意帮助党员干部解决好思想上的困惑，以及工作和生活中的困难，使机关党委真正成为广大党员干部值得信赖的"党员之家"。署领导和署机关各单位、各派出审计局共136名党员代表出席会议。

十二、×××审计长受国务院委托向全国人大常委会做××××年度中央预算执行和其他财政收支的审计工作报告以及审计查出问题整改情况的报告。××月××日，审计署党组书记、审计长×××受国务院委托，向十二届全国人大常委会第十五次会议做《××××年度中央预算执行和其他财政收支的审计工作报告》。报告依照新修订预算法的规定，反映了新形势下审计工作的思路和重点，主要揭示了中央预算执行及决算草案审计、中央财政管理审计、中央部门预算执行审计、财政存量资金审计、政策措施贯彻落实跟踪审计、重点专项资金审计、金融审计、企业审计等8方面情况，并提出了进一步深化财税体制改革、加快建立完善有关制度规定、提高财政管理绩效切实防范各类风险、严格预算约束、严肃财经法纪等加强财政审计的建议。

××月××日，×××审计长受国务院委托，向十二届全国人大常委第十八次会议做《国务院关于××××年度中央预算执行和其他财政收支审计查出问题整改情况的报告》。这是国务院首次以当面报告形式向全国人大常委会报告审计查出问题整改情况。××月××日，全国人大常委会就审计查出突出问题整改情况，对审计署等7个中央部门、单位进行了专题询问，×××审计长出席并回答了委员的询问。审计查出问题整改情况报告和专题询问情况均向社会进行了公开。

十三、开展中国人民抗日战争暨世界反法西斯战争胜利70周年纪念活动。××月××日，审计署召开中国人民抗日战争暨世界反法西斯战争胜利70周年座谈会，共同缅怀历史、展望未来。审计署党组书记、审计长×××在座谈会上做重要讲话，部分离休干部与大家回顾了自己参加抗日战争的经历，其他与会代表也结合实际做了发言。此前，审计署共有 11 位抗战时期及以前参加革命工作的离休老同志获得中共中央、国务院、中央军委共同颁发的"中国人民抗日战争胜利 70 周年纪念章"，×××审计长看望慰问了上述部分老同志并送去了纪念章。此外，审计署还通过举办专题报告会、在署机关展示宣传板、在门户网站开辟专栏等多种形式开展纪念活动。

十四、中央办公厅、国务院办公厅印发《开展领导干部自然资源资产离任审计试点方案》。党的十八届三中全会决定提出，对领导干部实行自然资源资产离任审计，作为加强生态文明建设的一项重要改革措施。根据中央部署和分工，此项工作由审计署牵头落实。为推动审计试点工作规范开展，××月××日，中央办公厅、国务院办公厅印发了《开展领导干部自然资源资产离任审计试点方案》，方案明确了审计试点工作的总体要求、主要任务和审计重点等，确定了"因地制宜、重在责任、稳步推进"的基本原则。××月××日，审计署党组成员、副审计长×××出席了国务院新闻办举行的生态文明体制改革总体方案等情况新闻发布会，介绍了开展领导干部自然资源资产离任审计试点情况，并回答了记者的提问。

十五、×××主持召开世界审计组织理事会第 67 次会议。××月××日至××日，世界审计组织理事会第××次会议在阿拉伯联合酋长国首都阿布扎比召开，中国审计署审计长×××作为世界审计组织理事会主席主持了本次会议，并就理事会主席以及世界审计组织突发事宜监督委员会的相关工作作了报告。世界审计组织理事会全体成员，各目标委员会、分委员会、工作组、特别工作组以及各地区组织秘书处的近 100 名代表参加了会议。会议研究了世界审计组织发展战略规划、《最高审计机关国际准则》和《法定程序》的制定修订，以及世界审计组织工作机构领导层更替和世界审计组织大会主议题等事项。会议决定由中国审计署担任世界审计组织章程修订特别工作组主席，领导世界审计组织章程的修订工作。

十六、党中央、国务院对完善审计制度做出重要部署，发布《关于完善审计制度若干重大问题的框架意见》及相关配套文件。××月××日，中共中央办公厅、国务院办公厅印发了《关于完善审计制度若干重大问题的框架意见》及相关配套文件（中办发〔××××〕××号）。意见指出，要加大改革创新力度，完善审计制度，健全有利于依法独立行使审计监督权的审计管理体制，建立具有审计职业特点的审计人员管理制度，对公共资金、国有资产、国有资源和领导干部履行经济责任情况实行审计全覆盖，做到应审尽审、凡审必严、严肃问责。意见明确，到××××年，基本形成与国家治理体系和治理能力现代化相适应的审计监督机制，更好地发挥审计在保障国家重大决策部署贯彻落实、维护国家经济安全、推动深化改革、促进依法治国、推进廉政建设中的重要作用。意见及相关配套文件的出台，体现了党中央、国务院对审计工作的高度重视和信任，也是对几代审计人努力拼搏和辛勤工作的充分肯定，对审计事业的发展具有重要意义。××月××日，审计署组织召开全国审计机关电视电话会议，传达学习了意见及配套文件精神。

十七、圆满完成全年审计任务并及时公告审计结果。××××年，审计署共统一组织开展了稳增长等政策措施落实情况跟踪审计等 23 项审计工作，审计 370 多个单位，为国家增收节支和挽回损失 4000 多亿元，推动建立健全规章制度 1900 多项，移送重大违纪违法问题线索 900 多件。一是持续开展政策落实跟踪审计。把稳增长、促发展作为重中之重，除开展政策落实跟踪审计外，其他各项审计都关注政策落实情况，按期报告和公告审计结果，促进了项目的新开工和完工，推动了资金落实、项目实施、政策落地和追责问责，促进了政令畅通。二是不断深化财政审计。组织预算执行、决算草案、财政存量资金、转移支付、税收征管等多项审计，重点关注财政资金统筹使用和绩效情况、"三公"经费及会议费等管理使用情况，促进厉行节约和财政资金高效使用。三是着力揭示经济社会运行中的风险隐患。持续跟踪审计地方政府债务、重点商业银行信贷投放、资本市场风险管控和跨境资金流动、证券市场贯彻落实国家政策等情况，发现并移送了一批涉嫌操纵市场、内幕交易、非法集资等违法犯罪线索，切实维护国家经济安全。四是强化民生审计。加大对"三农"、教育、医疗、社保、扶贫等资金和项目的审计力度，持续开展全国城镇保障性安居工程跟踪审计，促进追回和归还资金等 100 多亿元，整改违规分配使用住房等 1.7 万多套。五是加强资源环境审计。深入落实中央关于开展领导干部自然资源资产离任审计的部署，研究制定审计试点方案，积极推进试点。组织矿产资源开发利用、环境污染防治等专项审计，推动资源能源集约节约利用和环境保护。六是加强领导干部经济责任审计。全国共审计领导干部 3.5 万多人，其中审计署审计省部级领导干部 39 名。通过审计，查出领导干部负有直接责任的问题金额 2800 多亿元，140 多名被审计领导干部和 600 多名其他人员被移送司法、纪检监察机关处理。七是严肃揭露和查处重大违纪违法问题。审计署全年共移送重大违纪违法问题线索 900 多件，并选派人员参加巡视、专案及专项调查工作，协助查处了一批重特大腐败案件。八是注重揭示体制机制制度性问题。密切关注改革措施的推进和协调配合情况，关注体制性障碍和制度性缺陷，提出解决突出问题和推动长远发展的建议，促进深化改革和制度创新。审计署提交审计报告 600 多篇，提出审计建议 1400 多条，促进建立健全制度 1900 多项。

　　××××年，全国审计机关共发布审计结果公告 5300 多篇，其中审计署发布审计结果公告 34 期，涉及土地出让收支、彩票资金、稳增长等政策落实情况、金融机构、国有企业、审计移送案件线索办结情况等。同时，积极探索并初步构建了以审计结果公告为核心、涵盖重大审计政策发布、具有审计工作特点的全方位政策解读机制。运用多种方式，打造差异化解读产品，尤其是与中央电视台、经济日报、中国青年报、人民网等开展合作，推出"解码审计"、"国家审计护航深改"、"中国审计案例故事"、"跟踪审计 H5 动画"、"直击审计一线"等拳头产品，帮助公众更好地读懂、读深审计结果，有效推动问题整改、制度完善。

　　十八、全国审计工作会议在京召开。××月××日至××日，全国审计工作会议在京召开。会前，国务院总理×××专门听取了审计署工作汇报，并做出重要指示。会议传达学习了×××总理对审计工作的重要指示精神，总结了"××五"时期及××××年的全国审计工作，研究了"××五"时期审计工作发展思路，对××××年审计工作进行了全面部署。会议认为，"××五"时期审计工作稳步发展，审计法治化、规范化、科学化、信息化建设，审计队伍建设，审计理论和制度建设都迈上了新的台阶，各项目标任务全面完成，审计监督在推动完善国家治理中发挥了重要作用。会议认为，

××××年全国审计机关围绕协调推进"四个全面"战略布局，积极适应经济发展新常态，坚持依法审计、实事求是，坚持"两手抓、两手硬"，积极作为、主动作为、有效作为，为"××五"审计工作画上了圆满句号。全年全国审计机关共审计单位13万多个，为国家增收节支和挽回损失8500多亿元，推动建立健全规章制度5700多项，移送违纪违法问题线索5000多件。

会议指出，审计机关要适应新形势新任务新要求，以创新精神谋划好"××五"审计工作。××××年是开局之年，各级审计机关要高起点开局起步，奋发有为完成各项工作任务，要重点抓好完善审计制度各项改革措施的落实；要切实把握审计工作基本原则，坚持依法审计，坚持鼓励创新，坚持推动改革，重点完成好8个方面的审计任务。会议还对审计机关强化自我约束，夯实审计事业发展根基提出了明确要求。

十九、大力推进扶贫开发工作。××××年，为了深入贯彻落实习近平总书记等中央领导同志关于扶贫开发工作的一系列重要讲话精神，审计署党组高度重视扶贫工作，着力继续帮扶河北省顺平县、江西会昌县，启动帮扶新增扶贫点贵州省丹寨县，积极发挥优势，切实采取有效措施，扎实推进各项扶贫工作。一是大力推动丹寨县扶贫工作。××月××日至××日，审计署党组书记、审计长×××同志率队赴××省××县开展调研，掌握第一手资料，提出扶贫工作思路和具体要求。期间，×××同志就××省的扶贫工作和贵州省省委书记×××、代省长×××进行了深入的沟通和交流。二是继续加大对××县帮扶力度。持续推进教育帮扶，发放审计长奖(助)学金30万元，直接投资教育事业38万元改善部分学校教学设施，为特殊教育学校32名聋哑、智障儿童更新教学和生活设备。努力改善群众生产和生活环境，协调和推进林下经济，筹措资金近30万元修建大口井。继续促进"输血式"扶贫向"造血式"扶贫转变。三是积极抓好××县对口支援工作。×××审计长在署机关两次接见××县委县政府主要领导同志，听取县域经济社会发展、改革创新、扶贫攻坚等工作情况。审计署捐资3000万元成立的审爱助学金已正式运行，××××年资助贫困学生117名。积极推动会昌县各项民生事业发展。在××省组织的××××年度全省贫困县单独考核中，××县被评为全省先进县。

二十、开展审计援疆援藏工作。××月××日，在全国审计工作会议期间，审计署专门召开对口援疆审计工作座谈会，审计署党组书记、审计长×××参加会议并做重要讲话，19个对口援疆省(直辖市)审计机关和新疆地区审计机关主要负责同志参加了会议。会议传达了第五次全国对口支援新疆工作会议重要精神，总结近五年来开展对口援疆审计工作的成绩和经验，对如何贯彻落实中央各项援疆政策，更好地完成对口援疆审计工作提出了要求。"十二五"期间，审计署组织19个地方审计机关对5100个援疆项目进行了审计，涉及援疆资金450亿元，核减工程造价7亿元；新疆维吾尔自治区审计厅和新疆生产建设兵团审计局组织援疆项目审计4300个，涉及援疆资金400亿元，基本实现了援疆资金和项目审计全覆盖。审计工作促进了对口援疆体制机制建设，促进了资金规范管理，提高了新疆地区审计机关信息化管理水平，树立了审计良好形象。

二、相关知识

（一）适用范围

大事记是党政机关、人民团体和企事业单位记载自己重要工作活动或自己辖区所发生的重大事件的一种应用文体。

（二）公文特点

（1）大事记具有史料性的价值。
（2）大事记提供系统性的材料。

三、写作训练

（一）训练题目

2000年××月××日，浙江宁海县提出将"5·19"设为"中国旅游日"的倡议。2003年××月，时任宁海县县委副书记的×××在《澳门月刊》发表《宁海呼唤中国旅游日》文章。2004年××月××日上午，宁海举行"十城百车"当代徐霞客开游仪式，发出设立5月19日为"中国旅游日"的倡议书。2005年××月××日，宁海举行"重走霞客路，探秘梁皇山"开游仪式，519名"驴友"共同宣读设立"中国旅游日"的倡议书。2006年××月××日，"首届中国当代徐霞客评选活动"新闻发布会在北京举办，该活动由中国（宁海）徐霞客开游节组委会和中国青年报社共同主办。

2007年下半年，浙江省旅游局把倡议"5·19"为"中国旅游日"列入单位的重点工作。2008年××月，浙江省旅游局行文国家旅游局，建议把"5·19"确定为"中国旅游日"。2008年××月××日，国家旅游局在北京专题召开设立"中国旅游日"的初审会。2009年的全国"两会"上，全国人大代表×××、全国政协常委×××、全国政协委员×××还递交了提案，要求将"5·19"定为"中国旅游日"。

2009年××月和××月，中国社科院和中国徐霞客研究会，又组织召开了设立中国旅游日论坛，大家一致认为：5月19日是"中国旅游日"的最佳选择。

2009年××月××日，国务院发出了《关于加快发展旅游业的意见》，明确提出要设立"中国旅游日"。2009年××月××日，中国旅游日征集策划专项工作委员会通过新浪网，向社会公开征集"中国旅游日"具体日期方案。2009年××月××日，"第八届中国徐霞客开游节"新闻发布会在北京举行，北大山鹰社代表发出设立5月19日为"中国旅游日"倡议。2009年××月××日，《中国政协报》组织全国政协委员召开"中国旅游日"设立日期专题研讨会。2010年××月，历届"中国当代徐霞客"，300多名大学生校园媒体记者和旅游实践营营员，通过其所在组织，向国家旅游局提议将5月19日设立为"中国旅游日"。

2010年××月××日，国家旅游局在京召开"中国旅游日"专家意见征询会。2010年××月××日，国家旅游局在京召开"中国旅游日"设立具体日期意见征询会。2010年××月××日，浙江省人民政府向国务院报送请示，建议将《徐霞客游记》开篇日（5月19日）

设为"中国旅游日"。

2010 年××月××日—××日,"百所高校大学生寻访徐霞客足迹"活动在宁海举办,来自中国高校传媒联盟 100 所高校的大学生代表呼吁将 5 月 19 日确立为"中国旅游日"。

2011 年××月××日,国务院常务会议原则通过了将每年的 5 月 19 日设立为中国旅游日。2011 年××月××日,国务院以国函〔××××〕××号文批复同意自××××年起,每年的 5 月 19 日为"中国旅游日"。2011 年××月××日,国家旅游局对外宣布 5 月 19 日为中国旅游日。

根据上述材料,撰写中国旅游日大事记。

（二）写作指导

大事记的格式单一、固定,由标题和主体两部分组成。

1. 标题

大事记标题可以由发文机关、事由和文种构成,也可以由发文机关和文种构成,或者由事由和文种构成。

2. 主体

大事记主体一般由时间和事件两部分组成,时间按年、月、日的顺序依次排列。

（三）示范例文

中国旅游日设立大事记

2000 年××月××日,浙江宁海县以宁海徐霞客旅游俱乐部的名义,发出了《徐霞客旅游俱乐部宣言》,在全国第一次以书面形式提出将"5·19"设为"中国旅游日"的倡议。

2002 年××月××日,首届中国（宁海）徐霞客开游节举办。截至目前,宁海已连续举办八届中国徐霞客开游节。在每届开游节上,都有代表发出将《徐霞客游记》开篇日（5 月 19 日）设立为"中国旅游日"的倡议。

2003 年××月,时任宁海县县委副书记的×××在《澳门月刊》发表《宁海呼唤中国旅游日》文章,在港澳地区赢得共识。

2004 年××月××日上午,宁海举行"十城百车"当代徐霞客开游仪式。来自上海、南京、苏州、无锡、杭州、宁波、温州、衢州、福州、厦门等十个城市的 100 多名车手驾车参加开游仪式并发出设立 5 月 19 日为"中国旅游日"的倡议书。

2005 年××月××日,宁海举行"重走霞客路,探秘梁皇山"开游仪式。来自华东 6 省 1 市的 519 名"驴友"共同宣读将《徐霞客游记》开篇日设立为"中国旅游日"倡议书。

2006 年××月××日,"首届中国当代徐霞客评选活动"新闻发布会在北京举办,该活动由中国（宁海）徐霞客开游节组委会和中国青年报社共同主办。中国旅游协会领导以及国内外各界代表 200 余人与会,中国（宁海）徐霞客开游节随之进入全国公众视野,被媒体广泛关注。经过 3 届评选,该活动所倡导的文明旅游意识和"读万卷书、行万里路"的实践精神已深入人心,"中国当代徐霞客"也已经成为中国特色旅行者的最高荣誉。在历届评选活动颁奖晚会上，"中国当代徐霞客"代表都倡议，将《徐霞客游记》开篇日(5月19日)设立为"中国旅游日"。

2007年下半年，浙江省旅游局把倡议"5·19"为"中国旅游日"列入单位的重点工作。从此，倡议"5·19"为"中国旅游日"工作终于进入了快车道。

2008年××月，浙江省旅游局行文国家旅游局，建议把"5·19"确定为"中国旅游日"。

2008年××月××日，国家旅游局在北京专题召开设立"中国旅游日"的初审会。

2009年的全国"两会"上，全国人大代表×××、全国政协常委×××、全国政协委员×××还递交了提案，要求将"5·19"定为"中国旅游日"。

2009年××月和××月，中国社科院和中国徐霞客研究会，又组织召开了设立中国旅游日论坛。×××、×××、×××、×××、×××等领导和专家学者参加了会议。会上，大家一致认为：5月19日是"中国旅游日"的最佳选择。

2009年××月××日，国务院发出了《关于加快发展旅游业的意见》，明确提出要设立"中国旅游日"。

2009年××月××日，中国旅游日征集策划专项工作委员会通过新浪网，向社会公开征集"中国旅游日"具体日期方案。

2009年××月××日，"第八届中国徐霞客开游节"新闻发布会在北京举行，北大山鹰社代表发出设立5月19日为"中国旅游日"倡议。

2009年××月××日，《中国政协报》组织全国政协委员召开"中国旅游日"设立日期专题研讨会，全国政协委员×××、×××等多人提出将《徐霞客游记》开篇日设立为"中国旅游日"更具合理性。

2010年××月，历届"中国当代徐霞客"，300多名大学生校园媒体记者和旅游实践营营员，通过其所在组织向国家旅游局提议将5月19日设立为"中国旅游日"。

2010年××月××日，国家旅游局在京召开"中国旅游日"专家意见征询会。

2010年××月××日，国家旅游局在京召开"中国旅游日"设立具体日期意见征询会。国家发改委、教育部、文化部、全国总工会等部委派人参加了会议，并就"中国旅游日"设立的具体日期发表意见。国家民委、体育总局出具了书面意见。会后，国家旅游局研究形成关于"中国旅游日"设立日期的请示意见，提请国务院批复。

2010年××月××日，浙江省人民政府向国务院报送请示，建议将《徐霞客游记》开篇日(5月19日)设为"中国旅游日"。

2010年××月××日—××日，"百所高校大学生寻访徐霞客足迹"活动在宁海举办，来自中国高校传媒联盟100所高校的大学生代表呼吁将5月19日确立为"中国旅游日"。

2011年××月××日，在经过广泛征求社会各界意见后，国务院常务会议原则通过了将每年的5月19日设立为中国旅游日。

2011年××月××日，国务院以国函〔××××〕××号文正式批复，同意自××××年起，每年的5月19日(《徐霞客游记》开篇日)为"中国旅游日"。

2011年××月××日，国家旅游局举行新闻发布会，正式对外宣布5月19日为中国旅游日。

第十三章　书信类文书

第一节　慰问信

一、机关例文

慰问信

全省广大教师们：

　　第×××个教师节到来之际，首先，我代表省委、省政府，向全省××万教师，致以诚挚的问候和崇高的敬意！祝大家节日快乐！

　　长期以来，我省广大教师认真贯彻党的教育方针，默默耕耘、无私奉献，用爱心、知识、智慧点亮学生心灵，培养了一批又一批优秀人才，为我省教育事业发展、为国家发展和民族振兴作出了突出贡献。

　　百年大计，教育为本。教师是立教之本、兴教之源，承担着让每个孩子健康成长、办好人民满意教育的重任。希望全省广大教师牢固树立中国特色社会主义理想信念，带头践行社会主义核心价值观，自觉增强立德树人、教书育人的荣誉感和责任感，学为人师，行为世范，做学生健康成长的指导者和引路人；牢固树立终身学习理念，加强学习，拓宽视野，更新知识，不断提高业务能力和教育教学质量，努力成为业务精湛、学生喜爱的高素质教师；牢固树立改革创新意识，踊跃投身教育创新实践，为发展具有中国特色、世界水平的现代教育作出贡献。

　　各级党委和政府要把加强教师队伍建设作为教育事业发展最重要的基础工作来抓，提升教师素质，改善教师待遇，关心教师健康，维护教师权益，充分信任、紧紧依靠广大教师，支持优秀人才长期从教、终身从教。

　　全社会要大力弘扬尊师重教的良好风尚，使教师成为最受社会尊重的职业。

　　祝全省广大教师身体健康、工作顺利、生活幸福！

二、相关知识

（一）适用范围

　　慰问信是指向做出突出贡献或遭受困难的地区、单位或个人表示慰问、关怀所形成的书信公文。

（二）公文类型

慰问信可分为遇灾慰问、表彰慰问、节日慰问等类型。

（1）遇灾慰问是向由于自然灾害或事故伤亡等而遭受重大损失的受灾者表示慰问。

（2）表彰慰问是向在抢险救灾等重大事件中作出卓越贡献的人们表示慰问。

（3）节日慰问是在特殊的日子，向特定的单位、群体或人员发出慰问，如教师节时慰问教育工作者等。

三、写作训练

（一）训练题目

刚刚过去的××××年，是我省发展面临重大挑战、经受重大考验、取得重大胜利的一年。××××年是全面完成"十二五"规划目标任务的开局年，也是夺取应对国际金融危机新胜利的关键一年。广大老同志是人民共和国的奠基者、社会主义事业的建设者、改革开放和现代化建设的开拓者。祝愿全省离退休老同志新春愉快、身体健康、阖家幸福！

请以中共××省委、××省人民政府名义撰写致全省离退休老同志的慰问信。

（二）写作指导

慰问信包括标题、称谓、正文和落款等部分。

1. 标题

慰问信标题一般写成"致×××的慰问信"。

2. 正文

（1）受灾者慰问信写法如下：

第一部分：

惊悉××地区发生了灾害，使你们生命和财产遭受了巨大损失，谨向你们表示衷心的慰问！

第二部分：

党和政府以及全国人民都在关心你们，都会支援你们。鼓励你们早日展开生产自救，重建家园。

（2）救灾者慰问信写法如下：

第一部分：

自×月×日××地区发生了灾害以来，你们一直奋战在救灾第一线，保护了人民群众的生命和财产安全……谨向你们致以崇高的敬意和诚挚的慰问！

第二部分：

高度评价：你们是一支特别忠诚，特别勇敢，能打硬仗的队伍，还表示向你们学习和致敬。

（3）节日慰问信写法如下：

第一部分：

值此××到来之际，谨向你们致以诚挚的问候和美好的祝愿！

第二部分：

回顾慰问对象的光荣历史和优秀品质。

第三部分：

祝愿同志们节日愉快、身体健康、阖家幸福！

（三）示范例文

致全省离退休老同志的慰问信

全省离退休老同志：

值此××××年新春佳节即将到来之际，省委、省政府谨向全省离退休老同志致以节日的问候和崇高的敬意！

刚刚过去的××××年，是我省发展面临重大挑战、经受重大考验、取得重大胜利的一年。全省人民坚持以邓小平理论和"三个代表"重要思想为指导，深入贯彻科学发展观，认真落实中央决策部署和一系列政策措施，积极克服国际金融危机带来的严重困难，全力以赴保增长、保民生、保稳定，协调推进社会主义经济、政治、文化、社会建设以及生态文明建设和党的建设，全省经济平稳较快发展，综合实力再上新台阶，改革开放迈出新步伐，人民生活得到新改善，巩固发展了和谐稳定、政通人和的良好局面。这些成绩的取得，是以×××同志为总书记的党中央正确领导的结果，是全省人民团结奋斗、共克时艰的结果，也离不开广大老同志的关心、支持和帮助。省委、省政府向你们表示衷心的感谢！

××××年是全面完成"十二五"规划目标任务的开局年，也是夺取应对国际金融危机新胜利的关键一年。在新的一年里，我们将全面贯彻落实党的十八大、十七届三中、四中全会精神和中央一系列重大决策部署，坚定不移地推进率先发展、科学发展、和谐发展，进一步巩固和发展经济回升向好势头，加快转变经济发展方式，推动经济转型升级，着力保障和改善民生，发展各项社会事业，维护社会和谐稳定，奋力开创科学发展新局面。

广大老同志是人民共和国的奠基者、社会主义事业的建设者、改革开放和现代化建设的开拓者。没有广大老同志的长期奋斗，就没有今天党和人民事业蓬勃发展的大好局面。尊重老同志就是尊重党的光荣历史，爱护老同志就是爱护党和国家的宝贵财富。各级党委政府要认真贯彻落实党的老干部工作方针政策，满腔热情、尽心尽力地为老同志办实事、解难事，切实做好各项服务工作，为老同志安度晚年、健康长寿创造更好条件。衷心希望广大老同志一如既往地关心支持江苏各项事业的发展，为推动科学发展、建设美好江苏作出力所能及的新贡献。

祝愿全省离退休老同志新春愉快、身体健康、阖家幸福！

中共××省委

××省人民政府

××××年××月××日

第二节　感　谢　信

一、机关例文

××省委、省政府致全省人民的感谢信

举世瞩目的 G20 杭州峰会，取得了圆满成功，实现了"西湖风光、江南韵味、中国气派、世界大同"的有机结合，受到了与会嘉宾和国内外的高度赞誉。

中共中央总书记、国家主席、中央军委主席习近平同志给予了充分肯定、高度赞扬，这是对全省和杭州市各级干部群众巨大的鼓舞和亲切的勉励。

峰会的成功举办，离不开全省人民特别是杭州市民的理解支持和共同参与。在此，××省委、省政府向杭州市民和全省人民表示衷心的感谢并致以崇高的敬意！

回顾 G20 峰会从筹备到举办的近三百个日日夜夜，我们深深感到：正是在以习近平同志为总书记的党中央坚强领导下，在全国各有关方面的鼎力支持下，全省干部群众上下同欲、夙兴夜寐，以最高标准、最快速度、最严作风、最好效果，精心做好峰会服务保障各项工作，才圆满完成了这项光荣而重大的政治任务，并通过峰会充分展示了杭州历史和现实交汇的独特韵味，展示了浙江"干在实处、走在前列"的优异成绩，展示了中国改革开放的伟大成就，展示了中国方案、中国道路、中国智慧的无穷魅力。

回想 G20 峰会从筹备到举办的无数个点点滴滴，我们不能忘记：杭州市民、全省人民以当好东道主的主人翁意识，喜迎八方来客、服务四海宾朋，在全世界面前充分展现了中华儿女勇于牺牲、甘于奉献、顾全大局、爱国敬业的优秀品质和包容大气、事必尽善、文明重礼、热情好客的传统美德。

当城乡环境改造提升需要配合的时候，杭州市民、全省人民以实际行动支持交通基础设施建设、城乡环境美化、电网管网建设改造等工作，为提高城市功能品质和城乡居民生活品位作出了重要贡献。

当峰会按国际惯例需要加强安全保卫工作的时候，杭州市民、全省人民迅速行动起来，争当"平安巡防员""信息收集员""纠纷调解员"，主动查找死角盲区，积极配合出租房、地下室、物流寄递、民宿等方面的检查监管，为筑起峰会安保铜墙铁壁、确保各国与会嘉宾的安全作出了重要贡献。

当一些服务保障措施给群众生产生活带来某些不便的时候，杭州市民、全省人民给予了最大程度的理解，并努力加以克服，为峰会期间市容整洁、市场繁荣、交通顺畅、秩序井然作出了重要贡献。

当出现干扰峰会的谣言传言、噪音杂音的时候，杭州市民、全省人民不信谣、不传谣，挺身而出，用自己的所见所闻和切身感受澄清是非，义正词严地驳斥谬论和各种不实传言，有力地捍卫了事实和真相，为营造峰会祥和氛围作出了重要贡献。

当各方来宾需要帮助的时候，杭州市民、全省人民主动提供服务，传递最美浙江

人的温度和热情，为浙江树立文明开放的良好形象作出了重要贡献。

特别是广大志愿者忙碌在重要场馆、坚守在车站码头、活跃在街头巷尾，用微笑、用爱心、用真情，给四方来客留下了美好印象。G20 杭州峰会的成功举办，饱含着杭州市民、全省人民的努力和付出。我们为杭州市民、全省人民感到无比骄傲！

G20 杭州峰会为浙江发展赢得了全新机遇，浙江再一次站到了一个历史新起点。我们要紧密团结在以习近平同志为总书记的党中央周围，深入贯彻落实习近平总书记系列重要讲话精神，坚持以"八八战略"为总纲，秉持浙江精神，用好机遇、乘势而上，坚定不移打好转型升级系列组合拳，确保高水平全面建成小康社会如期实现，让全省人民有更多的成就感和获得感，真正做到"干在实处、走在前列、勇立潮头"。

祝愿全省人民中秋愉快、幸福安康！

中共××省委

××省人民政府

××××年××月××日

二、相关知识

（一）适用范围

感谢信是指因为单位之间常常互相帮助、互相支持，受援的一方为答谢和表彰对方的帮助和支援而写的书信类公文。

（二）公文类型

感谢信可分为公开的感谢信和邮寄的感谢信两种类型。

（1）公开的感谢信指可在报纸杂志、电视广播播发的感谢信。

（2）邮寄的感谢信是直接寄给单位、集体或个人的感谢信。

三、写作训练

（一）训练题目

背景材料：

（1）××××年××月××日××时××分，××市××县突发 7.0 级地震，后余震不断。刹那之间，天崩地裂、山河破碎，全市六县二区全部受灾，震中芦山满目疮痍。全市受灾面积 1.25 万平方公里，占全市总面积 1.54 万平方公里的 81.2%，受灾人口 152 万，占全市总人口 156 万的 97.4%。

（2）州委、州政府领导冒着余震不断、滑坡不断的危险，不顾生命安危，心系灾区孤岛，亲自率队挺进，以最快的速度帮助我们打通了生命通道，将最为紧缺的救援物资送达宝兴，确保来自全国四面八方的救援人员得以顺利进入灾区。

试以中共××市委、××市人民政府名义向中共××州委、××州人民政府发出感谢信。

（二）写作指导

感谢信包括标题、称谓、正文、致敬语和落款等部分。

其中正文部分以下几个方面的内容：

（1）叙述事迹时应交代清楚人物、事件、时间、地点、原因和结果。

（2）表达感激之情，感谢对方时应说明其提供的帮助所产生的客观影响和社会效果。

（3）表达坚定的信念，也就是今后如何用实际行动向对方学习。

（三）示范例文

××市委市政府向××州发来感谢信

中共××州委、××州人民政府：

疾风知劲草，患难见真情。××××年××月××日××时××分，我市××县突发7.0级地震，后余震不断。刹那之间，天崩地裂、山河破碎，全市六县二区全部受灾，震中芦山满目疮痍。全市受灾面积1.25万平方公里，占全市总面积1.54万平方公里的81.2%，受灾人口152万，占全市总人口156万的97.4%。危难之际，你们在第一时间伸出坚强有力的援助之手，给予了我们无私帮助！中共××市委、××市人民政府谨代表156万××人民向你们表示衷心的感谢和崇高的敬意！

大爱无疆、共赴危难。××与××山水相连、人缘相亲。灾难发生之后，你们在第一时间就展开行动，州委、州政府领导冒着余震不断、滑坡不断的危险，不顾生命安危，心系灾区孤岛，亲自率队挺进，以最快的速度帮助我们打通了生命通道，将最为紧缺的救援物资送达××，确保来自全国四面八方的救援人员得以顺利进入灾区。××州委、州政府和××人民关键时刻的鼎力相助，让我们倍加感动、备受鼓舞，棠棣之花、兄弟情深，危难时刻同甘共苦的手足之情，极大地增强了我们战胜地震灾害的信心和决心。

守望相助、共克时艰。目前，我们仍处于抗震救灾的关键时刻，面临诸多难以想象的困难。××全市党政军民正团结一致、齐心协力、全力以赴开展抗震救灾！恳请××州委、州政府在××至××方向未抢通之前，全力保障经××——×××——××的道路畅通，继续给予我们强力的支援和帮助。

我们坚信，有党中央、国务院的亲切关怀，有省委、省政府的坚强领导，有全国各地及社会各界的鼎力支持，有××人民作为××人民的坚强后盾，有全市人民的共同努力，我们一定能夺取抗震救灾的全面胜利！一定能够再造一个美丽家园！

中共××市委

××市人民政府

××××年××月××日

第三节 倡 议 书

一、机关例文

倡议书

全市工商联会员企业、非公有制经济代表人士：

×× 大地是养育我们的甘泉乐土，是投资兴业的秀美家园，是追宗问祖的传承脉络。当我们阔步走向全面小康之时，全市仍有 36 个省级贫困村，25 个市级贫困村，22 370 户贫困户，51 478 个贫困人口因灾害、疾病、残障、辍学等已落后我们很远一段行程。值此新年到来之际，我们既为我市精准扶贫所取得的成绩而欣慰，更为仍然生活在贫困线下的他们而难以释怀。他们是与我们血脉相连的父老乡亲，是最需要携手相扶的兄弟姐妹，是最渴望得到帮助的社会底层。

党的十八届五中全会提出了"实施脱贫攻坚工程"，作出了"坚决打赢脱贫攻坚战"的决定。"向贫困开战"、"实施精准扶贫"，党中央已吹响了扶贫开发的时代号角！全国工商联发出了"深入推进'万企帮万村'精准扶贫行动"的号召。省委、省政府在全国率先提出"精准扶贫，不落一人"的总要求。荆州提出了"三年扶贫攻坚行动"。松滋要求强力推进精准扶贫，全力打赢全市扶贫攻坚战。参与扶贫开发是企业的重要任务，投身精准扶贫、精准脱贫行动是企业家心怀感恩，履行社会责任的具体行动。作为先富起来的一员，大家有责任、有义务贯彻落实党中央的指示，积极响应全国工商联和各级党委政府的号召，争当脱贫攻坚的贡献者、精准扶贫的实践者、社会风尚的引领者，伸出帮扶之手，对贫困群众帮一把、扶一程，确保在小康路上不落一人。

致富思源，造福桑梓。在此，我们向全市工商联会员企业和非公经济代表人士发出倡议：

（1）开展结对帮扶。企业与贫困村签约联姻，结成帮扶对子，利用贫困村资源，运用企业发展思维，采取市场经营模式，帮助贫困村脱贫。

（2）开展就业帮扶。利用企业资源，对帮扶对象提供劳动和社会保障，建立劳务培训基地，开展订单定向培训，拓展贫困户劳动力本地就业和外出务工空间，实现贫困户稳定就业增收。

（3）开展产业帮扶。到贫困村投资，发展生态产业，开展村企合作，促进农民就业，同贫困农民建立产业发展的利益共同体，走互利双赢的产业发展之路，带动贫困农民脱贫致富。

（4）开展公益帮扶。企业可以采取直接捐赠公益组织开展扶贫。可以援建道桥、饮水工程、卫生设施、文化场所，配合推进危房改造、搬迁扶贫等方式，帮助贫困村改善面貌。以高校学生、重病患者、留守儿童、空巢老人、残疾人为重点，对贫困户开展捐资助学、医疗救助、生活救助等扶贫活动。

我们坚信，涓流共汇，足以涌成江河；绵力齐聚，定能众志成城。让我们积极行动起来，共同谱写互帮互助共创和谐的精彩扶贫诗篇！用我们发自内心深处的关爱和善举，让扶贫济困的中华民族传统美德在松滋大地上蔚然成风，让友善互助的社会主义核心价值观根植乐乡人心，为早日实现松滋全面小康社会贡献力量！

扶贫济困，与爱同行，扶贫济困事业期待您的参与！

××市工商业联合会

××市总商会

××××年××月××日

二、相关知识

（一）适用范围

倡议书是首先公开提出某种建议，希望他人或公众能够响应，以共同完成某种任务或开展某种活动的书信公文。

（二）公文特点

（1）公开性。倡议书是一种公开的公文样式，需要让被倡议对象知晓相关情况，以期在最大的范围内引起共鸣。因此，倡议书一般不是涉密公文。

（2）群众性。广泛的群众性是倡议书的根本特征。倡议书的受文对象可能是一个部门的人，可能是一个地区的人，也有可能是更大范围的人，因此，具有广泛的群众性。

三、写作训练

（一）训练题目

××市是全国文明城市，更需要文明旅游。××市文明办、××市旅游局、××市旅游协会拟向全体市民和旅游业者发出文明旅游倡议书。提倡：加强学习，提高文明旅游素质；加强管理，营造文明旅游环境；积极参与，塑造文明旅游形象。

请以××市文明办、××市旅游局、××市旅游协会名义撰写倡议书。

（二）写作指导

倡议书的写作格式包括标题、正文、结尾和落款。

其中正文要写清楚发倡议的根据、原因和目的以及被倡议者应做到的具体事项。

（三）示范例文

文明旅游倡议书

全体市民和旅游行业从业者：

旅游是一项发现美、欣赏美、享受美的活动，更是一项创造美的活动。市民在旅游活动中的一言一行，不仅体现了个人的文明水平，更是一个城市文明程度的主要体现和重要标志。

××市是全国文明城市，更需要文明旅游。拒绝"到此一游"，倡导文明旅游，是提升××全国文明城市创建水平的重大举措，是建设现代化特大城市的道德支撑。我们向全市旅游行业和全体市民发出如下倡议：

一、加强学习，提高文明旅游素质。认真学习公民基本道德规范，学习文明礼仪，严格遵守《中国公民国内旅游行为公约》，切实掌握《中国公民出境旅游行动指南》；要识别不文明行为的各种表现，明辨旅游活动中的是非、美丑，不断提升思想道德境界。

二、加强管理，营造文明旅游环境。文明管理、文明执法、文明服务，杜绝粗暴执法、不规范服务等行为；规范经营行为，杜绝出售假冒伪劣商品，文明经营，诚信服务。要通过文明旅游环境的营造，使广大游客在旅游活动中，文明素养得到提升。

三、积极参与，塑造文明旅游形象。市民在旅游活动中不随地吐痰，不乱扔废弃物，不在禁烟场所吸烟；遵守公共秩序，排队遵守秩序，不在公众场所高声交谈；保护文物古迹，不在文物古迹上涂刻，拍照摄像遵守规定；对身边的不文明行为及时劝阻；不长期占用公共设施，尊重服务人员的劳动，尊重各地风俗习惯。

文明旅游，从我做起，从现在做起！希望全市旅游行业从业人员及广大市民，无论是在××，还是在外地，时刻把"文明"记在心里，落实在行动中，因为你就代表着××！

××市文明办
××市旅游局
××市旅游协会
××××年××月××日

附录 A　党政机关公文处理工作条例

第一章　总　　则

第一条　为了适应中国共产党机关和国家行政机关(以下简称党政机关)工作需要,推进党政机关公文处理工作科学化、制度化、规范化,制定本条例。

第二条　本条例适用于各级党政机关公文处理工作。

第三条　党政机关公文是党政机关实施领导、履行职能、处理公务的具有特定效力和规范体式的文书,是传达贯彻党和国家的方针政策,公布法规和规章,指导、布置和商洽工作,请示和答复问题,报告、通报和交流情况等的重要工具。

第四条　公文处理工作是指公文拟制、办理、管理等一系列相互关联、衔接有序的工作。

第五条　公文处理工作应当坚持实事求是、准确规范、精简高效、安全保密的原则。

第六条　各级党政机关应当高度重视公文处理工作,加强组织领导,强化队伍建设,设立文秘部门或者由专人负责公文处理工作。

第七条　各级党政机关办公厅(室)主管本机关的公文处理工作,并对下级机关的公文处理工作进行业务指导和督促检查。

第二章　公文种类

第八条　公文种类主要有:

(一)决议。适用于会议讨论通过的重大决策事项。

(二)决定。适用于对重要事项作出决策和部署、奖惩有关单位和人员、变更或者撤销下级机关不适当的决定事项。

(三)命令(令)。适用于公布行政法规和规章、宣布施行重大强制性措施、批准授予和晋升衔级、嘉奖有关单位和人员。

(四)公报。适用于公布重要决定或者重大事项。

(五)公告。适用于向国内外宣布重要事项或者法定事项。

(六)通告。适用于在一定范围内公布应当遵守或者周知的事项。

(七)意见。适用于对重要问题提出见解和处理办法。

(八)通知。适用于发布、传达要求下级机关执行和有关单位周知或者执行的事项,批转、转发公文。

(九)通报。适用于表彰先进、批评错误、传达重要精神和告知重要情况。

(十)报告。适用于向上级机关汇报工作、反映情况,回复上级机关的询问。

(十一)请示。适用于向上级机关请求指示、批准。

(十二)批复。适用于答复下级机关请示事项。

(十三)议案。适用于各级人民政府按照法律程序向同级人民代表大会或者人民代表大会常务委员会提请审议事项。

（十四）函。适用于不相隶属机关之间商洽工作、询问和答复问题、请求批准和答复审批事项。

（十五）纪要。适用于记载会议主要情况和议定事项。

第三章　公文格式

第九条　公文一般由份号、密级和保密期限、紧急程度、发文机关标志、发文字号、签发人、标题、主送机关、正文、附件说明、发文机关署名、成文日期、印章、附注、附件、抄送机关、印发机关和印发日期、页码等组成。

（一）份号。公文印制份数的顺序号。涉密公文应当标注份号。

（二）密级和保密期限。公文的秘密等级和保密的期限。涉密公文应当根据涉密程度分别标注"绝密""机密""秘密"和保密期限。

（三）紧急程度。公文送达和办理的时限要求。根据紧急程度，紧急公文应当分别标注"特急""加急"，电报应当分别标注"特提""特急""加急""平急"。

（四）发文机关标志。由发文机关全称或者规范化简称加"文件"二字组成，也可以使用发文机关全称或者规范化简称。联合行文时，发文机关标志可以并用联合发文机关名称，也可以单独用主办机关名称。

（五）发文字号。由发文机关代字、年份、发文顺序号组成。联合行文时，使用主办机关的发文字号。

（六）签发人。上行文应当标注签发人姓名。

（七）标题。由发文机关名称、事由和文种组成。

（八）主送机关。公文的主要受理机关，应当使用机关全称、规范化简称或者同类型机关统称。

（九）正文。公文的主体，用来表述公文的内容。

（十）附件说明。公文附件的顺序号和名称。

（十一）发文机关署名。署发文机关全称或者规范化简称。

（十二）成文日期。署会议通过或者发文机关负责人签发的日期。联合行文时，署最后签发机关负责人签发的日期。

（十三）印章。公文中有发文机关署名的，应当加盖发文机关印章，并与署名机关相符。有特定发文机关标志的普发性公文和电报可以不加盖印章。

（十四）附注。公文印发传达范围等需要说明的事项。

（十五）附件。公文正文的说明、补充或者参考资料。

（十六）抄送机关。除主送机关外需要执行或者知晓公文内容的其他机关，应当使用机关全称、规范化简称或者同类型机关统称。

（十七）印发机关和印发日期。公文的送印机关和送印日期。

（十八）页码。公文页数顺序号。

第十条　公文的版式按照《党政机关公文格式》国家标准执行。

第十一条　公文使用的汉字、数字、外文字符、计量单位和标点符号等，按照有关国家标准和规定执行。民族自治地方的公文，可以并用汉字和当地通用的少数民族文字。

第十二条　公文用纸幅面采用国际标准 A4 型。特殊形式的公文用纸幅面，根据实际需要确定。

第四章　行文规则

第十三条　行文应当确有必要，讲求实效，注重针对性和可操作性。

第十四条　行文关系根据隶属关系和职权范围确定。一般不得越级行文，特殊情况需要越级行文的，应当同时抄送被越过的机关。

第十五条　向上级机关行文，应当遵循以下规则：

（一）原则上主送一个上级机关，根据需要同时抄送相关上级机关和同级机关，不抄送下级机关。

（二）党委、政府的部门向上级主管部门请示、报告重大事项，应当经本级党委、政府同意或者授权；属于部门职权范围内的事项应当直接报送上级主管部门。

（三）下级机关的请示事项，如需以本机关名义向上级机关请示，应当提出倾向性意见后上报，不得原文转报上级机关。

（四）请示应当一文一事。不得在报告等非请示性公文中夹带请示事项。

（五）除上级机关负责人直接交办事项外，不得以本机关名义向上级机关负责人报送公文，不得以本机关负责人名义向上级机关报送公文。

（六）受双重领导的机关向一个上级机关行文，必要时抄送另一个上级机关。

第十六条　向下级机关行文，应当遵循以下规则：

（一）主送受理机关，根据需要抄送相关机关。重要行文应当同时抄送发文机关的直接上级机关。

（二）党委、政府的办公厅（室）根据本级党委、政府授权，可以向下级党委、政府行文，其他部门和单位不得向下级党委、政府发布指令性公文或者在公文中向下级党委、政府提出指令性要求。需经政府审批的具体事项，经政府同意后可以由政府职能部门行文，文中须注明已经政府同意。

（三）党委、政府的部门在各自职权范围内可以向下级党委、政府的相关部门行文。

（四）涉及多个部门职权范围内的事务，部门之间未协商一致的，不得向下行文；擅自行文的，上级机关应当责令其纠正或者撤销。

（五）上级机关向受双重领导的下级机关行文，必要时抄送该下级机关的另一个上级机关。

第十七条　同级党政机关、党政机关与其他同级机关必要时可以联合行文。属于党委、政府各自职权范围内的工作，不得联合行文。

党委、政府的部门依据职权可以相互行文。

部门内设机构除办公厅（室）外不得对外正式行文。

第五章　公文拟制

第十八条　公文拟制包括公文的起草、审核、签发等程序。

第十九条　公文起草应当做到：

（一）符合党的理论路线方针政策和国家法律法规，完整准确体现发文机关意图，并同现行有关公文相衔接。

（二）一切从实际出发，分析问题实事求是，所提政策措施和办法切实可行。

（三）内容简洁，主题突出，观点鲜明，结构严谨，表述准确，文字精练。

（四）文种正确，格式规范。

（五）深入调查研究，充分进行论证，广泛听取意见。

（六）公文涉及其他地区或者部门职权范围内的事项，起草单位必须征求相关地区或者部门意见，力求达成一致。

（七）机关负责人应当主持、指导重要公文起草工作。

第二十条 公文文稿签发前，应当由发文机关办公厅（室）进行审核。审核的重点是：

（一）行文理由是否充分，行文依据是否准确。

（二）内容是否符合党的理论路线方针政策和国家法律法规；是否完整准确体现发文机关意图；是否同现行有关公文相衔接；所提政策措施和办法是否切实可行。

（三）涉及有关地区或者部门职权范围内的事项是否经过充分协商并达成一致意见。

（四）文种是否正确，格式是否规范；人名、地名、时间、数字、段落顺序、引文等是否准确；文字、数字、计量单位和标点符号等用法是否规范。

（五）其他内容是否符合公文起草的有关要求。

需要发文机关审议的重要公文文稿，审议前由发文机关办公厅（室）进行初核。

第二十一条 经审核不宜发文的公文文稿，应当退回起草单位并说明理由；符合发文条件但内容需作进一步研究和修改的，由起草单位修改后重新报送。

第二十二条 公文应当经本机关负责人审批签发。重要公文和上行文由机关主要负责人签发。党委、政府的办公厅（室）根据党委、政府授权制发的公文，由受权机关主要负责人签发或者按照有关规定签发。签发人签发公文，应当签署意见、姓名和完整日期；圈阅或者签名的，视为同意。联合发文由所有联署机关的负责人会签。

第六章 公文办理

第二十三条 公文办理包括收文办理、发文办理和整理归档。

第二十四条 收文办理主要程序是：

（一）签收。对收到的公文应当逐件清点，核对无误后签字或者盖章，并注明签收时间。

（二）登记。对公文的主要信息和办理情况应当详细记载。

（三）初审。对收到的公文应当进行初审。初审的重点是：是否应当由本机关办理，是否符合行文规则，文种、格式是否符合要求，涉及其他地区或者部门职权范围内的事项是否已经协商、会签，是否符合公文起草的其他要求。经初审不符合规定的公文，应当及时退回来文单位并说明理由。

（四）承办。阅知性公文应当根据公文内容、要求和工作需要确定范围后分送。批办性公文应当提出拟办意见报本机关负责人批示或者转有关部门办理；需要两个以上部门办理的，应当明确主办部门。紧急公文应当明确办理时限。承办部门对交办的公文应当及时办理，有明确办理时限要求的应当在规定时限内办理完毕。

（五）传阅。根据领导批示和工作需要将公文及时送传阅对象阅知或者批示。办理公文传阅应当随时掌握公文去向，不得漏传、误传、延误。

（六）催办。及时了解掌握公文的办理进展情况，督促承办部门按期办结。紧急公文或者重要公文应当由专人负责催办。

（七）答复。公文的办理结果应当及时答复来文单位，并根据需要告知相关单位。

第二十五条　发文办理主要程序是：

（一）复核。已经发文机关负责人签批的公文，印发前应当对公文的审批手续、内容、文种、格式等进行复核；需作实质性修改的，应当报原签批人复审。

（二）登记。对复核后的公文，应当确定发文字号、分送范围和印制份数并详细记载。

（三）印制。公文印制必须确保质量和时效。涉密公文应当在符合保密要求的场所印制。

（四）核发。公文印制完毕，应当对公文的文字、格式和印刷质量进行检查后分发。

第二十六条　涉密公文应当通过机要交通、邮政机要通信、城市机要文件交换站或者收发件机关机要收发人员进行传递，通过密码电报或者符合国家保密规定的计算机信息系统进行传输。

第二十七条　需要归档的公文及有关材料，应当根据有关档案法律法规以及机关档案管理规定，及时收集齐全、整理归档。两个以上机关联合办理的公文，原件由主办机关归档，相关机关保存复制件。机关负责人兼任其他机关职务的，在履行所兼职务过程中形成的公文，由其兼职机关归档。

第七章　公文管理

第二十八条　各级党政机关应当建立健全本机关公文管理制度，确保管理严格规范，充分发挥公文效用。

第二十九条　党政机关公文由文秘部门或者专人统一管理。设立党委（党组）的县级以上单位应当建立机要保密室和机要阅文室，并按照有关保密规定配备工作人员和必要的安全保密设施设备。

第三十条　公文确定密级前，应当按照拟定的密级先行采取保密措施。确定密级后，应当按照所定密级严格管理。绝密级公文应当由专人管理。

公文的密级需要变更或者解除的，由原确定密级的机关或者其上级机关决定。

第三十一条　公文的印发传达范围应当按照发文机关的要求执行；需要变更的，应当经发文机关批准。

涉密公文公开发布前应当履行解密程序。公开发布的时间、形式和渠道，由发文机关确定。

经批准公开发布的公文，同发文机关正式印发的公文具有同等效力。

第三十二条　复制、汇编机密级、秘密级公文，应当符合有关规定并经本机关负责人批准。绝密级公文一般不得复制、汇编，确有工作需要的，应当经发文机关或者其上级机关批准。复制、汇编的公文视同原件管理。

复制件应当加盖复制机关戳记。翻印件应当注明翻印的机关名称、日期。汇编本的密级按照编入公文的最高密级标注。

第三十三条　公文的撤销和废止，由发文机关、上级机关或者权力机关根据职权范围和有关法律法规决定。公文被撤销的，视为自始无效；公文被废止的，视为自废止之日起失效。

第三十四条 涉密公文应当按照发文机关的要求和有关规定进行清退或者销毁。

第三十五条 不具备归档和保存价值的公文，经批准后可以销毁。销毁涉密公文必须严格按照有关规定履行审批登记手续，确保不丢失、不漏销。个人不得私自销毁、留存涉密公文。

第三十六条 机关合并时，全部公文应当随之合并管理；机关撤销时，需要归档的公文经整理后按照有关规定移交档案管理部门。

工作人员离岗离职时，所在机关应当督促其将暂存、借用的公文按照有关规定移交、清退。

第三十七条 新设立的机关应当向本级党委、政府的办公厅（室）提出发文立户申请。经审查符合条件的，列为发文单位，机关合并或者撤销时，相应进行调整。

第八章 附 则

第三十八条 党政机关公文含电子公文。电子公文处理工作的具体办法另行制定。

第三十九条 法规、规章方面的公文，依照有关规定处理。外事方面的公文，依照外事主管部门的有关规定处理。

第四十条 其他机关和单位的公文处理工作，可以参照本条例执行。

第四十一条 本条例由中共中央办公厅、国务院办公厅负责解释。

第四十二条 本条例自 2012 年 7 月 1 日起施行。1996 年 5 月 3 日中共中央办公厅发布的《中国共产党机关公文处理条例》和 2000 年 8 月 24 日国务院发布的《国家行政机关公文处理办法》停止执行。

附录 B　党政机关公文格式国家标准

前　言

本标准按照 GB/T 1.1—2009 给出的规则起草。

本标准根据中共中央办公厅、国务院办公厅印发的《党政机关公文处理工作条例》的有关规定对 GB/T 9704—1999《国家行政机关公文格式》进行修订。本标准相对 GB/T 9704—1999 主要作如下修订：

　　a) 标准名称改为《党政机关公文格式》，标准英文名称也作相应修改；

　　b) 适用范围扩展到各级党政机关制发的公文；

　　c) 对标准结构进行适当调整；

　　d) 对公文装订要求进行适当调整；

　　e) 增加发文机关署名和页码两个公文格式要素，删除主题词格式要素，并对公文格式各要素的编排进行较大调整；

　　f) 进一步细化特定格式公文的编排要求；

　　g) 新增联合行文公文首页版式、信函格式首页、命令(令)格式首页版式等式样。

本标准中公文用语与《党政机关公文处理工作条例》中的用语一致。

本标准为第二次修订。

本标准由中共中央办公厅和国务院办公厅提出。

本标准由中国标准化研究院归口。

本标准起草单位：中国标准化研究院、中共中央办公厅秘书局、国务院办公厅秘书局、中国标准出版社。

本标准主要起草人：房庆、杨雯、郭道锋、孙维、马慧、张书杰、徐成华、范一乔、李玲。

本标准代替了 GB/T 9704—1999。

GB/T 9704—1999 的历次版本发布情况为：

——GB/T 9704—1988。

党政机关公文格式

1 范围

本标准规定了党政机关公文通用的纸张要求、排版和印制装订要求、公文格式各要素的编排规则，并给出了公文的式样。

本标准适用于各级党政机关制发的公文。其他机关和单位的公文可以参照执行。

使用少数民族文字印制的公文，其用纸、幅面尺寸及版面、印制等要求按照本标准执行，其余可以参照本标准并按照有关规定执行。

2 规范性引用文件

下列文件对于本标准的应用是必不可少的。凡是注日期的引用文件，仅所注日期的版本适用于本标准。凡是不注日期的引用文件，其最新版本（包括所有的修改单）适用于本标准。

GB/T 148 印刷、书写和绘图纸幅面尺寸

GB 3100 国际单位制及其应用

GB 3101 有关量、单位和符号的一般原则

GB 3102（所有部分）量和单位

GB/T 15834 标点符号用法

GB/T 15835 出版物上数字用法

3 术语和定义

下列术语和定义适用于本标准。

3.1 字 word

标示公文中横向距离的长度单位。在本标准中，一字指一个汉字宽度的距离。

3.2 行 line

标示公文中纵向距离的长度单位。在本标准中，一行指一个汉字的高度加 3 号汉字高度的 7/8 的距离。

4 公文用纸主要技术指标

公文用纸一般使用纸张定量为 60 g/m² ～80 g/m² 的胶版印刷纸或复印纸。纸张白度 80%～90%，横向耐折度≥15 次，不透明度≥85%，pH 值为 7.5～9.5。

5 公文用纸幅面尺寸及版面要求

5.1 幅面尺寸

公文用纸采用 GB/T 148 中规定的 A4 型纸，其成品幅面尺寸为：210 mm×297 mm。

5.2 版面

5.2.1 页边与版心尺寸

公文用纸天头（上白边）为 37 mm±1 mm，公文用纸订口（左白边）为 28mm±1mm，版心尺寸为 156 mm×225 mm。

5.2.2 字体和字号

如无特殊说明，公文格式各要素一般用 3 号仿宋体字。特定情况可以作适当调整。

5.2.3　行数和字数

一般每面排 22 行，每行排 28 个字，并撑满版心。特定情况可以作适当调整。

5.2.4　文字的颜色

如无特殊说明，公文中文字的颜色均为黑色。

6　印制装订要求

6.1　制版要求

版面干净无底灰，字迹清楚无断划，尺寸标准，版心不斜，误差不超过 1 mm。

6.2　印刷要求

双面印刷；页码套正，两面误差不超过 2 mm。黑色油墨应当达到色谱所标 BL100%，红色油墨应当达到色谱所标 Y80%、M80%。印品着墨实、均匀；字面不花、不白、无断划。

6.3　装订要求

公文应当左侧装订，不掉页，两页页码之间误差不超过 4 mm，裁切后的成品尺寸允许误差±2 mm，四角成 90°，无毛茬或缺损。

骑马订或平订的公文应当：

a) 订位为两钉外订眼距版面上下边缘各 70 mm 处，允许误差±4 mm；

b) 无坏钉、漏钉、重钉，钉脚平伏牢固；

c) 骑马订钉锯均订在折缝线上，平订钉锯与书脊间的距离为 3 mm～5 mm。

包本装订公文的封皮(封面、书脊、封底)与书芯应吻合、包紧、包平、不脱落。

7　公文格式各要素编排规则

7.1　公文格式各要素的划分

本标准将版心内的公文格式各要素划分为版头、主体、版记三部分。公文首页红色分隔线以上的部分称为版头；公文首页红色分隔线(不含)以下、公文末页首条分隔线(不含)以上的部分称为主体；公文末页首条分隔线以下、末条分隔线以上的部分称为版记。

页码位于版心外。

7.2　版头

7.2.1　份号

如需标注份号，一般用 6 位 3 号阿拉伯数字，顶格编排在版心左上角第一行。

7.2.2　密级和保密期限

如需标注密级和保密期限，一般用 3 号黑体字，顶格编排在版心左上角第二行；保密期限中的数字用阿拉伯数字标注。

7.2.3　紧急程度

如需标注紧急程度，一般用 3 号黑体字，顶格编排在版心左上角；如需同时标注份号、密级和保密期限、紧急程度，按照份号、密级和保密期限、紧急程度的顺序自上而下分行排列。

7.2.4　发文机关标志

由发文机关全称或者规范化简称加"文件"二字组成，也可以使用发文机关全称或者规范化简称。

发文机关标志居中排布，上边缘至版心上边缘为 35 mm，推荐使用小标宋体字，颜色为红色，以醒目、美观、庄重为原则。

联合行文时，如需同时标注联署发文机关名称，一般应当将主办机关名称排列在前；如有"文件"二字，应当置于发文机关名称右侧，以联署发文机关名称为准上下居中排布。

7.2.5　发文字号

编排在发文机关标志下空二行位置，居中排布。年份、发文顺序号用阿拉伯数字标注；年份应标全称，用六角括号"〔〕"括入；发文顺序号不加"第"字，不编虚位（即 1 不编为01），在阿拉伯数字后加"号"字。

上行文的发文字号居左空一字编排，与最后一个签发人姓名处在同一行。

7.2.6　签发人

由"签发人"三字加全角冒号和签发人姓名组成，居右空一字，编排在发文机关标志下空二行位置。"签发人"三字用 3 号仿宋体字，签发人姓名用 3 号楷体字。

如有多个签发人，签发人姓名按照发文机关的排列顺序从左到右、自上而下依次均匀编排，一般每行排两个姓名，回行时与上一行第一个签发人姓名对齐。

7.2.7　版头中的分隔线

发文字号之下 4 mm 处居中印一条与版心等宽的红色分隔线。

7.3　主体

7.3.1　标题

一般用 2 号小标宋体字，编排于红色分隔线下空二行位置，分一行或多行居中排布；回行时，要做到词意完整，排列对称，长短适宜，间距恰当，标题排列应当使用梯形或菱形。

7.3.2　主送机关

编排于标题下空一行位置，居左顶格，回行时仍顶格，最后一个机关名称后标全角冒号。如主送机关名称过多导致公文首页不能显示正文时，应当将主送机关名称移至版记，标注方法见 7.4.2。

7.3.3　正文

公文首页必须显示正文。一般用 3 号仿宋体字，编排于主送机关名称下一行，每个自然段左空二字，回行顶格。文中结构层次序数依次可以用"一、""（一）""1.""（1）"标注；一般第一层用黑体字、第二层用楷体字、第三层和第四层用仿宋体字标注。

7.3.4　附件说明

如有附件，在正文下空一行左空二字编排"附件"二字，后标全角冒号和附件名称。如有多个附件,使用阿拉伯数字标注附件顺序号(如"附件:1.×××××");附件名称后不加标点符号。附件名称较长需回行时,应当与上一行附件名称的首字对齐。

7.3.5　发文机关署名、成文日期和印章

7.3.5.1　加盖印章的公文

成文日期一般右空四字编排,印章用红色,不得出现空白印章。

单一机关行文时,一般在成文日期之上、以成文日期为准居中编排发文机关署名,印章端正、居中下压发文机关署名和成文日期,使发文机关署名和成文日期居印章中心偏下位置,印章顶端应当上距正文(或附件说明)一行之内。

联合行文时,一般将各发文机关署名按照发文机关顺序整齐排列在相应位置,并将印章一一对应、端正、居中下压发文机关署名,最后一个印章端正、居中下压发文机关署名和成文日期,印章之间排列整齐、互不相交或相切,每排印章两端不得超出版心,首排印章顶端应当上距正文(或附件说明)一行之内。

7.3.5.2　不加盖印章的公文

单一机关行文时,在正文(或附件说明)下空一行右空二字编排发文机关署名,在发文机关署名下一行编排成文日期,首字比发文机关署名首字右移二字,如成文日期长于发文机关署名,应当使成文日期右空二字编排,并相应增加发文机关署名右空字数。

联合行文时,应当先编排主办机关署名,其余发文机关署名依次向下编排。

7.3.5.3　加盖签发人签名章的公文

单一机关制发的公文加盖签发人签名章时,在正文(或附件说明)下空二行右空四字加盖签发人签名章,签名章左空二字标注签发人职务,以签名章为准上下居中排布。在签发人签名章下空一行右空四字编排成文日期。

联合行文时,应当先编排主办机关签发人职务、签名章,其余机关签发人职务、签名章依次向下编排,与主办机关签发人职务、签名章上下对齐;每行只编排一个机关的签发人职务、签名章;签发人职务应当标注全称。

签名章一般用红色。

7.3.5.4　成文日期中的数字

用阿拉伯数字将年、月、日标全,年份应标全称,月、日不编虚位(即 1 不编为 01)。

7.3.5.5　特殊情况说明

当公文排版后所剩空白处不能容下印章或签发人签名章、成文日期时,可以采取调整行距、字距的措施解决。

7.3.6　附注

如有附注,居左空二字加圆括号编排在成文日期下一行。

7.3.7　附件

附件应当另面编排,并在版记之前,与公文正文一起装订。"附件"二字及附件顺序号用 3 号黑体字顶格编排在版心左上角第一行。附件标题居中编排在版心第三行。附件顺序号和附件标题应当与附件说明的表述一致。附件格式要求同正文。

如附件与正文不能一起装订，应当在附件左上角第一行顶格编排公文的发文字号并在其后标注"附件"二字及附件顺序号。

7.4　版记

7.4.1　版记中的分隔线

版记中的分隔线与版心等宽，首条分隔线和末条分隔线用粗线（推荐高度为0.35 mm），中间的分隔线用细线（推荐高度为0.25 mm）。首条分隔线位于版记中第一个要素之上，末条分隔线与公文最后一面的版心下边缘重合。

7.4.2　抄送机关

如有抄送机关，一般用4号仿宋体字，在印发机关和印发日期之上一行、左右各空一字编排。"抄送"二字后加全角冒号和抄送机关名称，回行时与冒号后的首字对齐，最后一个抄送机关名称后标句号。

如需把主送机关移至版记，除将"抄送"二字改为"主送"外，编排方法同抄送机关。既有主送机关又有抄送机关时，应当将主送机关置于抄送机关之上一行，之间不加分隔线。

7.4.3　印发机关和印发日期

印发机关和印发日期一般用4号仿宋体字，编排在末条分隔线之上，印发机关左空一字，印发日期右空一字，用阿拉伯数字将年、月、日标全，年份应标全称，月、日不编虚位（即1不编为01），后加"印发"二字。

版记中如有其他要素，应当将其与印发机关和印发日期用一条细分隔线隔开。

7.5　页码

一般用4号半角宋体阿拉伯数字，编排在公文版心下边缘之下，数字左右各放一条一字线；一字线上距版心下边缘7 mm。单页码居右空一字，双页码居左空一字。公文的版记页前有空白页的，空白页和版记页均不编排页码。公文的附件与正文一起装订时，页码应当连续编排。

8 公文中的横排表格

A4纸型的表格横排时，页码位置与公文其他页码保持一致，单页码表头在订口一边，双页码表头在切口一边。

9 公文中计量单位、标点符号和数字的用法

公文中计量单位的用法应当符合 GB 3100、GB 3101 和 GB 3102（所有部分），标点符号的用法应当符合 GB/T 15834，数字用法应当符合 GB/T 15835。

10 公文的特定格式

10.1　信函格式

发文机关标志使用发文机关全称或者规范化简称，居中排布，上边缘至上页边为

30 mm，推荐使用红色小标宋体字。联合行文时，使用主办机关标志。

发文机关标志下 4 mm 处印一条红色双线（上粗下细），距下页边 20 mm 处印一条红色双线（上细下粗），线长均为 170 mm，居中排布。

如需标注份号、密级和保密期限、紧急程度，应当顶格居版心左边缘编排在第一条红色双线下，按照份号、密级和保密期限、紧急程度的顺序自上而下分行排列，第一个要素与该线的距离为 3 号汉字高度的 7/8。

发文字号顶格居版心右边缘编排在第一条红色双线下，与该线的距离为 3 号汉字高度的 7/8。

标题居中编排，与其上最后一个要素相距二行。

第二条红色双线上一行如有文字，与该线的距离为 3 号汉字高度的 7/8。

首页不显示页码。

版记不加印发机关和印发日期、分隔线，位于公文最后一面版心内最下方。

10.2　命令(令)格式

发文机关标志由发文机关全称加"命令"或"令"字组成，居中排布，上边缘至版心上边缘为 20 mm，推荐使用红色小标宋体字。

发文机关标志下空二行居中编排令号，令号下空二行编排正文。

签发人职务、签名章和成文日期的编排见 7.3.5.3。

10.3　纪要格式

纪要标志由"×××××纪要"组成，居中排布，上边缘至版心上边缘为 35 mm，推荐使用红色小标宋体字。

标注出席人员名单，一般用 3 号黑体字，在正文或附件说明下空一行左空二字编排"出席"二字，后标全角冒号，冒号后用 3 号仿宋体字标注出席人单位、姓名，回行时与冒号后的首字对齐。

标注请假和列席人员名单，除依次另起一行并将"出席"二字改为"请假"或"列席"外，编排方法同出席人员名单。

纪要格式可以根据实际制定。

11 式样

A4 型公文用纸页边及版心尺寸见图 1；公文首页版式见图 2；联合行文公文首页版式 1 见图 3；联合行文公文首页版式 2 见图 4；公文末页版式 1 见图 5；公文末页版式 2 见图 6；联合行文公文末页版式 1 见图 7；联合行文公文末页版式 2 见图 8；附件说明页版式见图 9；带附件公文末页版式见图 10；信函格式首页版式见图 11；命令(令)格式首页版式见图 12。

37 mm±1 mm 天头

28 mm±1 mm 订口

225 mm

297 mm

7 mm

—2—

—1—

156 mm

210 mm

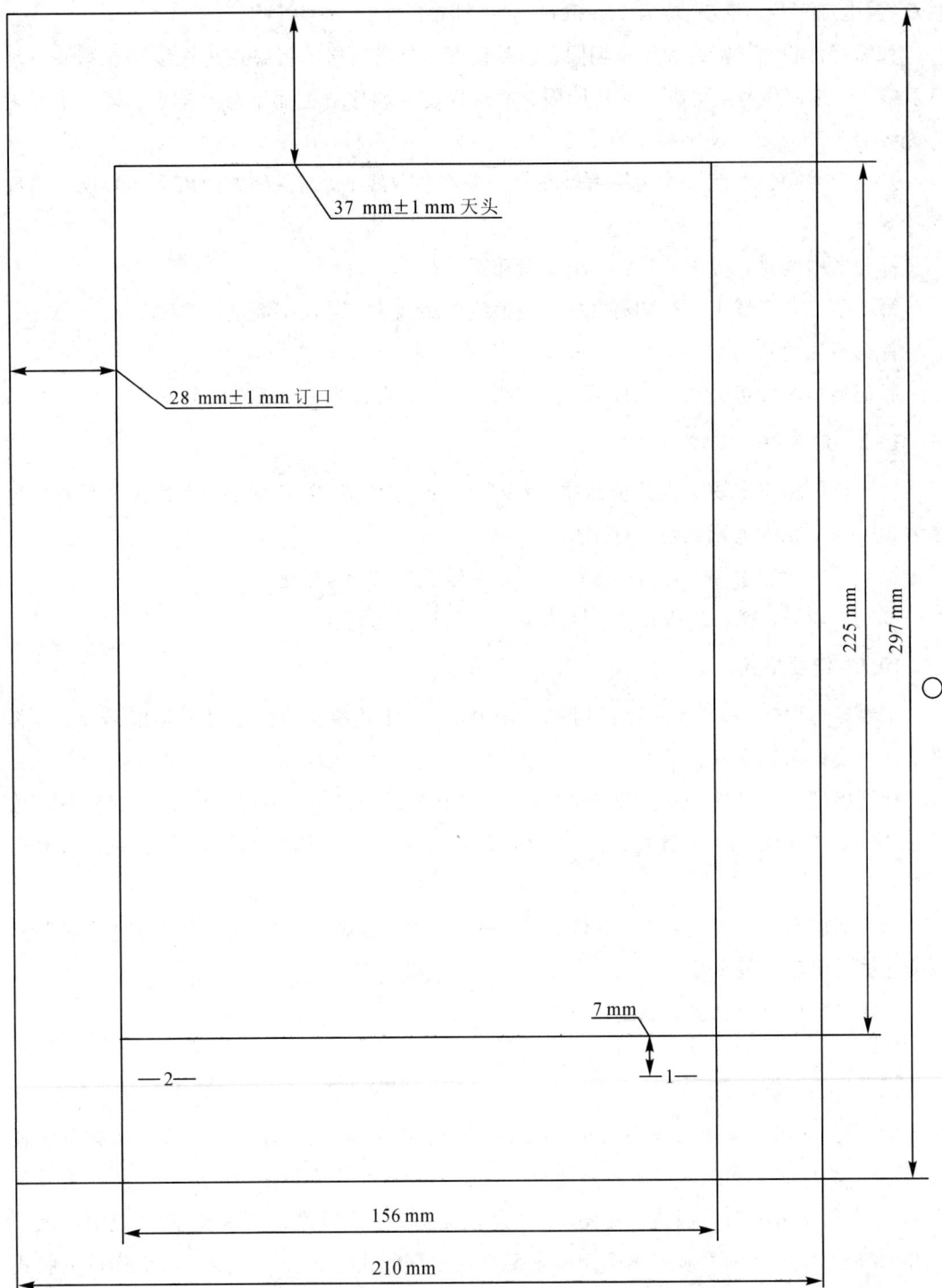

图 1　A4 型公文用纸页边及版心尺寸

000001

机密★1年

特急

✕✕✕✕✕文件

✕✕✕〔2012〕10号

✕✕✕✕✕关于✕✕✕✕✕✕的通知

✕✕✕✕✕✕✕✕✕：

　　✕✕✕✕✕✕✕✕✕✕✕✕✕✕✕✕✕✕✕✕✕✕✕

✕✕✕✕✕✕✕✕✕✕✕✕✕✕✕✕✕✕✕✕✕✕✕✕✕✕

✕✕✕✕✕✕✕✕✕✕✕✕✕✕✕✕✕✕✕✕✕✕✕✕✕✕

✕✕✕✕。

　　✕✕✕✕✕✕✕✕✕✕✕✕✕✕✕✕✕✕✕✕✕✕✕

✕✕✕✕✕✕✕✕✕。

　　✕✕✕✕✕✕✕✕✕✕✕✕✕。

　　✕✕✕✕✕✕✕✕✕。✕✕✕✕✕✕✕✕✕✕✕✕✕✕

✕✕✕✕✕✕✕✕✕✕✕✕✕✕✕✕✕✕✕✕✕✕✕✕✕✕

✕✕✕✕✕✕✕✕✕✕✕✕✕✕✕✕✕✕✕✕✕✕✕✕✕✕

— 1 —

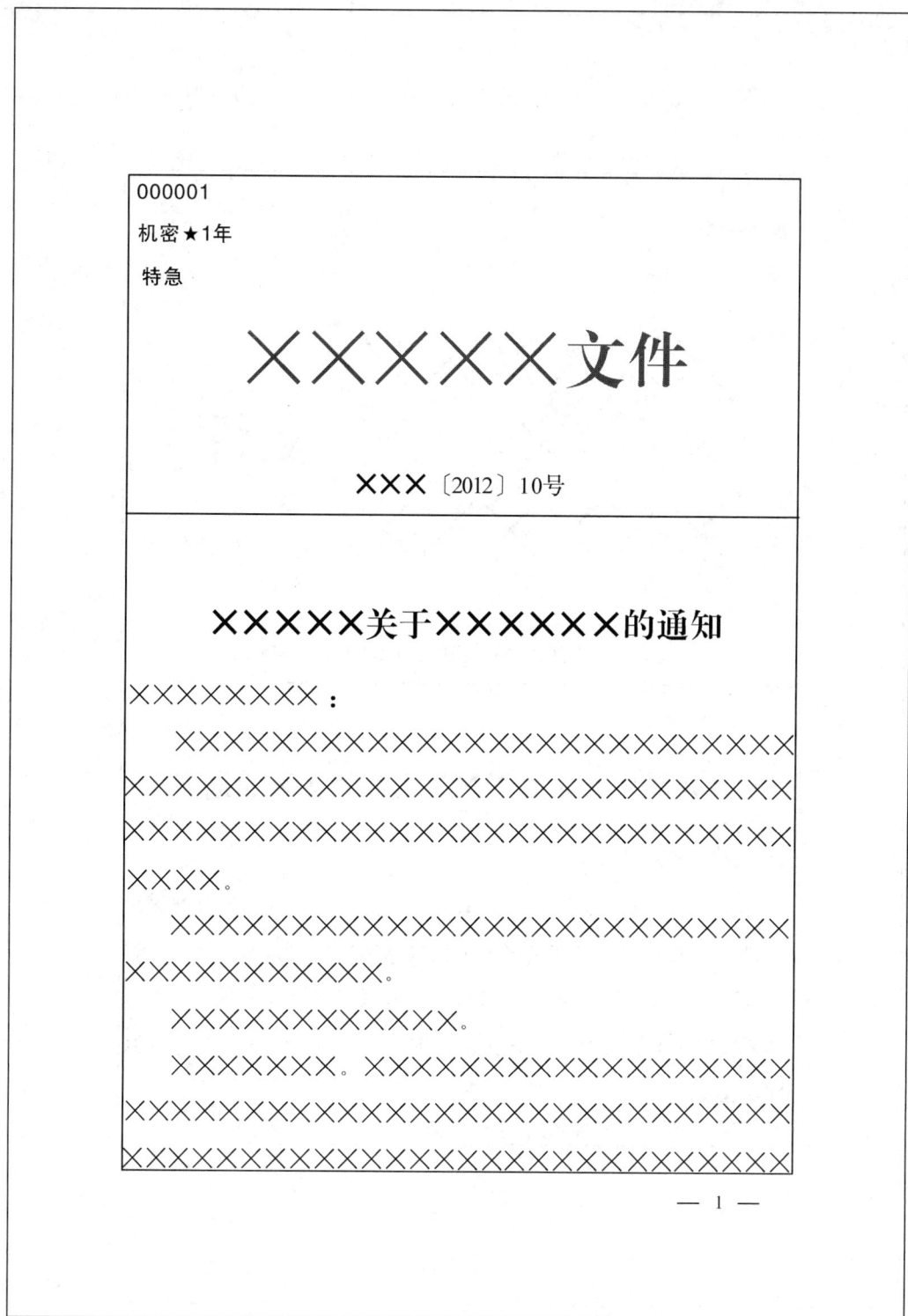

图 2　公文首页版式

注：版心实线框仅为示意，在印制公文时并不印出。

000001

机密★1年

特急

××××××
× × × 文件
×××××

×××〔2012〕10号

××××××关于×××××××的通知

×××××××：

    ×××××××××××××××××××××××××。

    ××××××××××××××××××××××××

××××××××××××××××××××××××

××××××××××××××××××××××××

××××。

    ×××××××××××××××××××××××××××

— 1 —

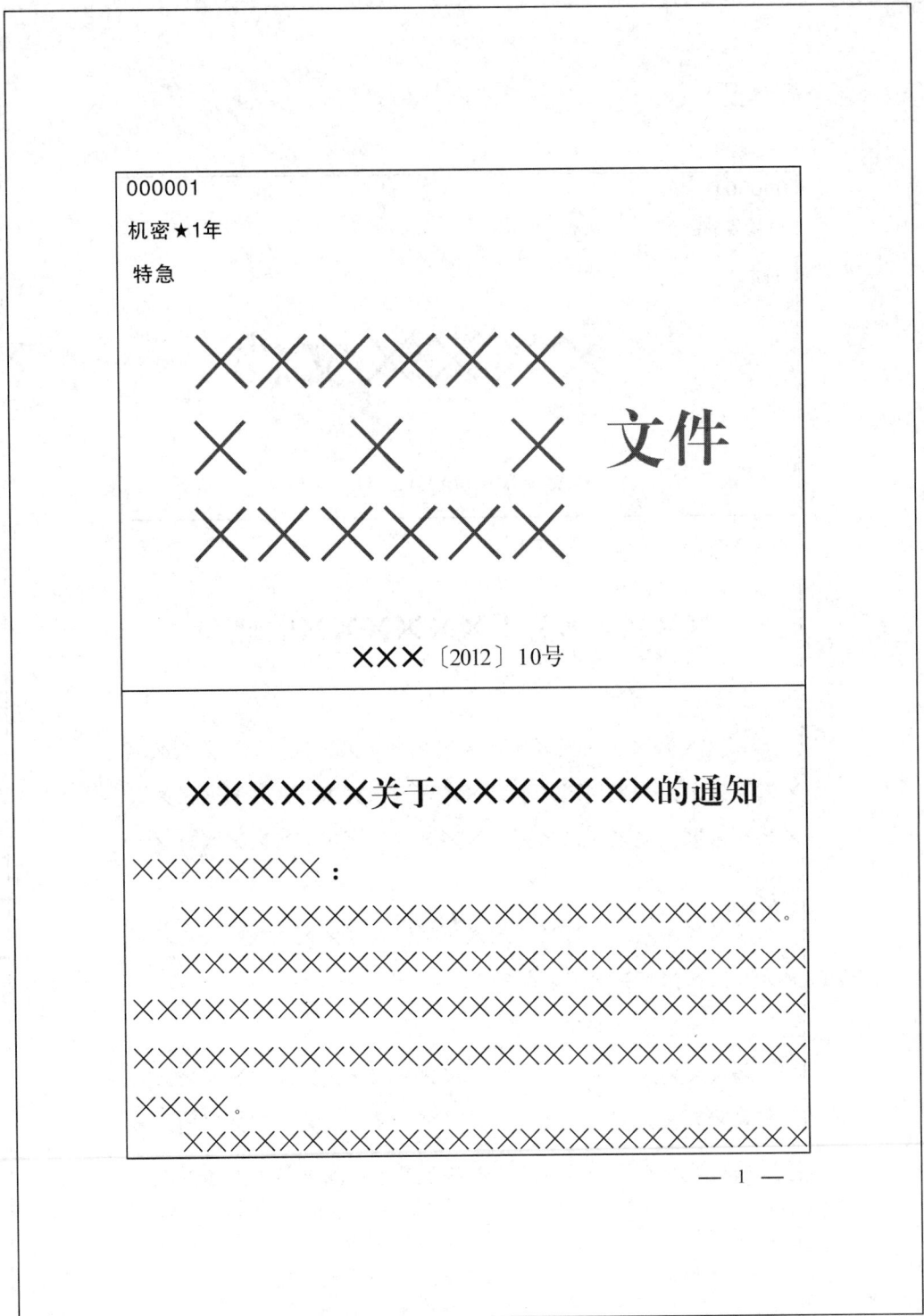

图3　联合行文公文首页版式1

注：版心实线框仅为示意，在印制公文时并不印出。

000001

机　密

特　急

$$\times\times\times\times\times\times$$
$$\times\quad\times\quad\times$$
$$\times\times\times\times\times$$

签发人：×××　×××

×××〔2012〕10号　　　　　　　　×××

××××××关于×××××××的通知

×××××××× ：

×××××××××××××××××××××××××

×××××××××××××××××××××××××

×××××××××××××××××××××××××

××××。

×××××××××××××××××××××××××××

— 1 —

图 4　联合行文公文首页版式 2

注：版心实线框仅为示意，在印制公文时并不印出。

××××××××××××××××。
　　××××××××××××××××××××××
××××××××××××××××××××××
×××××××××××。

中华人民共和国××××部

2012年7月1日

　　（×××××）

抄送：×××××××　×××××　　×××××　×××××
　　　×××××。

××××××××××　　　　　　　　　2012年7月1日印发

— 2 —

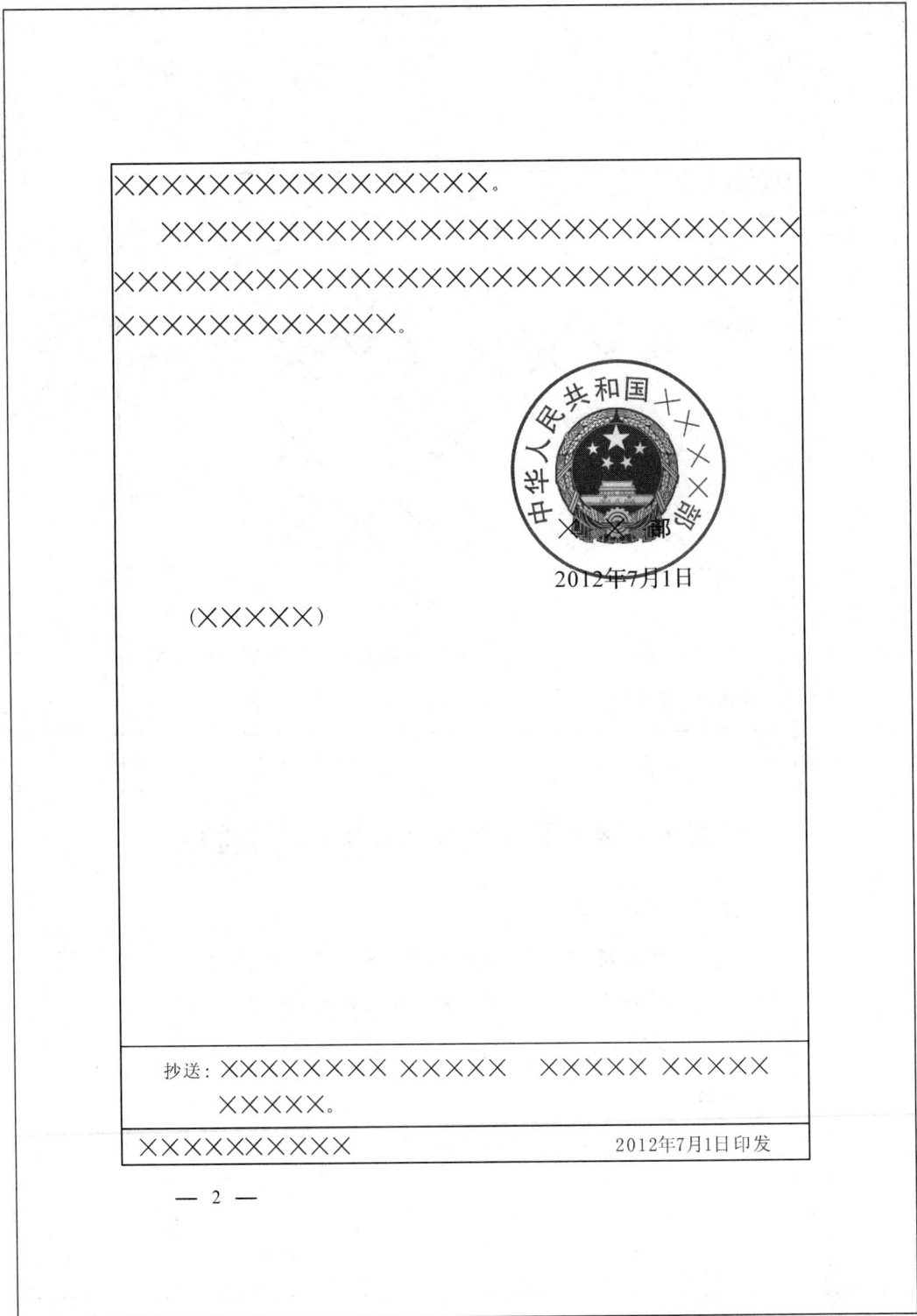

图5　公文末页版式1

注：版心实线框仅为示意，在印制公文时并不印出。

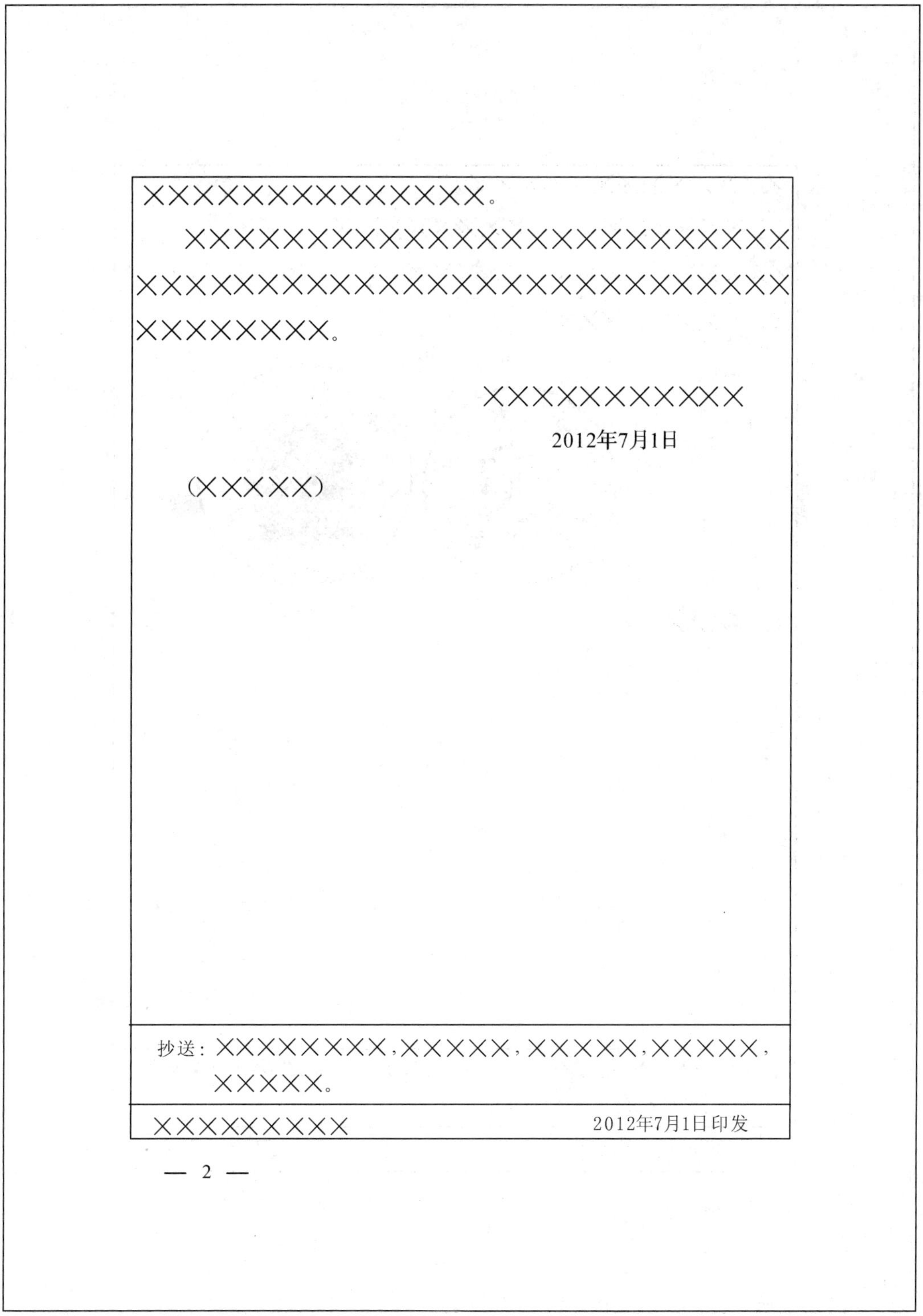

×××××××××××××。
　　××××××××××××××××××
×××××××××××××××××××××
×××××××。

　　　　　　　　××××××××××
　　　　　　　　2012年7月1日

（×××××）

抄送：×××××××,×××××,×××××,×××××,
　　　×××××。

×××××××× 　　　　　　　　2012年7月1日印发

—— 2 ——

图 6　公文末页版式 2

注：版心实线框仅为示意，在印制公文时并不印出。

×××××××××××××。

×××××××××××××××××××××

×××××××××××××××××××××

×××××××××××。

2012年7月1日

（×××××）

抄送：××××××，×××××，×××××，×××××，

×××××。

×××××××× 　　　　　　　　　2012年7月1日印发

— 2 —

图7　联合行文公文末页版式1

×××××××××××。

　　×××××××××××××××××××××××

×××××××××××××××××××××××××××

××××××××××。

2012年7月1日

（×××××）

抄送：×××××××，×××××，×××××，×××××，

×××××。

×××××××× 　　　　　　　　2012年7月1日印发

— 2 —

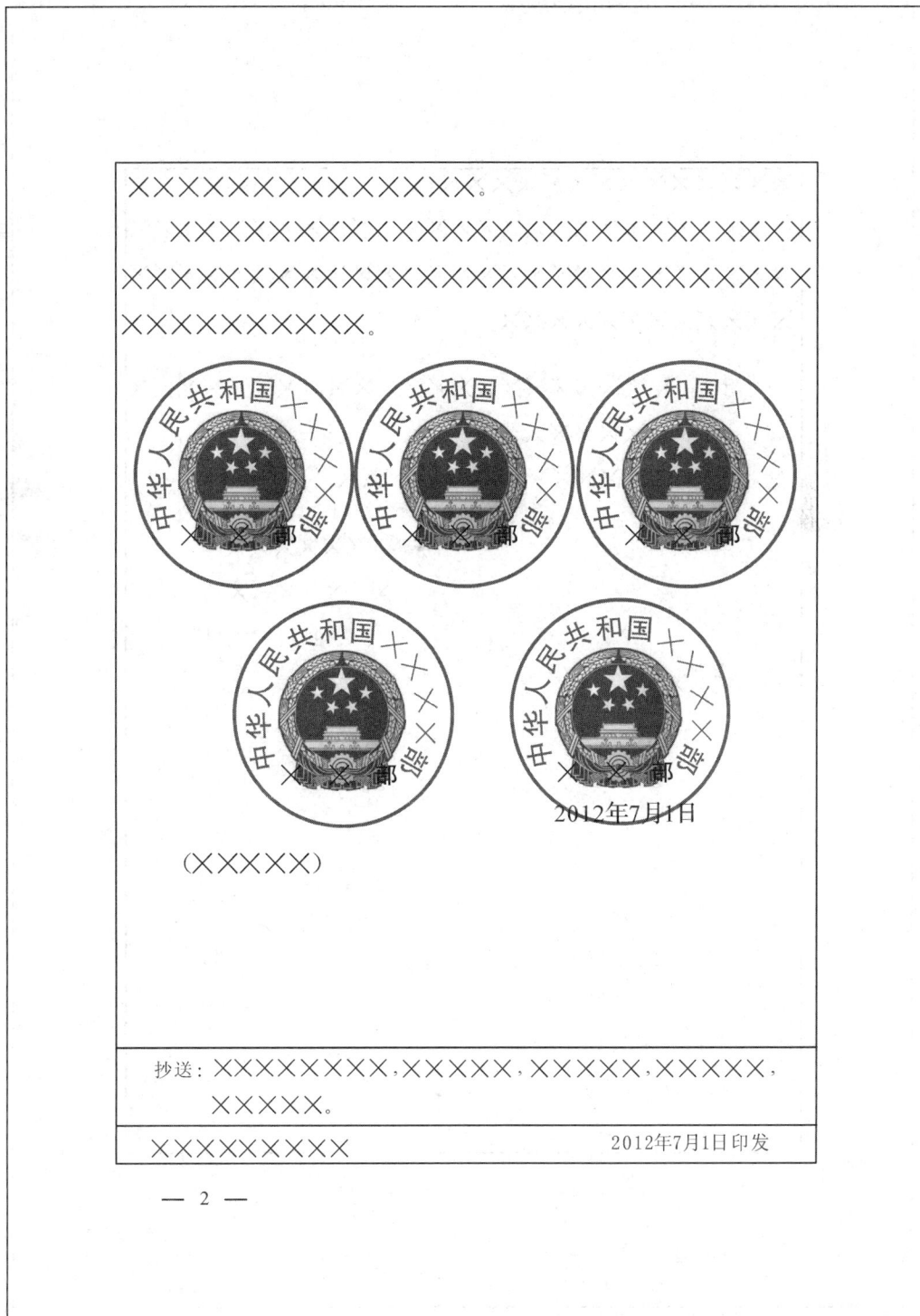

图 8　联合行文公文末页版式 2

注：版心实线框仅为示意，在印制公文时并不印出。

××××××××××××。

××××××××××××××××××××

××××××××××××××××××××

××××××××××××。

  附件：1. ××××××××××××××××

    ×××××

  2. ×××××××××××

      ×××××××

      × × × ×

      2012年7月1日

（×××××）

— 2 —

图9　附件说明页版式

注：版心实线框仅为示意，在印制公文时并不印出。

附件2

$$\times\times\times\times\times\times\times\times\times\times\times$$

　　×××××××××××××××××××××
×××××××××××××××××××××××
×××。

　　×××××××××××××××××××××
×××××××××××××××××××××××
×××××××××××××××××××××××
×××××××××××××××××××××××
×××××××××××××××××××××××
××××××××××××××。

抄送：×××××××，×××××，×××××，×××××，
　　　×××××。

×××××××× 　　　　　　　　　　　 2012年7月1日印发

—— 4 ——

图 10　带附件公文末页版式

注：版心实线框仅为示意，在印制公文时并不印出。

中华人民共和国×××××部

000001 ××× 〔2012〕10号

机　密

特　急

×××××关于×××××××的通知

×××××××：

　　××××××××××××××××××××××××
××××××××××××××××××××××××××
××××××××××××××××××××××××××
××××××××××××××××××××××××。
　　××××××××××××××××××××××××
××××××××××××××××××××××××××
××××××××××××××××××××××××××
××××××××××××××××××××××。
　　××××××××××××××××××××××××
××××××××××××××××××××××××××
××××××××××××××××××××××××××
××××××××××××××××××××××××××
××××××××××××××××××××××××××
××××××××××××××××××××××。

图 11　信函格式首页版式

注：版心实线框仅为示意，在印制公文时并不印出。

××××××令

第×××号

××。

部　长　×××

2012年7月1日

— 1 —

图 12　命令（令）格式首页版式

注：版心实线框仅为示意，在印制公文时并不印出。

参 考 文 献

[1] 王永春. 现代应用文写作. 武汉：华中科技大学出版社，2016.

[2] 陈清华，俞秀红. 应用文写作教程. 南京：南京大学出版社，2015.

[3] 陆亚萍，詹丹，张彪. 应用文写作教程上海：复旦大学出版社，2014.

[4] 丁晓昌，冒志祥，胡元德. 新编应用写作学. 南京：南京师范大学出版社，2013.

[5] 耿云巧，马俊霞，张蕾. 现代应用文写作. 3 版. 北京：清华大学出版社，2013.

[6] 夏晓鸣. 应用文写作. 4 版. 上海：复旦大学出版社，2012.

[7] 郝立新. 应用文写作. 北京：清华大学出版社，2012.

[8] 杨文丰. 现代应用文书写作. 4 版. 北京：中国人民大学出版社，2011.

[9] 陈红，张慧. 应用文写作教程. 广州：华南理工大学出版社，2009.

[10] 张中伟，白波. 应用文写作. 北京：北京理工大学出版社，2008.

[11] 张瑾. 应用写作. 西安：西安交通大学出版社，2007.

[12] 杨广泉，王瑞玲. 应用写作. 北京：中国经济科学出版社，2006.

[13] 孙秀秋，吴锡山. 应用写作教程. 北京：中国人民大学出版社，2006.

[14] 潘桂云. 实用文体写作. 北京：首都经济贸易大学出版社，2005.

[15] 吴晓林，张志成. 应用文写作. 北京：科学出版社，2005.

[16] 李光. 应用文写作实训教程. 北京：科学出版社，2004.

[17] 王春泉，孙硕. 应用文写作范例大全. 西安：三秦出版社，2004.

[18] 竹潜民. 应用写作案例实训教程. 杭州：浙江大学出版社，2004.

[19] 陈才俊. 现代公文写作. 广州：华南理工大学出版社，2003.

[20] 张德实. 应用写作. 北京：高等教育出版社，2001.